高效海綿閱讀法

李小墨 著

自媒體時代必備！一次掌握INPUT&OUTPUT的全方位知識變現學習法

U0539304

目錄

作者序　如何從閱讀小白變成百萬讀書網紅？……9
前　言　高效海綿閱讀法的七大能力……23

Chapter 01 高效做讀書筆記的能力

為什麼要讀這一章？

做好讀書筆記，輕鬆解決三大痛點……28
做讀書筆記的兩大作用……31
什麼是好的讀書筆記？……38
有效完整吸收一本書精華的「三種層次讀書筆記」……41
◤局部碎片化的讀書筆記：九合一萬能讀書筆記……43
◤全局概覽的讀書筆記：心智圖筆記……72
◤結構內化的讀書筆記：閱讀心得……91
精讀一本書的流程及其價值……96
如何把讀過的內容牢牢記住？……100

Chapter 02 獨立思考的能力

為什麼要讀這一章？
學而不思則罔，思而不學則殆……110
在「閱讀中思考」的目的是什麼？……113
「閱讀思考能力」的四大條件……119
閱讀思考的三個階段……121
◤產生想法的階段……121
◤判斷想法的階段……141
◤整合想法的階段……145
思考能力的養成沒有捷徑……151

Chapter 03 掌握閱讀速度的能力

為什麼要讀這一章？
打敗閱讀的速度殺手，兼顧質與量……154

速度殺手❶ 閱讀障礙……156
速度殺手❷ 必須通讀症……164
速度殺手❸ 知識背景和理解力不足……171
速度殺手❹ 無法專注……181
速度殺手❺ 時間管理、精力管理和優先順序管理出現問題……195
閱讀速度不是愈快愈好……198

Chapter 04 閱讀不同類型書籍的能力

為什麼要讀這一章？
所謂的閱讀高手，懂得「投其所好」的閱讀方法……202
如何為書籍分類？……204
不同類型書籍的適性讀法……214
◤實用類書籍的讀法……214
◤哲學和社科類書籍的讀法……219

◢小說的讀法……239
◢歷史類書籍的讀法……248
保持開放心態，不要只讀單一書種……254

Chapter 05 建立知識體系的能力

為什麼要讀這一章？
什麼是知識體系？……258
建立知識體系的路線之爭……266
建立知識體系的最快方式——主題式閱讀……273
◢第一步：選定主題……275
◢第二步：海選書籍……286
◢第三步：篩選書單……293
◢第四步：分別進行精讀和速讀……299
◢第五步：做讀書筆記……300
建立知識體系非一日之功……304

Chapter 06 讓讀書有用的能力

為什麼要讀這一章？

讀書變現不是讀書的唯一功用……306

我們為什麼要讀書？……308

- 幫助我們跨越現實和夢想的鴻溝……308
- 提升對世界、人生、他人和自我的理解……311
- 擴展視野和眼界……313
- 療癒自己的內在小孩，也療癒我們關心的人……315
- 想清楚想要成為一個什麼樣的人並形塑自我……317

讓讀書發揮出最大作用的五大方法……320

知道不等於馬上能做到……326

讀書變現金字塔……329

Chapter 07 長期持續穩定閱讀的能力

為什麼要讀這一章？
日日不斷之功，比偶爾爆發更有力量……338
大腦養成習慣的原理……342
養成習慣的四大定律……345
◢得到提示：讓閱讀這件事顯而易見……347
◢產生渴求：讓閱讀這件事充滿吸引力……354
◢做出回應：讓閱讀這件事變得輕而易舉……362
◢獲得獎勵：創造即刻的滿足感……367
別相信「二十一天習慣養成論」……374
後記　知行合一，是本書唯一正確的讀法……380

作者序

如何從閱讀小白變成百萬讀書網紅？

你好，我是小墨，謝謝你打開這本書。這本書寫的是一套系統化的閱讀方法論，十二年來，我一直專注於一個問題：如何讀書，才能從閱讀中獲得最大的受益？我一直在探索這個問題的答案，隨著探索的深入，我慢慢從閱讀「小白」成長為一個憑藉自己的閱讀能力，實現變現百萬的全職讀書人。

今年是我成為自由工作者的第七年，至今我都覺得自己身處於一個不真實的夢境中；一個酷愛讀書的人，竟然真的以最熱愛的事為事業，可以自由地、花大把的時間讀一切愛讀的書，並從中獲得豐厚的財富回報。我用自己熱愛和擅長的事，爭取到極大的人生自由，充分掌控了自己的人生。當然，變現只是閱讀能力發展到一定階段後的自然結果，我從閱讀中得到的恩惠太多了，我的閱讀史就是我的思想成長史和能力發展史，財富只是其中一個意料之外的收穫。

為什麼要寫這本書？因為閱讀真的需要方法，我經歷過太多次因閱讀方法調整所帶來的閱讀品質提升，每次都像是點石成金，所以我心裡一直有個渴望，希望能把幫助過我的東西歸納整理出來幫助其他人。這其實是個漫長的過程，關於「如何讀書，才能從閱讀中獲得最大的受益」這個問題，我用了十二年才得到相對滿意的答案，形成實用、完整、可複製的成熟方法論，最終把這本書送到大家手中。

從閱讀小白到變現百萬元的全職讀書人的過程中，我至少經歷了以下六個階段：

第一階段：散漫讀書階段

我從小就喜歡讀書，「愛讀書」似乎很早就成為我的標籤。一開始，我以為自己會讀書，但真實的閱讀狀態是：想起來就讀一點，沒時間就不讀了，閱讀量少得可憐；談起書，沒有什麼拿得出的見解，多年沒有長進；沒有非讀不可的迫切感，一直是可讀可不讀的散漫狀態，多數情況下是為了緩解焦慮、逃避現實而讀書。對於讀書有什麼意義、讀書有什麼用、讀書和我的人生有什麼關係等問題，內心感到極度迷茫。

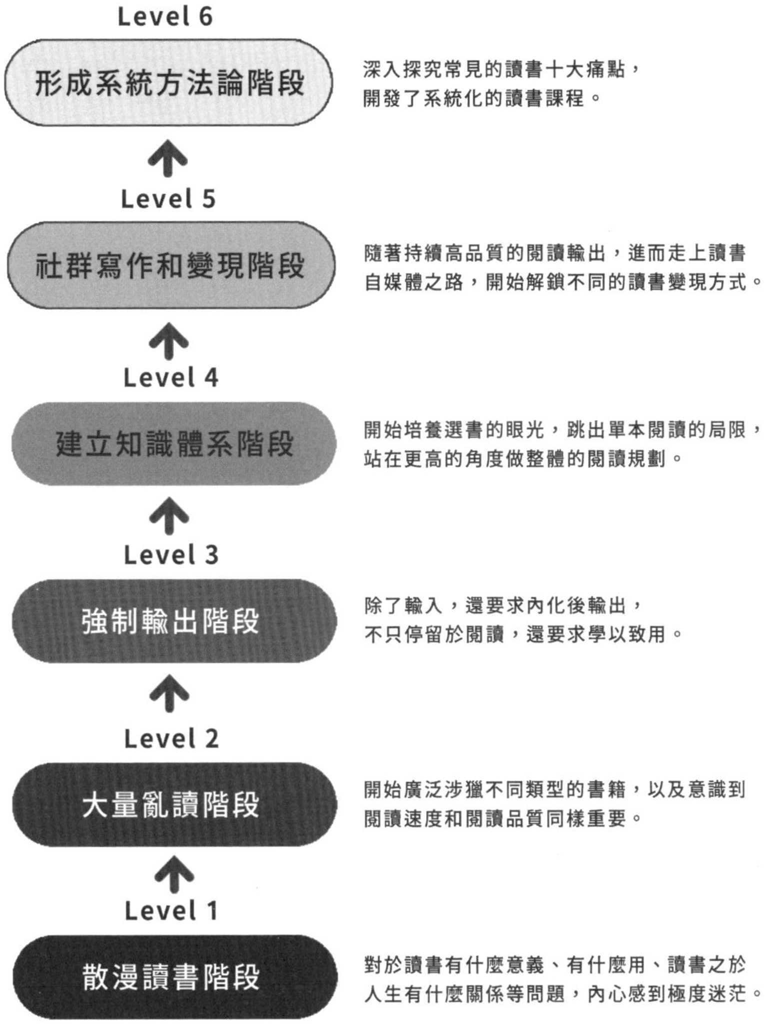
Level 6
形成系統方法論階段
深入探究常見的讀書十大痛點，
開發了系統化的讀書課程。
Level 5
社群寫作和變現階段
隨著持續高品質的閱讀輸出，進而走上讀書
自媒體之路，開始解鎖不同的讀書變現方式。
Level 4
建立知識體系階段
開始培養選書的眼光，跳出單本閱讀的局限，
站在更高的角度做整體的閱讀規劃。
Level 3
強制輸出階段
除了輸入，還要求內化後輸出，
不只停留於閱讀，還要求學以致用。
Level 2
大量亂讀階段
開始廣泛涉獵不同類型的書籍，以及意識到
閱讀速度和閱讀品質同樣重要。
Level 1
散漫讀書階段
對於讀書有什麼意義、有什麼用、讀書之於
人生有什麼關係等問題，內心感到極度迷茫。

圖 A：從閱讀小白到百萬讀書網紅的六大階段

現在回想起來，那時的狀態真是糟糕，自己卻渾然不覺，還長期以一個愛讀書、會讀書的人自居。這個階段的教訓就是：第一，閱讀不是一件孤立的事，一定要把閱讀和生命中重要的目標結合起來，打通閱讀與能力養成、目標推進、願景實現之間的關係；第二，一定要養成穩定的讀書習慣，特別是一定要追蹤自己的閱讀進度，因為人的自我感覺良好太容易騙人了。

第二階段：大量亂讀階段

促使我從散漫狀態裡走出來的是一個優秀的前輩。我在大學聽了一場講座，分享人叫高峰，是一位很厲害的反劫持談判專家，他的演講主題是「如何建立個人的知識體系」，那時我第一次知道「知識體系」這個詞。他的分享方式非常輕鬆有趣，既能鋪陳懸念，又能旁徵博引，他所講的東西以及運用知識的能力和方式，讓我大開眼界，我第一次見識到一個真正閱讀量大的人是什麼樣子。

那一天我就像照鏡子一樣，看見了真正的自己：閱讀量少得可憐，孤陋寡聞，卻自以為是。我感到羞愧並開始反省。很多年後，我才真正明白，知道得愈多，對自己「無知」的認知愈充分，愈不會產生虛妄的優越感。很慶幸，我意識到這一點是在大學二年級時，而「知識體系」這個詞讓我產生了閱讀的野心，於是我開始大量、密集地閱讀。

最巔峰的時候，我一天能看一本書，七天能看七本書。在大學圖書館，只要映入眼簾的書我都看，我看思想深刻、主題嚴肅的書，如法國思想家孟德斯鳩（Montesquieu）的《論法的精神》（*De l'esprit des lois*）、盧梭（Jean-Jacques Rousseau）的《社會契約論》（*Du contrat social ou Principes du droit politique*）；我也看比較簡單的暢銷書，如《誰搬走了我的乳酪？》（*Who Moved My Cheese?*）、《小狗錢錢》（*Ein Hund namens Money*）；我還看與自己的主修（新聞學）有關的書，如《風雲人物採訪錄》、《美國新聞史》（*The Press and America*）；以及其他專業書籍，如心理學佛洛伊德（Sigmund Freud）的《夢的解析》（*Die Traumdeutung*）、社會學費孝通的《鄉土中國》。當然，我也不可避免地讀到很多不值得花時間讀的書。

現在回頭來看，雖然那時我的知識體系很混亂，但是每個讀書的人都需要經過這樣一個廣泛涉獵的階段，誠如魯迅先生所說：「無論誰，在那生涯中，總有一個將書籍拼命亂讀的時期。」這對我來說也是一個在認知上開疆拓土、隨意生長的時期。

在這個階段，我有兩個體會。第一，要廣泛涉獵不同的書籍。閱讀不同書的體會、樂趣和收穫是完全不同的，不同的書在我們的人生中扮演不同的角色，也會給我們不同的滋養。偏執地只讀某一類書是自我限制，廣泛涉獵才能得到更開闊的世界，並對這個世界有更完整、更深刻的洞察。第二，閱讀速度和閱讀品質同樣重要。我以前一直錯誤地認為閱讀品質是唯一重要的標準，後來發現兩者同樣重要。一旦閱讀速度快、閱讀量大、累積得多，理解新事物就會愈來愈容易，如此一來，便可以大幅提升整體的閱讀品質。

第三階段：強制輸出階段

書讀多了之後，一些新的困惑接著出現：我不太確定自己記住、掌握和內化了多少，也不太確定需要知識的時候能否調用，更不知道我的心態和能力是否有成長。為此，我感到心虛、沒把握，感覺自己在做無用功。為了告別這些負面心態，我為自己訂了一條閱讀規則：強制輸出，每看完一本書必須寫一篇閱讀心得；如果沒寫，就不許自己看下一本書。同時，這篇心得不是複述和轉述書中的內容，而是回答一個問題：讀這本書，和沒讀這本書，對我來說有什麼區別？

我的知識邊界拓展了嗎？我的認知更新了嗎？我的觀念改變了嗎？我是否學到了做事的方法？我是否有了新的人生願景、人生目標和為人處世的原則？我的某種心結解開了嗎？我對他人和世界是否有更深刻的理解？

我堅持執行這條閱讀規則，每讀完一本書就追問自己的變化和收穫，並把閱讀收穫用文字鞏固下來。剛開始我的想法和整理很粗淺，但量變引起了質變，它實際上讓我對自己的閱讀提出了一個相對高的要求——**除了輸入，還要求內化後輸出，不只停留於閱讀，還要求學以致用**。為了回答好「讀這本書和沒讀這本書，對我來說有什麼區別」這個問題，我必須先對書籍內容有個全面、完整和徹底的掌握，於是，我的讀書筆記開始快速反覆運算和發展、我的閱讀思考能力開始發展和進化、我的閱讀效果得到了質的提升。那種心虛、沒把握、做無用功的感覺一掃而空，我開發出一套把「凡有所學皆有所用」進行到極致的閱讀方法。在這個階段，我拿到一本書時，終於感覺自己可以像庖丁解牛一樣拆解消化，徹底吸收書籍內容的所有精華。

第四階段：建立知識體系階段

透過強制輸出來完成每本書的深度消化後，新的問題又出現了：攝入的資訊龐雜，導致腦子混亂。有知識體系的人，可以自如地驅使知識去進行分析、判斷和行動，幫助自己解決問題和接近目標，可謂學得愈多，頭腦愈清晰。反之，沒有知識體系的人，知識就像烏合之眾，內部可能還在打架，學得愈多，愈暈頭轉向。

那麼該如何建立知識體系呢？對我來說有一本很重要的書，就是莫提默．艾德勒（Mortimer J. Adler）和查理．范多倫（Charles Van Doren）合著的《如何閱讀一本書》（*How To Read Book*）。在這本書裡我學到了「主題式閱讀」這種方法，原來讀書不必非得以一本書為單位來進行，可以只選取對自己有用的局部來讀，甚至可以把很多本書放在一起作為一個整體來讀。自此，我不再追求表面上的閱讀量，而是開始追求知識體系的完整；我不再零碎地讀書，而是讓每本書把我帶到它所在的體系中；我也不再看到什麼就讀什麼，而是開始有意識地建構知識體系，聚焦在那些對我來說重要的主題，進行深入的主題式閱讀，讓這個知識體系為我的人生服務。

以前我會因為讀書本數的增加而產生成就感，但到了這個階段，我更在乎一本書之於我知識體系形成的貢獻，「讀了多少本書」這件事帶給我的成就感愈來愈小了。大家可以把「知識體系」理解成仙俠小說中人物的內丹，一本好書的功效就像一株千年靈芝，它對內丹的助益比一百棵普通仙草強得多。

在這個階段，我開始培養選書的眼光，跳出單本閱讀的局限，站在更高的角度做整體的閱讀規劃，開始慢慢學習如何建構最大程度服務於人生的知識體系。當然，這個過程聽起來似乎很容易，但從我摸到門道到形成清晰的方法論，又過去了好幾年。

第五階段：社群寫作和變現階段

我原本是透過寫日記來進行強制輸出，直到二〇一六年，我有了自己的讀書公眾號（編按：相當於臉書粉專）：深夜書桌。當時，我發現很多讀書公眾號並不純粹，什麼樣的文章熱度高，就寫什麼；我想做一個純粹的讀書公眾號，每讀完一本書就發一篇深度解讀的文章。公眾號寫作對於我的閱讀輸出提出了更高的要求，我對書籍的理解要更深入，想法要有更高的品質，表達要更完整和準確，而在這個過程中，我的閱讀能力得到進一步的錘鍊。

隨著持續高品質的閱讀輸出，我慢慢被更多人認識，進而正式走上讀書自媒體之路，開始解鎖不同的讀書變現方式。**什麼樣的東西才能變現？答案是：為別人創造價值的東西。**我之所以能走到這個階段，是因為前面幾個階段的累積；很多人跳過前面幾個階段，覺得讀書變現很簡單，就想直接跳到變現階段，這是一種非常不切實際的想法。

第六階段：形成系統方法論階段

累積了一些粉絲後，詢問我如何讀書的人愈來愈多；當我嘗試為大家答疑解惑時，我發現，無法用幾句話或幾篇文章講清楚這些問題，它們必須被有系統地回答。以閱讀思考能力為例，只講思考是不夠的，思考不是一拍腦袋就出來的東西。就像貧瘠的土地種不出花一樣，思考需要養分，而好的思考需要多元、高品質的資訊攝入才養得出來。我的閱讀思考能力是靠廣泛涉獵不同類型的書籍所培養起來的，那麼我就必須先教大家如何閱讀不同類型的書籍。同理，如果想要思考得更深入、有系統和結構化，廣泛涉獵還不夠，還需要知識體系作為支撐，這時我又需要教大家如何建立知識體系。當時，正是「知識付費」最如火如荼的時候，有粉絲開始提議：「小墨，只要你開發有系統的讀書課程，我第一個報名！」

但當時的我其實沒有信心，因為公開講課和公開招生對我來說都是舒適圈之外的事。不過有件事堅定了我的決心，二〇二〇年春節期間，行動派（編按：中國的新創媒體平臺）邀請我進行單次的讀書方法線上公益分享，我分享了「如何用三種層次讀書筆記，徹底吸收一本書的精華」，當時有一、兩萬人線上收看，反應非常熱烈，很多聽眾激動地說，我的分享讓他們豁然開朗，解開了他們多年來關於讀書的許多困惑，而且我這套方法的可複製性非常強，容易上手，他們第一次非常清楚地知道應該如何照著做。之後，我向大家徵求「關於閱讀，你最想解決的問題」，收集了兩、三百個問題，而大致上可以被概括為以下十大讀書痛點：

一、讀得慢：有的人一、兩個小時只能讀十幾頁書，一個月都讀不完一本書。

二、忘得快：有的人讀完就忘，讀了後面忘了前面，過段時間更是沒什麼印象，感覺都白讀了。

三、輸出吃力：有的人讀完書時明明很有感悟，但要請他說一下讀完書的心得，總是支支吾吾地說不出來；想寫讀書心得，總是枯坐在電腦前一、兩個小時也寫不出幾句話。

四、無效筆記：有的人抄了很多筆記，依然沒記住多少內容，且需要使用時總是找不到對應的內容；有的人只會抄好詞、好句、好段落，筆記是碎片化的，無法整體吸收和內化。

五、不會獨立思考：有的人讀完書只會複述，沒有自己的思考和見解。

六、讀不進去：有的人無法專注閱讀，一坐下來就下意識地開始玩手機，無法靜下心來讀書，或者讀兩章就失去興趣，隨手把書放在一旁了事。

七、沒有知識體系：有的人只有一堆零散的知識，以致在分析問題、發表見解時思路混亂，不知道如何系統化學習，以及如何從零開始建立知識體系。

八、無法學以致用：有的人讀了很多書，始終感覺不到變化和成長，「讀書無用」成了長期無力改變的結果。

九、不知道如何變現：有的人熱愛閱讀、堅持閱讀，卻是讀書變現的「門外漢」，想學習讀書變現的管道和方法，卻不知道如何開始。

十、難以養成讀書習慣：有的人總是三天捕魚兩天曬網，無法養成讀書習慣，以致對自己愈來愈沒信心。

針對這些問題，我花了三年時間，開發了系統化的讀書課程。由於非常想強調真正的閱讀成果不是「讀了多少本書」，而是閱讀吸收率有多少、受益程度有多深，所以我替課程取了一個特別的名字——「海綿閱讀法訓練營」，希望我的學員都可以像海綿一樣徹底吸收書的精華，盡可能從閱讀中獲得最大的好處。

這次正式出版的書名定為《高效海綿閱讀法》也是在傳達同一個理念。兩年來，這門課受到上萬個學員的歡迎，而學員們經常給予的回饋是「顛覆」：這套課程顛覆了他們原先的閱讀觀念，他們的閱讀方法在這裡被推倒和重建，從而開始真正享受閱讀，閱讀也真正開始為他們的人生服務。

這本書源自於我的讀書課程，但我新增了很多內容。兩年期間，我都和學員待在一起上課、回答問題、批改作業。經過十期課程，我批改了一萬多份作業，並在交流中得到了很多回饋，更深刻理解了大家的閱讀痛點。這次我對這套方法論進行了全面的升級，寫成了這本書，希望藉由出版的力量，讓這些深深幫助過我、幫助過學員的內容，幫助到更多的人。

難以養成讀書習慣
讀得慢
忘得快
輸出吃力
無效筆記
不會獨立思考
讀不進去
沒有知識體系
無法學以致用
不知道如何變現

圖 B：常見的十大讀書痛點

前言

高效海綿閱讀法的七大能力

這套系統化的閱讀方法，包括七個相互獨立又相互影響的能力：

一、高效做讀書筆記的能力：在第一章我們將學習如何透過三種層次讀書筆記，完整吸收一本書的精華。三種層次讀書筆記是我歷時十二年、反覆調整幾十次所開發出的讀書筆記系統，也是一套卓有成效的精讀方法，可以解決消化吸收和記憶相關的問題，幫助我們讀透一本書，並把讀過的每本書都牢牢地焊在記憶裡。

二、獨立思考的能力：精讀離不開深思，在第二章我們將講解一套獨家、流程化、零基礎也可上手的獨立思考訓練法。這套訓練法能幫助讀者從一個不會思考的人，成長為一個思維活躍，能獨立、有創見、有邏輯地進行高品質思考的閱讀者。

三、掌握閱讀速度的能力：第三章將有條理地解決拖延閱讀速度的五大障礙，幫助讀者實現十倍提速，其中包括在一小時內速讀完一本書的方法。

四、閱讀不同類型書籍的能力：不同類型的書籍會帶給我們不同的滋養，想當然耳，不同類型的書籍也有不同的讀法。在第四章將詳細講解如何閱讀實用類書籍、哲學和社科類書籍、小說、歷史類書籍才能快速入門、快速掌握要領，並把閱讀成果最大化。

五、建立知識體系的能力：在第五章，我將手把手按步驟說明如何從零開始建立一個為我們所用的知識體系。

六、讓讀書有用的能力：第六章的重點是如何落實學以致用，讓閱讀這件事充分為我們的人生服務，同時我也將分享讀書變現金字塔。

圖 C：高效海綿閱讀法的七大能力

七、長期持續穩定閱讀的能力：在第七章，我將教導大家如何運用一套順應大腦天性的科學方法，無痛養成長期穩定的閱讀習慣。

以上這七大能力既相互獨立，又相互影響，就像風車的七片風葉可以把風能轉化為動能——把書籍的力量轉化為成長的動能！

Chapter 1

高效做讀書筆記的能力

掃描QR code
看本章重點心智圖
快速掌握閱讀要領

為什麼要讀這一章？

做好讀書筆記，輕鬆解決三大痛點

我寫這本書是為了想解決真正的問題，所以在每章開始前，都會先寫清楚本章要解決的問題為何。如果大家正好被這些問題所絆住，請細讀並實踐新的方法論；如果完全沒有這方面的困擾，也可以略讀或直接跳過本章。

做讀書筆記要解決的痛點包括以下三個：

一、記不住、忘得快

記不住、忘得快的具體表現為：讀了後面，忘了前面；剛讀完，腦子裡只剩下一團模糊的印象，過了一段時間之後，更是什麼也想不起來；重新翻開這本書，感覺非常陌生，彷彿不曾讀過。

有些讀者為了對抗遺忘，選擇「一步三回頭」的閱讀方式，但這樣不僅大幅拖慢閱讀速度，且大部分內容還是會悄無聲息地淡出記憶。依我的經驗來看，很多讀者始終沒有找到可靠、能提升閱讀留存率的記憶方法。

二、成就感低

很多人讀完書，經常處於一種好像有收穫，但又支支吾吾說不出來的狀態，無法確定記住了多少、是否內化、將來能否拿出來應用，更無法確定知識是否轉化為能力、見識、思考力和洞察力，所以即使讀得再多、再快，也感到很心虛。

常言道，書籍是人類進步的階梯，如果大家一直感覺不到進步和成長、得不到正面回饋，當然會覺得自己在「做無用功」，事實上，這才是許多人沒辦法堅持閱讀的最根本原因，而非一般認為的不自律。

三、筆記無效

從小老師就教我們「好記性，不如爛筆頭」，於是，很多人想到了用讀書筆記來改善記不住、忘得快和成就感低的問題，但總是做出讓人更加絕望的低效筆記。多數人做讀書筆記的方式，還是沿用小學階段抄好詞、好句和好段落的思路，最多加一點小心得。

但這種做筆記的方式會出現：抄寫、麻煩、耗時；筆記碎片化、脫離上下文；整理困難、應用困難；高投入、低回報等問題。有鑑於此，大家一定要學會如何做高效的讀書筆記，好讓筆記發揮最大效用。

做讀書筆記的兩大作用

我認為，之所以要做讀書筆記有兩個最重要的作用：幫助「當下的理解」和幫助「以後的記憶」。

幫助當下的理解

當下的深度理解和內化是往後記憶的基礎，而理解又可分為兩個層次。第一，是理解書籍的內容：這本書的主題是什麼？作者想解決什麼問題？作者最重要的主張是什麼？作者最有力的洞見是什麼？哪些概念濃縮了作者的思想精華？我理解這些概念了嗎？哪些句子和案例值得留意？在這個層次上，我們要理解書籍的「血肉」。

第二，則是理解書籍的底層架構：作者的寫作目的是什麼？為了達到這個寫作目的，他從哪幾個方面進行闡述？不同部分之間有什麼關係？讀書的真正作用，是要對書籍有個全面的概念，理解書籍的底層架構，梳理出一本書的邏輯脈絡，與此相對，僅僅摘錄幾行零碎的句子和段落，發表一點隨機的感想，是遠遠不夠的。

要達到這兩種層次的理解，需要依靠讀書筆記。很多人都抱有一種天真的想法，覺得光用眼睛看、用手翻，把書從頭到尾讀一遍，消化和理解就完成了，認為深度消化是不需要付出額外努力就會自然發生的事情，所以總把讀書筆記當成「額外」的工作和負擔，能不做就不做。

然而，完全不做筆記，只能達到最表面的淺層理解。我們需要借助讀書筆記，對資訊進行深度的處理和再加工，才能完整消化和吸收一本書的精華。**做讀書筆記就是一個知識反芻的過程，在讀書時要把自己當成一隻駱駝。**為什麼我反覆用到「消化」這個詞呢？因為知識的消化就如同食物的消化。人類的消化系統裡有很多消化器官，為了把食物裡的營養和能量充分地化為己用，要經過很多道消化流程。那我們憑什麼覺得把書從頭到尾囫圇吞棗地讀一遍，就消化知識了呢？知識的消化是一個需要付出時間和努力的過程。做讀書筆記，是個非常有必要、消化知識的過程。除非你既有的知識累積已經足夠深厚，或者讀的是一本對你而言完全沒有難度的書，否則沒有讀書筆記的幫助，你很難做到高效的深度理解和內化。

幫助以後的記憶

做讀書筆記的第二個作用是幫助往後的記憶和運用。大家剛讀完一本書時，能記得大部分的內容，而過了一段時間之後會遺忘大部分的內容——這是不可避免的，也是必然的。以我這本書為例，我可以直接告訴大家，你們會在一天後忘掉大約七十%的內容，一個月後忘掉大約八十%的內容，除非做了有效的筆記和及時的實踐。

邊看邊忘十分正常，因為讀一遍後大家獲得的只是「暫態記憶」，暫態記憶屬於感官記憶——資訊會以電脈衝的形式進入大腦，接著這種電脈衝會轉化為腦電波，然後幾秒鐘後就消失了。例如，有人把一個電話號碼報給你，你可以憑藉暫時的記憶準確撥號，但等撥號完畢你扭頭就忘了，這就是暫態記憶。這種記憶的保留時間極短，所以企圖透過看一遍就把書全記住，基本上屬於妄想。那麼能不能透過回頭多讀幾遍，讓自己記住呢？這樣做會比只讀一遍的效果好一點，但得到的還是暫態記憶。如果有人這樣做過，可以回頭檢視一下，自己真的記住了嗎？如果還是記不住該怎麼辦？**要想辦法把暫態記憶變成短期記憶。**

短期記憶是工作記憶，大家可以把它理解成大腦中的操作平臺，剛進入大腦的暫態記憶要想留存下來，就得想辦法進入這個「操作平臺」。那麼該怎麼把暫態記憶轉化為短期記憶呢？答案就是：主動學習知識，對知識進行充分且深度的加工。如何加工？有以下四種方式：

第一，篩選。把對我們而言有意義、重要的資訊篩選出來。人類本能上討厭遺忘，但遺忘就是大腦進化出來、幫助我們篩選的機制。我們會記住重要的資訊，遺忘不重要的資訊，所以遺忘是正常且必要的存在；遺忘可帶來高效的資訊處理效率，讓我們的大腦變得更強大。所以，加工資訊時最重要的一個工作，就是告訴大腦哪些資訊是重要的，把它們篩選出來讓大腦區別處理。

第二，分類。分類的目的之一是「組塊化」（Chunking）。美國心理學家喬治・米勒（George Miller）曾提出一個著名的「神奇數字七加減二法則」，意思是工作記憶的容量是七加減二，即五至九個項目。因此，如果我們選擇零碎地去記憶，記憶項目很容易超過這個容量，但如果按照某種邏輯分類記憶，就可以縮減記憶項目，如此一來，記憶效果就會大幅提升。

例如，在購買食材做年夜飯時，可能要買幾十樣食材，而零碎地去記憶很難記住所有食材，但如果按照菜名分類記憶，把一個菜當成一個項目，如：豬肚雞湯、螞蟻上樹……，簡單回憶一下製作過程，就知道需要買什麼食材和配料了。我們在讀一本實用類書籍時，可能需要記憶幾十個零零碎碎的知識點，但如果按照是什麼、為什麼、怎麼做的邏輯進行分類記憶，其效果就完全不一樣了。**資訊具有了某種結構，才能成為知識；分類不僅是組塊化，還是深化理解，是對資訊的一種重要加工。**正因如此，二十世紀美國著名的教育家、哲學家約翰．杜威（John Dewey）才會這麼說：「所有知識都是分類。」（All knowledge is classification）。

第三，連結及複述。我們可以透過聯想把新的資訊和已有的知識網絡、生活經驗結合起來，並用自己的話語複述。由美國心理學家菲利普．津巴多（Philip G. Zimbardo）所撰寫的《津巴多普通心理學》（*Psychology*）（第八版）一書中，把複述分為「維持性複述」（maintenance rehearsal）和「精緻化複述」（elaborative rehearsal）。維持性複述就是直接複述原文；精緻化複述則是用自己的話語複述，但不僅限於換一種說法來重複資訊，還要把新知識和已有的知識網絡、生活經驗結合起來，亦即：把自己的理解加進去。精緻化複述的內化和記憶效果遠遠大於維持性複述。

當然，把暫態記憶變成短期記憶還不夠，短期記憶只能保留幾分鐘且容量也有限。當我們要記的新東西超出記憶容量時就得挪走舊東西，給新東西騰出空間，然後就會出現「左耳進右耳出」的情況：學了新東西，就忘了舊東西。長期記憶是最可靠的，沒有容量限制，保留時間長久，可保留幾年甚至一輩子。

那麼如何把短期記憶變成長期記憶呢？答案是重複（見圖1-1）。但我們要根據遺忘曲線來重複，而不是像

圖 1-1：暫態記憶、短期記憶和長期記憶的轉化方式

小時候背書一樣，在短時間內機械式的重複，也就是：不要指望讀一遍或多瞄幾眼就能記住主要觀點並化為己用。另外，做讀書筆記也很有必要，好的讀書筆記可以輕鬆地把暫態記憶變成短期記憶，再變成長期記憶，讓大家不白讀書。

什麼是好的讀書筆記？

根據我的經驗，很多人所做的讀書筆記，根本發揮不了「幫助當下的理解」和「幫助以後的記憶」這兩項作用。那麼，什麼樣的讀書筆記才能徹底幫助我們呢？至少要做到以下五點：

一、重點醒目

一個常見的錯誤是貪多求全、什麼都記。真正重要的東西，一定會被不同的作者以不同的方式在不同的書裡反覆陳述，所以就算這次漏掉了，也一定會在以後的閱讀中遇到。沒有一本書是一座孤島，大家不要有「漏掉什麼，就會蒙受不可挽回的損失」的包袱。

什麼是重點呢？首先，**重點是新知，是這本書有別於其他書籍、體現這本書獨特價值的內容。**如果大家不聚焦新知，就很容易長期在類似的主題、閱讀的舒適區打轉，最終導致思想的精進速度非常慢。其次，重點是對我們而言最有啟發、最有幫助的內容，而不是作者和編輯認為的重點，也不是其他讀者認為的重點。請大家根據這兩個原則，大膽地「斷捨離」，讓重點醒目。

二、找出底層框架

大家在閱讀時不能完全迷失在細節中，要學會俯瞰全局，既見樹木，又見森林，亦即，要學會找出底層框架和底層邏輯，對一本書有系統性的掌握。

三、具有一個好用的索引系統

當大家需要查找某些內容時，這份讀書筆記可以快速幫助我們定位到相關內容。

四、保留閱讀過程中思考和情緒上的感觸

很多人迷戀精簡實用的概念，導致讀書筆記太簡略，只有幾個關鍵字和核心金句，這對複習的幫助很小。所謂好的讀書筆記，是可以讓大家不重新讀原書，就能快速回顧書籍要點和個人思考要點，彷彿穿越到第一次讀完這本書的時候，想起當初這本書所帶來的情緒和思考激盪。

五、固化讀書的收穫，讓閱讀輸出變順暢

好的讀書筆記可以讓大家讀完一本書後，非常清楚自己的收穫是什麼，而不是處在一種「好像有收穫，但說不出來」的懵懂狀態。

有效完整吸收一本書精華的「三種層次讀書筆記」

這套筆記方法的主要功能，就是幫助大家深度理解、內化和長久記憶，完整吸收一本書的精華。實際上，這套筆記方法就是一套精讀的方法；做筆記的過程，就是一個精讀的過程，而這套筆記方法分為三個層次：

第一層次，是局部碎片化的讀書筆記，要用到的工具是我開發和總結的「九合一萬能讀書筆記」。九合一萬能讀書筆記適合總是不知不覺在文字的迷魂陣裡找不到方向，不知道如何快速、準確篩選重點的人。只要掌握這個簡單的工具，就能快速上手。

第二層次，是全局概覽的讀書筆記，是用來把握一本書的整體脈絡，使用的工具是

「心智圖筆記」。

第三層次，是結構內化的讀書筆記，它包括獨立思考和個人見解，主要聚焦個人的收穫和總結歸納，而要用到的工具是閱讀心得。

事實上，還有第四層次的讀書筆記。前面三層次都是針對單本書，而第四層次的讀書筆記，需要完成對多本書的知識體系的吸收，輸出的產品是一本書或一門課程，屬於最高境界的讀書筆記。我會把第四層次的讀書筆記放到第五章說明。

	1	2	3	4
(筆記層次)	局部碎片化的讀書筆記	全局概覽的讀書筆記	結構內化的讀書筆記	體系化的讀書筆記
(產品化輸出)	直接把書當作筆記本，輸出九合一萬能讀書筆記的九大要素	一張心智圖筆記	閱讀心得	書或課程
(效果)	快速摘要重點，充分觸發思考	全局概覽，完成整體吸收	深度內化，完成結構化整理	完成對多本書的知識體系的吸收

圖 1-2：讀書筆記系統

第一層次

局部碎片化的讀書筆記

很多人拿到一本書之後，就一頁一頁地往下翻，根本不知道自己要從書裡得到什麼；還有的人，唯一能想到做讀書筆記的方式就是很隨意、很機械地用筆畫線。

九合一萬能讀書筆記

為了解決這些問題，我開發了一套「九合一萬能讀書筆記」，其包括九大要素：閱讀動機、核心概念（核心人物和核心情節）、金句收集、故事案例、聯想發散、任何疑問、洞見時刻、情緒感受、行動靈感。以下，我將逐一介紹說明。

要素❶ 閱讀動機

拿到一本書時，我會先在書翻開後的空白頁寫下我的閱讀動機；這是開始讀一本書之前的自問、是對閱讀目標的審視和設定：我為什麼要讀這本書？市面上有那麼多書，我為什麼翻開了這本？是什麼讓我對這本書產生了興趣？我對這本書有什麼期待？我想從書裡得到什麼？這本書能給我什麼啟發？

我在讀美國社會心理學家亞伯拉罕・馬斯洛（Abraham Maslow）的《動機與人格》（*Motivation and Personality*）時，寫下了以下四個閱讀動機：

動機一：馬斯洛是非常著名的心理學家，他所創立的人本主義心理學（Humanistic psychology），被稱為與行為主義心理學（Behavioral Psychology）、精神分析心理學（Psychoanalysis）並肩的「第三股勢力」，他所提出的需求層次理論的影響力非常大，他在這本書中有系統地闡述了這個理論，讀這本書可以進一步完善我的心理學知識體系。

動機二：以前讀過有關需求層次理論的內容，都是其他人的解讀，這次我想看看理論提出者本人是怎麼說的，希望對這個理論有更全面、準確、深刻的理解。

動機三：希望需求層次理論可以告訴我如何可以更瞭解自己，並解答人生際遇發生變化之後，我在心態、行為模式、價值觀等方面產生的一連串困惑。

動機四：我寫第二本書時會談到閱讀動機，而我想透過馬斯洛對認知需求的闡述，針對閱讀動機有一個更深的理解。

帶著這些閱讀動機，我就不是隨便看看。要完善我的心理學知識體系，我需要把它和行為主義心理學、精神分析心理學進行對比，清楚地瞭解人本主義心理學的顛覆性意義是什麼；看理論提出者本人的解讀，就要留意之前接收的知識及我對這個理論的理解有沒有謬誤；用這個理論解釋自己的行為，就需要結合理論和實務進行分析和思考；要用到馬斯洛對認知需求的闡述，就要細讀這部分內容，將觀點遷移到對閱讀的相關討論上。**閱讀動機，決定了閱讀速度、閱讀深度和關注的重點。**閱讀動機一旦明確，閱讀就從會「被動接收資訊」變成「主動尋找答案」的過程。

一般來說，閱讀動機有以下三種常見的類型。第一種，是想獲得行動上的指導，即想做成某件事、想做某種改變、想解決某個具體問題；第二種，是想獲得精神力量，即在頹喪的時候，希望得到鼓舞，在破碎受傷、焦慮不安時，需要一些溫暖治癒的力量；第三種，是滿足認知需求，即透過閱讀增進對自己、他人、社會和世界的理解。無知帶來焦慮和恐懼，反之，理解和洞察讓人感到愉悅、幸福、激動和成就感。

然而，要找到與閱讀動機相符的書籍，需要積累、理解力和機緣，且這種相配經常是很個人的。《分成兩半的子爵》（*Il visconte dimezzato*）與《樹上的男爵》（*Il barone rampante*）的作者、義大利著名作家伊塔羅·卡爾維諾（Italo Calvino）曾花了兩年多的時間搜集整理了全套的義大利民間童話。大作家讀童話？這聽起來很奇怪。他的閱讀動機是什麼呢？為了可愛的小朋友，還是為了弘揚義大利文化？他在《給下一輪太平盛世的備忘錄》（*Lezioni americane. Sei proposte per il prossimo millennio*）裡是這麼說的：「如果說在我寫作生涯的某個時期，曾被民間故事和童話故事吸引的話，那也不是因為我忠於某個民族傳統（要知道，我札根於一個完全現代和都市化的義大利），也不是因為我緬懷童年的閱讀（在我們家小孩只可以讀教育性的書籍，尤其是有一定科學根據的書籍），而是因為我對風格和結構感興趣，對故事的簡潔、節奏和條理分明感興趣，我在改寫上世紀的學者整理的義大利民間故事時，最享受的是讀到極其精鍊的原文，我試圖傳達這種精鍊，如此，既尊重原作的簡明，同時也試圖獲取最大程度的敘述力量。」

也就是說，**童話只是他用來訓練簡潔文風和故事節奏的工具**。只有把寫作研究得十分透徹、文學審美極高、對文字極為敏感的人，才能懂得童話的高妙之處，才知道如何取法於童話，進而從這些文本中獲益。

卡爾維諾的閱讀動機，屬於第一種閱讀動機——想獲得行動上的指導。然而我也要提醒大家，不要一看到行動指導就只能想到實用類書籍。在此我謹慎地使用「閱讀動機」這個詞，因為有時我們有清晰的「閱讀目標」，有時卻只有模糊的興趣點，事先並不能準確知道自己會從書裡得到什麼。

那麼具體來說，該怎麼羅列閱讀動機呢？（一）直接寫在封面後的空白頁上，一個想法一旦被寫下來，就得到了強化，進而強化閱讀動機；（二）有幾條就列幾條，重點是要誠實；（三）如果只有模糊的興趣點，就列模糊的興趣點也沒關係，列不出來或勉強寫下閱讀動機後依然覺得興趣寥寥，就暫時不讀這本書。

當我覺得自己的閱讀動機不夠強烈時，通常我就不會勉強自己去讀這本書。帶著閱讀動機讀書，目標是要重點篩選和思考與閱讀動機有關的內容。在閱讀過程中，如果對一本書有了更深的理解、想補充閱讀動機，隨時都可以回到封面後的空白頁補充。在讀完書、總結閱讀收穫時，也要先回顧閱讀動機。

要素❷ 核心概念

當我們開始讀一本書時，最需要關注的重點是什麼呢？如果這本書是論述類書籍，重點就是核心概念。核心概念是濃縮思想的概念，會被作者反覆提到，它們通常會出現在書名、目錄、章節標題中，且作者在正文中也會花大量篇幅去闡述。

一般來說，一本書的核心概念不會超過十個，有些書甚至只有一、兩個核心概念，如《驚人習慣力：做一下就好！微不足道的小習慣創造大奇蹟》（*Mini Habits: Smaller Habits, Bigger Results*）和《心流：高手都在研究的最優體驗心理學》（*Flow: The Psychology of Optimal Experience*）這兩本書，其核心概念就明明白白地寫在在書名上。俗話說「打蛇打七寸」，比喻做事能掌握關鍵，而核心概念就是書的「七寸」——一旦抓住了核心概念，在理解一本書時就有「四兩撥千斤」的效果。如果能準確抓出核心概念，再用自己的話解釋清楚這些概念的內涵，就等於把這些概念融入自身的表達和思考體系中，如此，閱讀效率就能大幅提升了。

如果這本書是小說，就要把核心概念換成核心人物和核心情節，同樣可以把握小說的主要內容。例如，《傲慢與偏見》（*Pride and Prejudice*）中有四對核心人物：第一對是伊莉莎白的閨密夏綠蒂和表哥柯林斯，代表了基於經濟的婚戀選擇；第二對是小妹麗迪亞和花花公子韋克翰，代表了情欲的結合；第三對是大姐珍和賓利先生，代表了美貌與財富的結合；第四對是主角伊莉莎白和達西先生，是作者認為的理想愛情的典範。

《大亨小傳》（*The Great Gatsby*）的核心情節是請客、重逢、攤牌、車禍、槍殺。「請客」是指蓋茲比不計成本大宴賓客，只為等待黛西的到來；「重逢」是指在中間人尼克的幫助下，兩人重逢並舊情復燃；「攤牌」是指蓋茲比不滿足於情人的身分，當著黛西的面和她的老公湯姆攤牌；「車禍」是指在激烈的衝突中，黛西情緒失控，在路上開車撞死了她老公湯姆的情人；「槍殺」是指死者的老公被湯姆誤導，以為自己的老婆是被蓋茲比殺害的，於是開槍殺死了蓋茲比。

要素❸ 金句收集

所謂的金句收集，簡單來說，就是讀完之後特別想收藏和摘抄的句子。至於哪些句子能被稱為金句，值得格外留意呢？

第一，表達特別到位、讓人驚嘆的句子。例如，張愛玲在小說《紅玫瑰與白玫瑰》

中寫的那句話：「也許每一個男子全都有過這樣的兩個女人，至少兩個。娶了紅玫瑰，久而久之，紅的變了牆上的一抹蚊子血，白的還是『床前明月光』；娶了白玫瑰，白的便是衣服上沾的一粒飯黏子，紅的卻是心口上一顆朱砂痣。」

第二，思想特別深刻、洞察特別準確、蘊含的意義豐富、能帶來啟發思考的句子。其中，可以特別留意那些讓我們有恍然大悟、茅塞頓開、醍醐灌頂之感，以及突破和超越原有認知的句子。例如，中國小說《三體》中的那句：「弱小和無知不是生存的障礙，傲慢才是。」這句話雖然來自虛構小說，但在真實的世界文明發展史上，也是可以被不斷驗證、振聾發聵的道理。

第三，給我們帶來情感衝擊、引起共鳴的句子。張愛玲的長篇小說《小團圓》裡的盛九莉成年後，計算了母親為她花過的錢，將這些錢折合成二兩金子還給母親。母親以為九莉要和她斷絕關係，十分傷心；彆扭、疏離的母女在交流之後，九莉對自己說：「時間是站在她這邊的。勝之不武。」這句話對我來說，就像匕首一樣鋒利，把所有受過原生家庭傷害的孩子長大之後的心情，給說盡了。

九莉和母親的關係，讓我想起我和父親的關係。在我最需要愛和關心的年紀，一路歷經了好多好多失望，直到我不再有任何期待，當然也慢慢到了不再需要他關心的年紀。然後自然法則扭轉了局面，我慢慢走向人生的鼎盛時期——無論是身體、心理還是經濟實力都蒸蒸日上，而他漸漸衰老，長年不自律的生活給他帶來了許多病痛。他從一個主宰我生活的照顧者，漸漸變成一個需要被我照顧的脆弱之人。當看到他在時間面前節節敗退時，我會不忍心。他不是壞人，雖然從小對我的關心不夠，但也對我有過愛；當我想恨他的時候，那些愛過我的證據又像烙鐵一樣烙疼了我。

閱讀讓我們欲罷不能，當我們內心深處許多隱蔽的感受，被一個身處不同時空的作者一語道破時，我們可能會流淚，覺得被深深理解了、覺得自己並不孤獨，可見理解本身就能帶來治癒的力量。

第四，給我們帶來勇氣或動力的句子。剛踏入社會時，是最貧窮、最沒有能力，也最沒有選擇權和議價權的時候，而中國小說《流金歲月》裡蔣南孫的一句話給了我許多力量：「掘一個洞，藏起來，勤力修煉，祕密練兵，待有朝一日，破土而出，非得像十七年蟬那樣，混著桂花香，大鳴大放，路人皆知。」

第五，能塑造人生觀和價值觀，教導我們為人處世原則的句子。《大亨小傳》的開頭有一句話：「每當你想要批評別人的時候，千萬記住，世上並非所有的人都有過你所擁有的那些優越條件。」這句話對我的影響極大，它教會我謙遜勝過其他千言萬語。

要素❹ 故事案例

人們不太容易記住概念，但非常擅長記住故事，因此，收集那些觸動我們、帶給我們啟發的故事，不僅有助於理解和記憶故事背後的理念，還能幫助我們理解更加複雜的事物。對寫作感興趣的讀者更要注意，那些曾經打動你的故事案例，既然能打動你，也就能打動你的讀者，是絕佳的寫作素材。

知名暢銷書《番茄工作法圖解》（*Pomodoro Technique Illustrated*）的作者史蒂夫．諾特伯格（Staffan Nöteberg）在他的另外一本著作《單核工作法圖解》（*Monotasking*）中講了一個故事：巴菲特（Warren Buffett）曾經指導他的私人飛機飛行員麥克．弗林特（Mike Flint）寫下自己職業生涯的二十五個大目標。弗林特寫完後，巴菲特接著要他圈出最重要的五個目標，把其他二十個目標歸入「不惜代價避免」的一列。注意，他所指的避免是刻意避免，要像躲瘟神一樣躲著，而不是像大多數人一樣先實現最重要的五個目標，再實現沒那麼重要的二十個目標。

作者透過這個故事告訴我們：時間管理最重要的是做好「關鍵的少數」，為了做好「關鍵的少數」，必須拋棄「有用的多數」。一般人只知道要提高實現目標的效率，必須戒掉無用、浪費時間的事情，如看搞笑影片，但時間管理高手還會戒掉那些「有用的多數」，這些多數雖然也有意義和價值，但妨礙了最重要的目標。高手和一般人的區別是：高手立長志，普通人常立志。

透過故事來理解概念，是不是比反覆論述強得多？所有擅長表達和說服的人，其講稿裡總有大量精彩的故事案例。然而，這是必須刻意累積的結果，可惜很多人沒有累積精彩故事案例的意識，反而因為迷戀「乾貨」，把故事作為首先被擠掉的水分了。

要素❺ 聯想發散

聯想發散的作用有兩個：第一，幫助我們進行深度的理解和內化；第二，幫助我們進行快速、持久的記憶。閱讀時判斷自己有沒有真正理解的關鍵，在於能否舉一反三、能否聯想到佐證這個內容的東西，比如在其他地方看到的一句話、一則新聞、一個比喻、自己的親身經歷等。

在《哲學的故事》（*The Story of Philosophy*）一書中，作者威爾・杜蘭（Will Durant）在評價柏拉圖及其理想國時表示，最後我們需要公正地指出，柏拉圖明白自己的烏托邦實際上遠非真的可行，他承認自己描繪了一種無法實現的情境，但他認為這種對美好願景的描繪其實是有價值的：人的價值就在於不斷地憧憬，並努力實現憧憬的一部分——人，生來就是一種創造烏托邦的動物。

我們該如何理解這句話呢？理想國，是柏拉圖對「最好的國家是什麼樣子」這個問題的思考和回答。可能很多人覺得這種思考對一般人來說太遙遠，但實際上無論是國家社會、科技發展，還是個人的自我實現，永遠在回答「什麼是最好的樣子」這個問題。所以當我們嘲笑理想主義者時，別忘了，我們今天所擁有的一切，如飛機、電腦等，曾經都被視作不切實際的夢想。

然而，描述願景有能力門檻，需要窮盡一個人，甚至一代人的見識，且需要深刻洞察過去和現實、需要對未來充滿想像力，更需要經過大量的學習和思考；事實上，柏拉圖的理想國也是他在周遊列國之後才提出。每一種願景和理想都會有局限，也會不斷發展，但這並不妨礙我們把願景變成當下行動的標準和目標，從而獲得一種向上和進步的力量，不斷刷新自己的能力上限。

透過對歷史和自己的聯想發散，我對《哲學的故事》裡的這句話有了更深的理解——這就是聯想發散的第一個作用。尤其在面對相對抽象的概念和思想時，如果能舉一反三地聯想到其他具體的人、事、情形，就表示我們已經掌握了作者的意思，如此一來，就能在往後的生活和工作中運用它。

我們在形容一個人聰明、理解力強時，會說這個人有悟性，而悟性其實就是聯想發散的能力。《論語》中孔子誇子貢「告諸往而知來者」，以及子貢自謙自己比不上顏回，顏回可以聞一知十，自己只能聞一知二，都是在講這種能力。這是後天可以習得的能力，其中，**閱讀就是訓練聯想發散能力的絕佳方法**，所以我建議，在閱讀的過程中，要養成刻意進行聯想發散的習慣。當面對相對抽象的概念和思想時，要盡可能舉出具體的案例，或把原有案例替換成自己的，以幫助深度理解和內化。

聯想發散的第二個作用，是幫助我們進行快速、持久的記憶。所謂的聯想發散，是指新的資訊和已知的資訊能相互聯繫。如果在讀一本書時同步進行大量的聯想，就相當於從已有的記憶庫伸出了很多小鉤子，把這本書教的新東西給勾住。或者，也可以把聯想發散理解為強力膠水，它把新的知識黏在我們熟悉的知識上，而這是記憶最重要的竅門，能幫助我們記得快、記得久、記得準確。藉由聯想發散所獲得的記憶效果，比機械式重複強百倍、千倍。稍後在介紹記憶方法時，會再詳細說明這一點，同時介紹我如何運用聯想發散，在五分鐘內就按順序記下《論語》的二十個篇目。

請記住，在閱讀的過程中，若書中的某個部分讓大家想起了其他人說過的某句話、新聞裡的某個故事、職場上的某個體會、另一本書的某個觀點等，就請把它們寫在書上，這些內容能幫助我們進行深度的理解和內化，從而有助於快速且持久的記憶。

要素❻ 任何疑問

只要感到困惑，無論覺得那個問題有多麼沒水準，都要問出來。人有一種奇怪的本能，只要有人向我們提了一個問題，就會忍不住去回答，即使提問的這個人是自己。事實上，**組織答案的過程就是思考的過程，所以提問是啟動思考最好的方式，它會立刻把人拉到一種渴求答案的狀態。**

我在讀斯塔夫里阿諾斯（L. S. Stavrianos）的《全球通史：從史前史到二十一世紀》（*A Global History*）時，由於曾看過中國央視的一部紀錄片《大國崛起》，所以特別好奇為什麼葡萄牙、西班牙和荷蘭三個國土面積不大的國家，有機會成為世界強國，卻又快速衰弱。為此在讀相關章節時，我把問題寫在書上，而因為想得到答案，所以閱讀時特別專注和仔細，如饑似渴地把書快速讀完了。

當心中有疑問時，請大家一定要把問題寫下來，「寫下來」意味著必須準確地表述疑問，而被清晰表述的疑問才會催動嚴謹的思考。如果那些深深困擾過我們的問題，因為閱讀和思考而得到解答，這時根本不需要去刻意記憶，自然而然就能把知識和思想嵌入對世界的理解中。

要素❼ 洞見時刻

「頓悟」一詞是指頓然破除妄念，覺悟真理。大家在閱讀時應該都曾經歷這樣的時刻，當讀到某段話時會忍不住發出感慨：「哦，原來是這樣！原來我之前想錯了！以前我把這個道理當成耳邊風，今天才真正領會背後的含義！」我把這種時刻稱為「洞見時刻」，它是指在認知上經歷的恍然大悟、茅塞頓開、醍醐灌頂的剎那。真正有效的閱讀一定是不斷地推倒和重建，原本根深柢固的認知可能在閱讀中鬆動、原本困惑迷茫的部分可能在閱讀中明晰，**洞見時刻最重要的任務就是反思和總結令自己最振奮的新發現。**

我在讀《記事本圓夢計畫》（一冊の手帳で夢は必ずかなう）時經歷過一次重要的洞見時刻。作者熊谷正壽在書裡寫道：「夢想是需要被觸發的，而為了觸發夢想，我們要做兩件事：第一，要和不同領域的人來往，讓他們啟發我們的夢想；第二，要在各種生活場景中有意識地收集夢想。」這讓我聯想到了在《中國青年報》的《冰點週刊》看到的一篇報導〈這塊螢幕可能改變命運〉，文章中談的是二百四十八所貧困地區的中學透過直播，與著名的成都七中同步上課的事。

其中，有兩個學生令我印象深刻。雲南祿勸縣是中國國家級貧困縣，祿勸一中有個學生非常著迷數學，但是她能想到的理想職業就是數學老師，這也是鎮上的國中老師告訴她的出路，此外她無法想像擅長數學還能做什麼工作。成都七中有個學生也著迷於數學，他提前修習了高等數學，想進一步深造。與祿勸一中的那個學生相比，他對自己的未來更有想像力：在即將前往深造的世界頂尖大學，他將遇到優秀的老師和同學，這些人可以告訴他很多擅長數學的人可以做什麼的答案。

我突然頓悟到了一件事：夢想並不是一拍腦袋就想出來的，它來自閱歷和眼界。有些人之所以沒有像樣的目標和夢想，不完全是因為懶惰不想思考，有時可能是因為所處環境所造成的資訊落差和眼界限制。所以不僅實現夢想需要努力，找到夢想也需要付出努力；我們不能被動等待著夢想突然降臨，而應該主動去觸發。

洞見時刻就是陶淵明所說的「每有會意，便欣然忘食」的時刻。每個洞見時刻都是讓讀者特別振奮的瞬間；對我來說，洞見就猶如在腦中放煙火。英文中有個詞叫作「Aha moment」，被譯為「啊哈時刻」或「頓悟時刻」，是由德國心理學家卡爾·布勒（Karl Bühler）在大約一百年前首創。當時他對這個詞的定義是：「思考過程中一種特殊、愉悅的體驗，其會突然對之前並不明朗的某個局面產生深入的認識。」

此外，大家要特別注意，「知道」和「悟到」是有區別的。「悟到」是洞見時刻、是個人認知和領悟層面的重要突破。前段時間在網路上受到關注的戴建業老師（編按：中國網紅教師），因為太太生病，抗癌藥非常貴，被迫出來在網路上課做自媒體，卻被很多人指責失去了文人風骨。後來我再看到他的影片時，他正在講清代詞人納蘭性德的

《浣溪沙・誰念西風獨自涼》。他在影片裡紅著眼睛說自己的太太去世了。這首詞是納蘭性德寫來追憶亡妻的，裡面有一句「當時只道是尋常」。戴建業老師說直到自己的太太去世，他才真正讀懂這首詞，才真正明白「當時只道是尋常」這句話有多重。難道一個一輩子研究詩詞的學者，不知道這首詞的意思和藝術魅力嗎？在我看來，以前他只是「知道」，而當他有了和納蘭性德一樣的經歷和心境時，才是「悟到」。

由此可見，讀書是需要閱歷的。誠如中國作家楊絳說過：「年輕的時候以為不讀書不足以瞭解人生，直到後來才發現，如果不瞭解人生，是讀不懂書的。」讀書的意義大概就是用生活所感去讀書，用讀書所得去生活吧！我們需要讀更多的書、經歷更多的事，勤於觀察和思考，才能慢慢提升「悟到」的能力。

美國心理學家馬斯洛在《動機與人格》中，除了提出生理需求、安全需求、愛與歸屬需求、自尊需求、自我實現需求五個需求層次，還闡述了不能被簡單放進層次理論裡的認知需求和審美需求。我認為洞見時刻就是對認知需求的深度滿足，就如《動機與人格》中所闡述的：「滿足認知衝動能夠使人主觀上有滿意感，並且產生終極體驗（end-experience）。雖然人們注重所得的成果、收穫等，忽視洞察（insight）和理解的這一方面，然而不可否認的事實是，在任何人的生活中，洞察經常是個令人感到歡快、幸福、激動的時刻，甚至可能是人一生中的高峰時刻。」

在閱讀中經歷過許多「洞見時刻」的人，一定會對閱讀欲罷不能，因為這實在是一種樸素、極致的快樂，人世間的其他快樂很少可以和這種由深層洞見所帶來的快樂相提並論。我上大學時最喜歡的一本書是德國哲學家尼采（Friedrich Nietzsche）的《快樂的知識》（*Die fröhliche Wissenschaft*）。那時剛上大學，我有一種由內到外全部推倒重建的衝動和渴望，覺得自己像一張白紙，對於世界、人生、自我和知識等都沒有明確的見解或主張，急需進行全盤的思考，好形成一些定見。在這種狀態下的我遇到了叛逆的尼采，如同魚找到了水。這是一本語錄式的小書，沒有《查拉圖斯特拉如是說》（*Also Sprach Zarathustra*）之類的著作那麼艱澀難讀，以我那時的理解力是能夠讀通的。

我黑漆漆的思考世界，在這本書的啟發下變成了一片星空，我對許多事做了思考，得出了許多至今仍然影響我人生觀和價值觀的結論。此前我的思維從未如此活躍過，也從未如此徹底地體會過思考的快樂。至今仍然記得讀這本書時，我進入一種狂喜的狀態，不斷地感到茅塞頓開，密集地經歷洞見時刻，從讀這本書到現在已經過去十多年了，我再也沒有經歷過比那時更快樂的時刻了。

要素❽ 情緒感受

在我的讀書訓練營裡，學員很容易弄混情緒感受和洞見時刻，之所以會產生這種混淆，主要是因為大家平時讀完書談收穫時，只把收穫籠統地稱為「讀後感」，而不進行分類。然而，正因為大家不做清楚的分類，才會經常不知道如何展開思考，談個人見解時也比較吃力。

九合一萬能讀書筆記的絕妙之處在於，把書籍要點和個人思考要點分為清晰的九類，一個擅長閱讀和思考的人，無論他是有意識的還是沒意識的，其所提出的見解都包含在這九大要素中。換言之，只要理清這九大要素，人人都能做到深度內化。

洞見時刻是指認知層次的自我突破和自我超越，情緒感受則是指喜、怒、憂、思、悲、恐、驚。人不同於動物的一點是我們有非常複雜的情緒，很多時候我們對人生的思考都是由情緒所觸發。情緒可以成為非常好的思考起點——追問情緒來源，是思考的重要入口。

我在讀《大亨小傳》時，讀到蓋茲比的爸爸來參加蓋茲比的葬禮時，拿出蓋茲比少年時期所寫的作息表（見圖1-3）給尼克看，這張作息表讓我瞬間「破防」，趴在桌子上痛哭。讀了這麼多年的書，我有過許多次默默流淚的經歷，但還是第一次完全情緒失控、放聲大哭。

我為什麼痛哭呢？他的作息表讓我想到自己。我和他一樣，每週制定週計畫，每天列出日計畫。為了實現目標、過上自己想要的生活，我片刻不敢懈怠。對我這樣的人來說，浪費時間是可恥的，甚至休息都會讓我感

06：00	起床
06：15～06：30	啞鈴鍛鍊和爬牆練習
07：15～08：15	研究電學等
08：30～16：30	工作
16：30～17：00	棒球和其他運動
17：00～18：00	練習演講和社交禮儀
19：00～21：00	研究有用的新發明

總目標

· 絕不浪費時間去沙福特家。
· 絕不吸菸或咀嚼菸葉。
· 每兩天洗一次澡。
· 每週讀一本有益的書或雜誌。
· 每週存三塊。
· 更加孝順父母。

圖1-3：蓋茲比少年時期所制定的作息表

到愧疚。我不知疲倦地鞭策自己，相信窮孩子嚴於律己、努力學習、發憤向上就可以實現夢想。

但是，有的時候我真的感覺好累，可是我不敢停下來、不敢懈怠。《大亨小傳》中的黛西和湯姆一出生就擁有一切，他們可以遊戲人間，人生總有人幫忙扛。與他們相比，我是沒有傘的孩子，下雨的時候必須努力奔跑。我常常在想那時如果我沒有考上縣重點高中，大概就會輟學打工。回想來時路，我常常心有餘悸，因為只要有一關沒過，我都需要付出巨大的人生代價，進而可能會被引向另外一條截然不同的人生道路。我之所以哭，是因為物傷其類——我就是蓋茲比。其實在這個世界上還有許許多多的蓋茲比，看到作息表的那一刻，我對這個虛構的人物感同身受，所有的情緒和感受在這時全部奔湧而出。記得，不要忽略情緒感受，這些鮮明的情緒和感受是思考的絕佳入口，大家在讀書的過程中要留意捕捉自己的情緒感受，尤其是那些特別強烈的情緒感受。

要素❾ 行動靈感

在媒體界有一本很重要的書，就是由美國媒體理論學家波茲曼（Neil Postman）所撰寫的《娛樂至死》（*Amusing Ourselves to Death*），這本書精準描述了一種愈演愈烈的趨勢：電視和網路媒介徹底改變了公眾的話語內容和意義，以致各個領域的內容都日漸以娛樂的方式呈現，並成為一種文化精神；人類心甘情願成為娛樂的附庸，淪為娛樂至死的物種。

那我們該怎麼辦？《娛樂至死》中有一個詞叫「資訊─行動比」，是指資訊影響個人決策、改變個人行為的比重。我們該怎麼判斷什麼是「電子鴉片」和垃圾資訊？什麼是有用、有價值的資訊呢？答案就是看「資訊─行動比」。資訊的重要性在於它能促成某種行動，比如讓我們做出更明智的決定，讓我們決定採取原本不準備採取的行動，或者讓我們更瞭解需要解決的問題。「電子鴉片」只有娛樂功能，而有用、有價值的資訊會促成某種行動──「資訊─行動比」就是判斷資訊品質的標準。

在娛樂至死的時代，兩件事很重要。**第一，選擇「資訊─行動比」高的資訊。**我們要有意識地篩選資訊來源，建構高品質的資訊環境，珍視自己的注意力資源，別讓自己不知不覺淪為娛樂的附庸品。**第二，透過追問，以發揮資訊的最大價值。**很多人讀了很多書、學了很多東西，可是生活卻沒有任何改變，就是因為他們所接觸的資訊其「資訊—行動比」太低了。

該如何把讀的書轉化為能力呢？答案就是：將其轉化為具體、可落地的行動或指導行動的原則。我們在讀書的過程要有意識地記錄自己的行動靈感，讀到某個地方覺得有啟發時，就需要思考一下是否可以將這個啟發轉化為某種實際行動。就像閱讀我這本書時，大家絕對不能只感慨一下「哇，原來是這樣啊，好有道理」後就結束了，而是要認真去思考，如何運用從這本書學到的方法來改造自己的閱讀流程，以達到更好的閱讀成效。如果大家讀完這本書，還是採用原來的方法讀書，那就等於白讀了。

圖 1-4：九合一萬能讀書筆記的九大要素

最後，需要注意的是上述九合一萬能讀書筆記的九大要素之間，並不是完全涇渭分明、井水不犯河水的關係，而是一個整體：金句可能引發聯想發散、可能帶來洞見時刻，而洞見時刻可能帶來行動靈感，隨著思考的深入，它們之間常常可以互相轉化。

聯想發散、任何疑問、洞見時刻、情緒感受、行動靈感這五項要素，其對應的是閱讀過程中的個人思考。對於這一點，我在「海綿讀書法訓練營」的很多學員身上發現**一個常見的錯誤：把閱讀過程中的個人思考當作是分心。**有個學員是這樣說的：「記下看書過程中的想法這一點，有點顛覆我原來的認知。以前我會把看到一段內容後想到其他內容當作『走神』，然後強迫自己回到書上。想說等看完書之後再把自己的想法記下來，但看完後就什麼也想不起來了。天哪！我到底扼殺了多少洞見時刻和行動靈感啊！」

為什麼他們會有這樣的想法呢？因為他們把閱讀書籍的本數當成閱讀成果。讀書的數量多，就等於收穫多嗎？真的不一定。如果只是囫圇吞棗、蜻蜓點水地閱讀，讀了等於白讀，這樣不僅沒有意義，還浪費了很多時間。真正的閱讀成果是書對我們的影響和改變，而不是讀書的數量這個虛榮的指標。所以，究竟如何衡量閱讀成果？取決於閱讀量、思考量、行動量和改變量的關係；它們的關係如圖1-5所示。

人類的大腦不是電腦硬碟，不能透過掃描一遍就複製書籍的所有內容，也不能單靠機械式的記憶和複述就能消化書籍內容，而是需要經過深入思考才能完成內化。圖1-5的形狀像一個漏斗，愈往下漏斗的孔徑愈小，由此可見，閱讀量中只有一部分能轉化為思考量，思考量中只有一部分能轉化為行動量，行動量中的有效部分才能轉化為改變量，而這個改變量才是最終真正的閱讀成果。所以在閱讀過程中，思考和行動比閱讀多少頁書更重要。

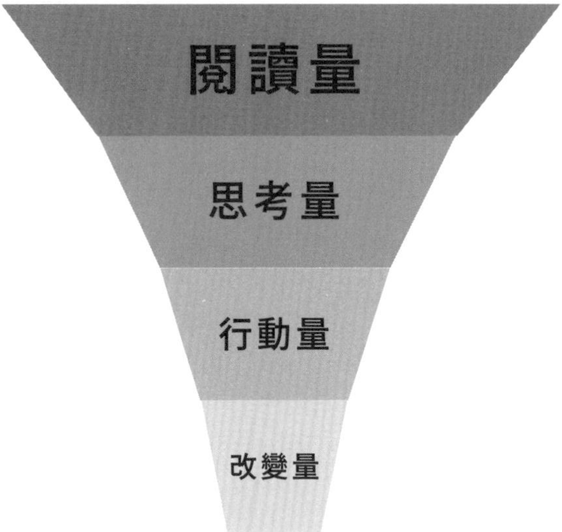

圖 1-5：閱讀量、思考量、行動量和改變量的關係

如何應用九合一萬能讀書筆記？

那麼該如何使用九合一萬能讀書筆記呢？具體如下圖所示。

以書籤分別標示

剛開始使用九合一萬能讀書筆記時一定會有些不習慣，所以我建議大家把九合一萬能讀書筆記的九大要素，分別做成一個書籤，如此一來，讀書時隨時都能看到。待刻意訓練一段時間之後，九合一萬能讀書筆記就會變成大家讀書的本能了。

直接把書當成筆記本

九合一萬能讀書筆記是用來精讀一本書，要大家從

圖 1-6：九合一萬能讀書筆記的使用效果

頭到尾把書讀一遍。所以，請把書當成筆記本，直接在書上畫線、圈關鍵字、給多個要點標序號，也可用彩色的記號筆標注關鍵字，還可以打一個問號來表示疑問，畫一個小星星來表示重點。如果在閱讀過程中有聯想發散、任何疑問、洞見時刻、情緒感受，都可以直接將其寫在書的空白處。

不要怕把書弄髒了；書特別乾淨、一個筆記都沒有，不是對書的愛惜。要掌握一本書的內容，必須和這本書有很多互動和交流，才能碰撞出火花、確實受內容影響，這才是對書和作者才智的珍惜。在書上做筆記，是在對資訊和知識進行加工、是在和作者進行深度交流。李敖以博聞強記、旁徵博引、精於讀書著稱，他說自己的讀書祕訣就是「心狠手辣」；他在讀書時，手邊會備著剪刀、美工刀，看到某頁或某段有自己需要的資料，就把它切下來；書背面如有需要的內容，就把背面影印出來，再把需要的部分切下來；或者一開始就買兩本書，切下兩面需要的資料。他看完一本書時，這本書就被五馬分屍、大卸八塊了。其實閱讀的最高境界就是書本的精華已經「融」為我們認知的一部分，如此就也不再需要物品形態的書了。不過我們不用學李敖那麼狠，我舉這個例子，是想讓大家明白**書作為一個物品，本身並不值錢，真正愛書之人，不會為物所役。**

有的人會選擇用其他筆記本來做筆記，但這種方式的效率非常低。一旦書和筆記分離，筆記就和語境分離了，遠遠不如在書上直接做筆記的效果好。直接在書上做筆記，當你在讀第二遍時重點就一目了然了：曾經在哪裡被觸動、曾經對哪個部分感到困惑，這些都一清二楚，整個過程就好像跟一個老朋友見面。如果書上什麼都沒有，大家第二遍讀書時會覺得在讀一本新書。

對於書上的筆記，大家可以用索引貼標示重點部分，在索引貼上寫下關鍵字，並把索引貼按顏色分類，每個顏色分別代表九合一萬能讀書筆記的一項要素。大家可以在閱讀過程中貼，也可以在閱讀後回顧筆記時貼。

讀第一遍時不要帶著「記憶的任務」去讀

第一遍讀書的任務，就是找出九合一萬能讀書筆記的九大要素；要一頭扎進書裡，和書籍充分互動、被書籍充分觸發、沉浸式地閱讀和思考，以及最重要的，放棄「我要記住」這個目標。

但是該如何克服「我會忘記」的焦慮呢？首先，要明白放慢速度，「五里一徘徊」，一樣記不住，因為短時間內重複多次所形成的還是暫態記憶，它的保留時間很短。其次，索引貼可以克服遺忘的焦慮。在閱讀過程中，最常見的擔心無非就是兩件事：第一怕忘記，第二怕找不到。然而，把索引貼貼在那些自己覺得非常重要、以後需要查找的地方，再把關鍵字寫在索引貼上，就不用擔心往後會找不到了。

最後，大家可以用帶有索引功能的心智圖筆記來克服遺忘，在我的讀書筆記設計裡，記憶主要是由第二層次的讀書筆記——全局概覽的讀書筆記來擔綱主力。

第二層次　全局概覽的讀書筆記

用九合一萬能讀書筆記把書讀一遍之後，所找到的核心概念、金句、故事案例，或我們自己的聯想發散、疑問、洞見時刻等，都是零散的——只見樹木，不見森林。

誠如前述，所謂理解一本書，是要實現兩個層次的理解，只理解局部的細節是不夠的，還要理解書籍的「底層架構」：作者的寫作目的是什麼？為了達到這個寫作目的，他從哪幾個方面進行闡述？不同部分之間有什麼關係？這是完全不同的理解層次。

有人可能會說，目錄就是書的骨架結構，看目錄不就行了嗎？理論上來說可以，尤其是內容比較簡單的書籍，但就我的閱讀經驗，對於非常陌生、主題和內涵相對複雜的書籍內容，在不夠熟悉目錄中的關鍵字和關鍵句其背後含義的情況下，很難僅憑目錄就掌握書籍的邏輯結構。

心智圖筆記的三個作用

那該怎麼辦呢？我們可以借助工具。單憑腦力，我們很難算出一七六五乘以二四五的結果，但拿到紙和筆，按照一定的步驟，基本上都能算出來，這就是工具的力量。**在理解整本書的底層架構這件事上，心智圖筆記是絕佳的工具。**我們單憑肉眼看不到藏在血肉之下的骨架，但X光機可以；我們無法一眼看出藏在文字之下的邏輯結構，心智圖筆記就是我們的X光機，這就是心智圖筆記不可或缺的最重要原因。基本上，心智圖筆記可以幫助我們：

一、幫助理解、內化和吸收書籍的底層架構

在做心智圖筆記時，首先要用關鍵字、關鍵句拉出書籍的主框架，而這基本上是遵循作者原意按照並列、遞進、因果等關係整理要點，把內隱、不可見的邏輯結構整理成外顯、清晰可見的邏輯框架；然後把九合一萬能讀書筆記九大要素以分支的形式融入邏輯框架；最後得到一個既包含書籍要點，又包括個人思考要點，同時能清晰展示重點之間關係的知識地圖。

我們在逐頁閱讀時，之所以容易迷失在文字的海洋裡，就是因為「要點」或「知識板塊」之間的距離很遠：要點一和要點二之間可能間隔了十頁；知識板塊一和知識板塊四之間可能間隔了一百頁，同時我們的注意力和工作記憶容量又十分有限，以致很難把要點或知識板塊放在一起思考。

但是，有了這份知識地圖，就可以把要點和知識板塊全部放在同一張紙上，從而很容易看清一本書一共有多少個要點和知識板塊，各個要點和知識板塊之間是什麼關係，挖出內隱在文字海洋中的骨架結構，進而深度理解、內化和吸收書籍的底層架構。

二、簡化資訊，減輕記憶負擔，提高記憶效率

心智圖筆記是用關鍵字和關鍵句把一本書的精華濃縮在一張紙上，而記住一張紙的內容，比記住一本書的內容簡單多了。很多人在摘錄關鍵字時，有一種心理障礙，覺得關鍵字和關鍵句不足以幫助記憶，它們缺失太多資訊，所以在做筆記時，不成段抄寫就沒有安全感。

對於這一點，世界知名的心智圖發明者東尼・博贊（Tony Buzan）是這麼說的：「人們記憶的主體是某些關鍵概念特徵的組合。它並不是人們通常認為的記憶是一種逐字逐句的再現過程。當人們講述看過的一本書或描述曾去過的一個地方時，他們並不是在記憶中重現一切，而是用一些關鍵詞概括主要人物、環境、情節，並增添一些描述性的細節。同樣地，單一的關鍵字或片語也會激發全部的經歷與感受，比如看到『孩子』這個詞，想想會有哪些圖像進入你的頭腦。……我們往往都太習慣『說出』和『記錄』完整的語句，以至於認為這種句子結構是記憶言語形象和思想的最佳方式。」

現在停下來，試著回憶任意一本讀過的書，腦海裡首先浮現的是什麼？內容是逐字、逐句、逐段出現的嗎？一定不是！腦海裡首先出現的一定是關鍵字和關鍵句，然後

圍繞這些關鍵字和關鍵句進行聯想發散，去補充細節和前因後果。例如，回憶法國小說《小王子》（*Le Petit Prince*）時，腦海裡先出現的是小王子、玫瑰花、狐狸這些形象，接著想起這些形象之間的關係、發生的故事，以及自己曾經的閱讀感受。我們都是先圍繞在這些關鍵形象（關鍵字），再去補充細節和前因後果。

三、全局索引的作用

第一層次的讀書筆記，是把書讀厚；第二層次的讀書筆記是把書讀薄，但也留下了兩個隱憂：（一）時間一久，關鍵字和關鍵句無法像剛開始一樣鮮明，激起充分的回憶；（二）心智圖筆記需要簡明扼要，但一張紙的容量畢竟有限，無法涵蓋太多細節。

當我們想要更具體的細節時該怎麼辦呢？我的解決方案是：在關鍵字和關鍵句後面寫上紙本書的頁碼；如果是電子書，就原封不動地保留關鍵字和關鍵句，後續可以透過全文檢索搜尋來獲取具體的細節，如此一來，心智圖筆記就變成一個全局索引系統了。當我們需要運用細節或需要重新理解時，就可以快速翻到原書的某一處進行局部細讀，這樣無論後續我們如何篩選和摘錄資訊，心智圖筆記也都不會脫離上下文的語境。

做心智圖筆記的步驟

那麼，該如何做一本書的心智圖筆記呢？我把這個過程概括為以下四個步驟。透過這四個步驟，就可以做出如圖1-7所示的心智圖筆記。

步驟❶ 準備一張白紙橫放，書名寫在正中間

這張白紙至少要有A4紙那麼大，而B4紙更佳，因為B4紙被對摺兩次後，剛好可以被夾進大部分的書本裡。在紙張厚度上，我推薦韌而不透的道林紙。為什麼要把書名寫在正中間？心智圖筆記最終的呈現效果是「放射狀的八爪魚」，其最巧妙的地方，就在於模擬我們大腦的真實思考過程。

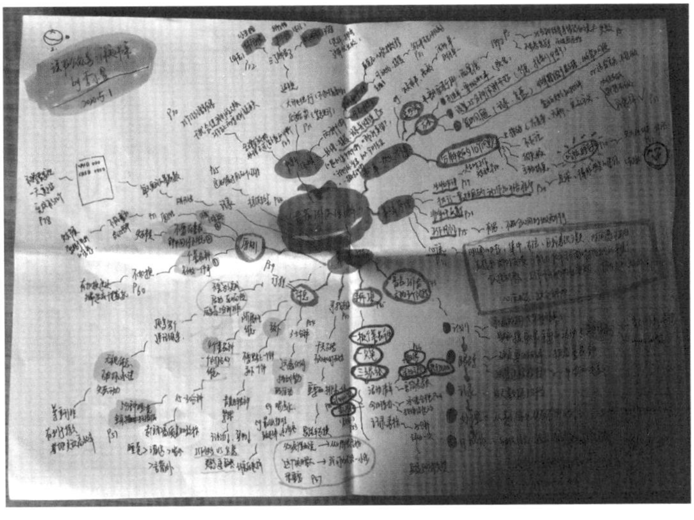

圖 1-7：《番茄工作法圖解》的心智圖筆記

作者寫一本書時，就是從一個主題出發，對外發散，思考圍繞在該主題最重要的三至七個大方向是什麼，然後針對每個大方向再對外發散其他小方向。所以用從中心向四周層層發散的思路來繪製心智圖筆記，最能回溯和復原作者的思考過程。

步驟❷ 把章節名作為第一層分支

對於論述類書籍，第一層分支一般就是章節名。在這個基礎上，如果對某個章節不感興趣或已經很熟悉了，就可以刪掉或簡略記錄；如果覺得某幾個章節的內容主題相近，就把它們合併；如果覺得用自己的邏輯來概括第一層分支會更清晰，也可以使用自己的分類邏輯，不一定要使用章節名。另外，還會經常遇到一種情況，就是章節的邏輯線索不清晰，這時依然把章節名作為第一層分支，待繪製完心智圖筆記後，獲得了鳥瞰視角，就可以整理出邏輯結構了。

至於小說，我建議把作者及背景資料、主要人物、主要情節這三大部分作為第一層分支。

步驟❸ 摘錄關鍵字和關鍵句，梳理邏輯結構，依次繪製分支

直到這一步，真正的工作才開始。我們需要再看一遍書，但第二遍看書不是像第一遍一樣從頭到尾、逐字逐句地讀，而是「跳讀」，只讀第一遍看書時標注和做筆記的地方，也就是第一遍閱讀時產生的金句、故事案例、洞見時刻、行動靈感等九合一萬能讀書筆記的九大要素之處。我們要從中進一步篩選重點和精華，摘錄關鍵字和關鍵句，梳理出關鍵字和關鍵句之間的邏輯關係並繪製分支。在繪製分支時，要在每個關鍵字和關鍵句旁邊附上頁碼，這是為了便於後期檢索。剛開始可能會有點不習慣，但堅持一段時間後這種行為就會變成一種本能。如果看的是電子書，就不用寫頁碼了，只要記錄書中的關鍵字，需要用時直接搜索即可。

這一步最困難的地方，是如何摘錄關鍵字和關鍵句；既不能抄寫一大段文字，又不能記得太簡要，以免筆記無法還原書籍的內容觀點。為此，這讓很多人產生畏懼，遲遲不敢下筆，覺得自己找到的關鍵字和關鍵句都不準確。別擔心，放輕鬆，即使無法立刻找到能高度濃縮資訊的關鍵字和關鍵句也無妨。這套三種層次讀書筆記就如同三個篩子：第一層次的讀書筆記是從書上篩資訊，第二層次的讀書筆記是從第一層次的讀書筆

記上篩資訊，而第三層次的讀書筆記則是從第二層次的讀書筆記上篩資訊。為此，一步一步循序漸進地做筆記，一定能找出關鍵字和關鍵句，而摘錄關鍵字和關鍵句的能力也會在這個過程中變得愈來愈強。所以別著急，允許自己有一個笨拙、費勁的階段，這是能力發展的必經過程。

一般來說，關鍵字和關鍵句分為兩種。**第一，是可以高度濃縮資訊的關鍵字和關鍵句**，比如「心流」之於《心流：高手都在研究的最優體驗心理學》，又如「夢是潛意識中願望的實現」之於《夢的解析》。**第二，則是特別觸動我們的詞語和句子**——事實上，這也屬於關鍵字和關鍵句的一種。在讀日本作家大原扁理的散文《才不是魯蛇》（20代で隠居　週休5日の快適生活）時，我被作者每週工作兩天、休息五天，簡單、清貧但從容的生活所觸動。於是我記下了「用這個『現在不馬上做什麼也可以』的節奏生活」、「每天都能輕輕淺笑著過生活」、「緩緩流逝的做早餐的時光」，能觸動你的詞語和句子，也屬於關鍵字和關鍵句的一種。

最後，在這個步驟還要注意一點：按順序依次繪製分支，即：做完第一章的筆記，再做第二章的筆記。因為一本書的重點可能並非均勻分布，且繪製心智圖筆記是一個相當費時的過程。原則上我不建議打草稿，所以沒辦法準確預留出每一章筆記的位置，因此我建議順著章節做心智圖筆記。

步驟❹ 畫圖上色

我建議大家用麥克筆來畫圖和上色。發明心智圖的東尼・博贊建議在做心智圖時，把圖像和顏色貫穿始終。但我在做心智圖筆記時卻發現，基本上我不會畫畫，對畫畫的興趣也不大，在讀複雜、抽象的書籍時，很難把聯想到的形象畫出來，所以我的替代方案是直接用文字來表示。

例如，我讀到《論語・為政篇第二》的「非其鬼而祭之，諂也。見義不為，無勇也」時，馬上聯想到中國電視劇《人民的名義》中的知名場面——祁同偉哭墳，他極盡諂媚；接著我又聯想到校園霸凌的旁觀者，他們默不作聲，代表了懦弱。如果後續在做心智圖筆記時遇到類似「諂媚」、「懦弱」的情況，我會直接寫「祁同偉哭墳」和「校園霸凌」。**一個懂得思考的閱讀者，雖然看的是文字，但腦海裡會閃過各種形象、畫面和場景。**不會畫畫是我個人能力的短處，但我用文字代替了圖像，效果也挺不錯。如果大家會畫畫，我建議把要點和邏輯結構圖像化。感興趣的讀者，可以延伸學習視覺筆記，市面上已經有很多相關的課程和書籍可供參考。

畫畫有門檻，但上色沒有。很多人誤以為上色的作用只是簡單的裝飾，所以很輕視這個步驟，經常直接跳過。我每年做幾十張心智圖筆記，已經做了十二年，早就刪掉了許多無用和冗餘的東西。但我做心智圖筆記時，十分重視上色，因為上色有兩個非常實用的作用。

第一，強化記憶，愉悅眼球。大家可以進行一個實驗，把手機設置成黑白螢幕模式，讓所有App和照片都失去色彩，如何？我當時想用這個辦法減少玩手機的次數，果然玩一會兒就想把它扔到一邊去。人類的大腦就是這麼喜歡顏色，為你的心智圖筆記上色是投大腦所好。為什麼許多人都不想回頭看看自己做的筆記？一個很重要的原因就在這裡：筆記沒有顏色，無聊。

第二，幫助整理書籍的邏輯結構。繪製一本書的心智圖筆記是費時的工作，所以基本上我不建議打草稿，正因如此，很多時候畫出來的心智圖筆記看起來比較亂，這時就可以透過上色把內容重新複習一遍，梳理出書籍的邏輯結構。

做心智圖筆記的過程就是理解、內化和吸收的過程，我們必須從整體思考某個內容為什麼出現這個分支，而不是另一個分支，它和其他內容是什麼關係，進而梳理出並列、遞進、因果等關係。**上色就是設計自己的顏色編碼系統，把邏輯結構視覺化：**可以把並列的內容塗上同一個顏色；用同色系、深淺不同的顏色標示遞進的內容；用自己最喜歡的顏色標示金句；用箭頭和線連接兩個可以合併的內容；可以畫一個燈泡或星星來表示洞見時刻；用表情符號來表示情緒感受；用流程圖來表示步驟……。

另外，我們採用的是「開卷考試法」，即：一邊翻書一邊做心智圖筆記。更高階、更困難，但效果更好的方法是「閉卷考試法」，即：採用事後回憶的方式做心智圖筆記。中國帆書 App（原樊登讀書）創辦人樊登就採用這種「閉卷考試法」，他在讀完一本書後會間隔一週左右再繪製心智圖。

事後回憶有兩個好處：用「記憶」和「遺忘」來幫我們篩選資訊，因為令我們印象深刻的內容才是真正的重點；事後回憶還是更高程度的內化，回憶某部分內容的難度愈大，對於這部分內容的記憶就愈牢固。

做心智圖筆記的注意事項

做心智圖筆記時，還有以下七個注意事項：

一、忌空洞、流於表面和形式化

事實上，用心智圖做讀書筆記並不是什麼新概念，但很多人做出來的卻是無效的筆記。最常見的錯誤就是：流於表面，機械式地把目錄中的標題心智化。目錄中的標題是重要的邏輯提示，但只能輔助我們挖出一本書的邏輯結構，最終還是要親自投入細節，再抽身俯瞰，這樣梳理出的邏輯結構才是「自己」真正理解和內化的結構。

二、心智圖筆記不僅是書籍的要點地圖，也是個人的思考精華地圖

第二層次讀書筆記的重要任務，就是回顧和整理九合一萬能讀書筆記的九大要素，換言之，必須把九大要素填入心智圖筆記中，其中情緒感受、洞見時刻、任何疑問、聯想發散、行動靈感屬於個人思考。建議大家用黑筆記下書籍的要點，再用紅筆或藍筆記

下自己的思考精華。

三、以知識和作者為中心，或以自我為本位來做心智圖筆記

除了必須把九合一萬能讀書筆記的九大要素寫進心智圖筆記，對於其他內容的取捨有兩種思路：第一，是以知識和作者為中心，完全遵循作者的寫作邏輯，亦步亦趨地挖出書籍的邏輯結構；第二，是以自我為本位，只記錄對自己特別有啟發的要點，再從這些要點出發，理解它們在整本書中的位置，進而理解整本書的邏輯結構。

這兩種思路沒有絕對的對和錯，如果是在備考、進行學術研究，或對某個作者、某本書極為重視時，可以採用第一種思路。但如果只是自由閱讀，我更鼓勵大家大膽地嘗試第二種思路，把對自己特別有啟發的要點寫進心智圖筆記。

四、能用關鍵字就用關鍵字，但不可過度簡化

很多書籍往往資訊密度大，概念複雜度高，以致無法用二到四個字的關鍵字來做心智圖筆記，沒關係，那就直接使用關鍵句，甚至引入少量關鍵段落也沒問題。例如，我

會把特別重要的金句也抄進心智圖筆記，那些是能開啟我心門的金句，會讓我聯想到很多東西、會打開我的思考開關，也會喚起鮮明的記憶。

如果一張紙容納不下全部的筆記，怎麼辦？可以斟酌考慮使用兩張紙、三張紙，甚至更多。雖然原則上心智圖筆記愈簡單扼要愈好，但有時遇到篇幅特別長、資訊密度特別高的書籍，單用一張紙做不完心智圖筆記時，可以斟酌增加紙張數量，沒關係。甚至如果遇到知識容量特別大的書籍，也可以「逐章」做心智圖筆記，最後再用一張紙做一份更簡明扼要的全書心智圖筆記。各位可以根據實際情況靈活調整。

五、試試手繪版心智圖筆記

心智圖筆記分為手繪版和電子版兩種，我更推薦前者。因為一張紙能收錄的資訊有限，換言之，以手繪版製作心智圖筆記時，可以鍛鍊摘錄重點的能力，對資訊的再加工程度也會更深。另外，手繪版心智圖筆記也更方便攜帶和複習。與此相對，電子版心智圖筆記的缺點是不方便應用。當然，大家可以根據自身習慣選擇適合的工具。

六、不要花太多心思在「做得好不好看」而不敢下筆

製作心智圖筆記的目的，是為了消化這本書的內容，並能隨時用它來快速複習和索引重點，這才是最重要的。除非想依靠心智圖筆記建立個人品牌，否則它的展示作用最不重要。如果每次都想畫得很完美、很漂亮，不僅會浪費很多時間，還會導致自己產生畏懼心理。放輕鬆，做得隨意和輕鬆一點，才能堅持下去。

七、做心智圖筆記所花的時間，比第一遍讀書時還長很正常

經常有訓練營的學員問我，應該花多少時間來做心智圖筆記，大家好像預設做心智圖筆記應該是一件很快的事，花費一、兩個小時就行了。大家都很著急，急著去讀下一本書，急著增加數量成就，不願意在一本書上多做停留。但實際情況是：遇到有理解門檻的書時，有時我會花費比第一遍讀書更長的時間來做心智圖筆記。做心智圖筆記是個深度理解的過程，就像駱駝反芻，需要經常停下來反覆琢磨。

至於花這個時間值不值得，看大家如何定義「讀完一本書」：是囫圇吞棗地把書從頭到尾讀一遍、完全不理會理解程度和吸收率算讀完一本書呢？還是深度理解和內化後

才算讀完一本書呢？大家必須看清楚對讀書而言，什麼是真正重要的東西，什麼只是虛榮的指標。

如何使用心智圖筆記？

做完心智圖筆記之後，接下來呢？答案是把它夾在書裡。我的原則是：書和筆記不分離，定期複習。在記憶領域有個非常著名的「艾賓浩斯遺忘曲線」（Ebbinghaus Forgetting curve）（見圖1-8），即人們記住一個東西，二十分鐘之後會遺忘四十二％，一小時之後會遺忘五十六％，一天之後會遺忘七十四％，一週之後會遺忘七十七％，一個月之後會遺忘七十九％。

艾賓浩斯遺忘曲線帶來一個壞消息和一個好消息。壞消息是：我們是正常人，無可避免地要和遺忘進行對抗，所以不要把它當成一種失敗，認定自己的記憶力很差。**好消息是：雖然我們記一遍記不住，但可以選擇重複記憶，透過複習把短期記憶轉化成長期記憶。**

但是在此的「重複」不是指短時間內的機械式重複，而是要根據遺忘規律來複習——**複習的時機非常重要**。那麼，什麼時候是複習的好時機？

第一個複習時機，是做好心智圖筆記當天的睡覺前，花點時間拿出來看看筆記內容，尤其是關鍵字和關鍵句，用自己的話把它們串起來；當串聯不起來、有所停頓時就翻看原書以加深理解。人的睡眠過程非常奇妙，當我們的身體進入休息狀態後，潛意識依然在自動加工和處理睡覺前所接收的資訊，從而有助於加深對資訊的

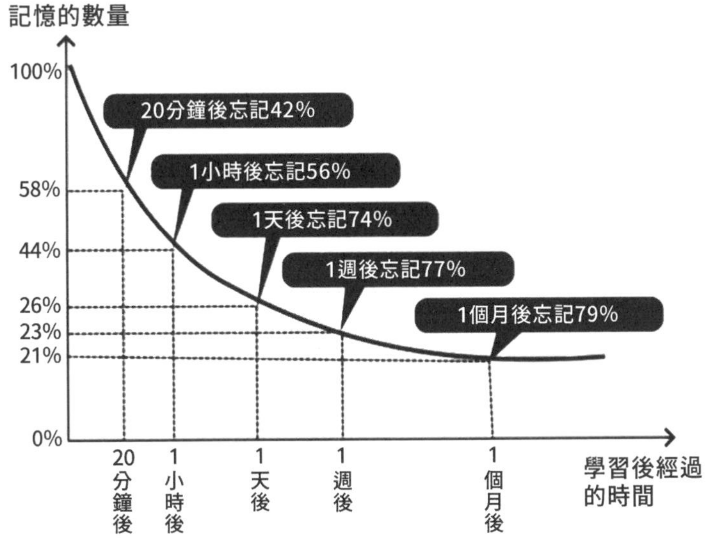

記憶的數量
100%
58%
44%
26%
23%
21%
0%
20分鐘後忘記42%
1小時後忘記56%
1天後忘記74%
1週後忘記77%
1個月後忘記79%
20分鐘後
1小時後
1天後
1週後
1個月後
學習後經過的時間

圖 1-8：艾賓浩斯遺忘曲線

理解和記憶。

第二個複習時機，則是在做完心智圖筆記的一天之後。「一天之後」是一個遺忘高峰，會遺忘七十四%的內容，之後遺忘速度就會漸趨平緩，所以在這個時間節點複習可以讓記憶量維持在比較高的水準。第三個複習時機是一週之後，第四個複習時機是一個月之後，在那之後只要偶爾花點時間，稍微回顧一下，就能保持長期記憶了。

但只顧著週期複習也有不足之處，尤其是當我們複習多本書時，實際上執行起來會比較困難，所以我的建議是，**把複習過程融入讀書流程：做心智圖筆記時複習一遍；隔天替心智圖筆記上色時複習一遍；寫閱讀心得前把心智圖筆記複習一遍，寫閱讀心得的過程中再抽出局部進行細讀；以後需要應用時再把心智圖筆記抽出來複習一遍。**按照這個讀書流程複習，就至少複習了四遍。

可能有人會覺得這樣複習太麻煩了。事實上，複習心智圖筆記只需花費很少的時間，隨著我們對內容愈來愈熟悉，所花的時間也會愈來愈少。記住一本書比較難，但記住一張紙豈不是容易得多嗎？如果只顧著學習新的東西，雖然起初會領先，但很快就會遺忘，最終就會是「竹籃打水一場空」。另外，記憶有個很奇妙的地方，一旦腦海裡有某個領域的知識儲備了，那麼要理解和接受新的資訊就會愈來愈容易，愈來愈得心應手，在我們建立了知識體系後，記憶就更簡單了。

第三層次 結構內化的讀書筆記

第三層次的讀書筆記是結構內化的筆記，它包括獨立思考和個人見解，要用到的工具是「閱讀心得」。做完「局部碎片化的讀書筆記」和「全局概覽的讀書筆記」，是不是就可以了呢？還不夠，我們還需要進一步思考許多東西。

如果用九合一萬能讀書筆記來讀書是從菜市場裡買菜，挑選要用的食材，那麼做心智圖筆記就是把買回來的菜擇好、洗好、切好、分門別類地放好，把要用的食材準備好，而寫閱讀心得就是最終把這些食材加工成一道美味的菜餚。

我們需要找到書籍與我們自身的關係，需要歸納整理出能讓生活變得更好、更有意義的智慧，需要基於這些智慧對自己的人生做出宏觀或微觀的調整。唯有能用自己的話重組某本書的內容，才算完成對這本書的邏輯結構的理解和內化。

寫閱讀心得有以下四個不可替代的作用：

❶**強迫進行深度思考：**寫作是最好的思考方式，寫作不僅能記錄想法，還能幫助我們發現和澄清想法。在寫作過程中，混亂的想法會慢慢變得明晰、新的想法會湧現、分散的想法會聚攏。為什麼人們總把「閱讀」和「思考」、「寫作」放在一起，因為它們無法被分家。不閱讀，思考和寫作一定貧瘠乾癟；不思考，閱讀就是過眼而不入心；沒有思考透徹的東西，也絕對寫不清楚。我的許多觀點都是在寫作過程中獲得的。

❷**強迫用自身話語複述，從而達到深度內化和高效記憶的效果：**為什麼我要強調用自己的話呢？因為「中譯中」是理解和記憶的捷徑。從表面上看，用作者的原話複述更方便，但每個人的語言系統、敘述風格和表達習慣都不一樣，記住原話意味著還要記作者的語言系統、敘述風格和表達習慣，反而會導致我們記得很慢、很吃力。但是，將作者的原話翻譯成自己的話，是對資訊進行深度加工的過程。如何判斷是否真的理解了書中的內容，將其內化？最直觀的檢驗標準，就是看能不能用自己的話語來複述。

❸迫使以結構化的方式整理收穫：所謂結構化表達，其實就是「串」，把零散的知識點按照一定的邏輯「串」成一個整體，形成體系，這也是檢視對書籍掌握程度的一個標準。如果不寫一篇閱讀心得，就很少有機會以結構化的方式整理一本書的重點。長期結構化地整理自己的收穫有兩個好處：第一，讓自己形成有系統、結構化的認知；第二，是邏輯訓練。英國哲學家培根（Francis Bacon）有一句名言：「讀書使人淵博，交談使人機敏，寫作使人嚴謹。」

❹迫使我們篩選出重點中的重點：一般來說，撰寫閱讀心得的步驟，是把心智圖筆記複習一遍，從中篩選出對自己而言最重要、最有啟發、最能產生真正影響的內容，將其放進閱讀心得。

到目前為止，透過三種層次讀書筆記，我們對重點進行了三輪篩選：第一輪篩選是按照九合一萬能讀書筆記從書上篩選；第二輪篩選是在第一輪篩選結果的基礎上進行，梳理出重點之間的邏輯關係，繪製心智圖筆記；第三輪篩選則是從心智圖筆記中篩選出重點中的重點。

如何撰寫閱讀心得？

一說到要寫文章，很多人就開始頭疼了，寫什麼呢？其實寫作沒有那麼困難，我們不需要文采斐然，所寫的字數也沒有限制，可以把它理解為一種自我對話，靜下心來去回答以下幾個問題：讀這本書和不讀這本書對我來說有什麼區別？讀完書我有什麼變化？哪些收穫讓我覺得沒有浪費時間？這些區別和變化，就是我們的收穫。唯有找到書籍和我們自身的關係，才能將書籍內容化為己用。

以下是一個歸納收穫的公式：

舊的我（**現階段的障礙點、卡點，以及舊觀念和方法帶來的不良後果，要聯想發散到具體的情境**）＋**從書裡或課程中得到的具體啟發點**（**如金句、故事案例、核心概念等**）＝**新的我**（**獲得的新觀念、新方法及可落地的行動**）

瞭解該寫什麼之後，又該如何寫呢？事實上，所有的閱讀心得都是九合一萬能讀書筆記九大要素的排列組合。寫閱讀心得有以下四個常見的方法：

❶ 清單式寫法，選取幾個最打動自己的要點來寫。
❷ 只抓一個最打動自己的要點來寫。
❸ 提出一個所關心的問題，然後用從書裡學到的知識來完整回答這個問題。
❹ 結合新聞時事，用從書裡學到的知識來解釋當下的現象和問題。

在寫閱讀心得之前，可以先把九合一萬能讀書筆記的九大要素和心智圖筆記複習一遍，找出最能觸動、啟發、影響和幫助自己的要點，再下筆寫作。

最後，三種層次讀書筆記的運用需要實戰演練，為此，我提供一份學習資料供大家學習，可追蹤「深夜書桌」公眾號，私訊關鍵字「書單」，即可領取我的一百九十三篇閱讀心得合集，以及十八份精選主題書單，本書提到的大部分書籍的詳細解讀都包含在內。

精讀一本書的流程及其價值

在這一節我要說明「精讀一本書」的流程和價值。

一般來說，精讀流程如下：

第一步：在書本的第一個空白頁寫下閱讀動機。

第二步：透過速讀判斷這本書是否值得精讀。英國哲學家培根有一句非常著名的讀書箴言：「有些書可以淺嘗即止，有些則是要生吞活剝，唯少數要咀嚼與消化。」三種層次讀書筆記就是咀嚼與消化一本書的方法。精讀非常花時間，並不是所有書都值得我們這樣大費周章地精讀。為此，最好在精讀前，以速讀判斷一本書是否值得精讀。我會在第三章介紹速讀的方法。

第三步：用九合一萬能讀書筆記從頭到尾讀一遍書，標記重點，記錄想法。

第四步：第二遍讀書，跳讀之前標注的重點和記錄的想法，並用心智圖筆記做一份全局概覽的讀書筆記。

第五步：把心智圖筆記複習一遍，找出對自己啟發最大的內容，將其寫成一篇閱讀心得。其實走到這一步時，也需要第三遍讀書。在撰寫閱讀心得的過程中，可能需要抽出書的局部進行細讀。

第六步：定時複習，但只複習心智圖筆記和閱讀心得就可以了，如有必要再抽出書的局部進行細讀。對於非常經典的書，可以將其列入重讀書單，隔一段時間再從頭到尾精讀一遍。

有人可能會說：「天啊，這也太慢了吧，這樣讀書，我一年能讀多少本書？」沒錯，精讀很慢，精讀是不計時間成本的閱讀，但我覺得，在不能保證吸收率的情況下，強調數量沒有意義。一個人讀完一本書沒有收穫，卻急著去讀下一本，就如同用漏斗裝米，裝得愈多，漏得也愈多。事實上，當我開始靜下心來精讀後，就再也沒有閱讀量方面的焦慮了。當大家體會過讀完每本書後那種「舊我碎裂、新我萌生」的美妙感覺之後，就會覺得追求「讀了多少本書」相當可笑。

慢慢讀，好過囫圇吞棗

我想把中國美學家朱光潛先生在《談讀書》裡的一段話送給大家：「讀書原為自己受用，多讀不能算是榮譽，少讀也不能算是羞恥。少讀如果徹底，必能養成深思熟慮的習慣。涵泳優游，以至於變化氣質；多讀而不求甚解，則如馳騁十里洋場，雖珍奇滿目，徒惹得心花意亂，空手而歸。」

中國作家錢鍾書先生說過，愈是聰明人，愈是要懂得下笨工夫。那真正的聰明人是怎麼下笨工夫的呢？其實我們這套三種層次讀書筆記，還不算是最高規格的精讀，最高規格的精讀是大文豪蘇東坡讀《漢書》的讀法。

蘇東坡在被貶黃州時，有位朱姓官員仰慕他的才華學問，向他請教治學方法。蘇東坡回答：「吾嘗讀《漢書》矣，蓋數過而始盡之，如治道、人物、地理、官制、兵法、財貨之類，每一過專求一事，不待數過，而事事精竅矣。」

這句話的意思是，他在讀《漢書》時，第一遍只讀和治理之道有關的所有內容，第二遍專門研讀其中的人物，第三遍專門學習設官的制度，第四遍只看兵法，第五遍只看

1. 寫下閱讀動機。
2. 以速讀的方式判斷這本書是否值得讀。
3. 以「九合一萬能讀書筆記」的方式讀第一遍。
4. 讀第二遍，只讀第一遍有標記處，並做心智圖筆記。
5. 只讀心智圖，讀完之後寫閱讀心得。
6. 定時複習，但只複習心智圖筆記和閱讀心得就可以了。

圖 1-9：精讀一本書的六大步驟

與貨物和財物有關的內容。他每次只讀一個主題，多讀幾遍，就精通各個主題了。

這樣讀慢不慢呢？當然慢！但蘇東坡先生卻認為：「此雖迂鈍，而他日學成，八面受敵，與涉獵者不可同日而語也。」這也是我認為的**精讀價值：少即是多，慢即是快。**

如何把讀過的內容牢牢記住？

其實關於這個問題，在前面介紹三種層次讀書筆記時，已經把方法全部教給大家了。現在，我再把有關記憶的內容單獨挑出來，詳細說明。

投大腦所好，把資訊加工成大腦容易記、喜歡的樣子

我們可以藉由摘錄關鍵字和關鍵句來簡化資訊，使之成為大腦容易記住的簡單資訊；也可以透過心智圖筆記梳理出一本書的邏輯結構，因為大腦容易記住有規律的資訊；用自己的話來複述書籍要點和歸納閱讀收穫，因為大腦更容易記住我們熟悉的語言系統、敘述風格和表達習慣；關注在自己的情緒感受，因為情緒反應愈強烈，大腦愈容易記住對應的資訊；關注在書籍和我們自身的關係，大腦更願意記住和自己有切實關係

的資訊；我們為心智圖筆記畫圖、上色，大腦更容易記住形象生動的資訊……。

重視聯想發散

聯想發散是強力膠水，能把新知識黏到舊知識上。誠如前述，我強調了聯想發散之於記憶的幫助，其效率可能比機械式記憶的效率高上一千倍，甚至一萬倍，但大家對此並沒有有效的認識。

我曾經以「記憶力提升」為題，做過一次小型的主題式閱讀，而所閱讀書籍的作者大部分都是在世界記憶錦標賽上獲得「世界記憶大師」稱號的人，如《記憶魔法師》的作者袁文魁。為什麼記憶大師可以海量、快速、準確地記憶大量的資訊？所有方法背後的強大原理只有兩個字：聯想。

不知道大家是否聽過「記憶宮殿」？人類大腦中有一個一個的房間，我們可以把資訊存在房間裡，需要時就在大腦中打開這個房間。這種方法運用的原理就是聯想。那該如何把資訊裝進房間呢？就是把資訊和房間裡的物品聯繫起來進行聯想，熟悉的空間和物品就是「記憶椅子」，而我們透過聯想把資訊拴在記憶椅子上，以便取用。

例如，我把我的書房作為記憶宮殿來記《論語．學而篇第一》，其中在記這句「道千乘之國，敬事而信，節用而愛人，使民以時」時，使用的記憶椅子是「小狗拼圖」。我覺得這隻小狗很帥，在小狗王國肯定是國王，所以一看到它就會想起這句論語。此外，記憶椅子還可以是我們的身體、數字等。以下，我將向大家介紹如何在五分鐘內，按順序準確、持久地記下《論語》的二十個篇目。

第一步：把數字轉化為具體的形象

一↓衣服。

二↓耳朵。

三↓山。

四↓F4。

五↓老虎（一二三四五，上山打老虎）。

六↓溜溜球。

七↓「死神」的鐮刀。
八↓爸爸。
九↓酒。
十↓石頭。
十一↓「雙十一」購物節。
十二↓聖誕老人（聖誕節是十二月二十五日）。
十三↓西方不吉利的數字。
十四↓醫死（諧音）。
十五↓鸚鵡。
十六↓石榴。
十七↓儀器。
十八↓一巴掌。
十九↓歌詞「一九三七年哪，鬼子就進了中原」。
二十↓餓死。

第二步：把數字的具體形象與需要記憶的資訊，進行一對一的聯想和捆綁

一↓衣服：《學而篇第一》——古時候的學生去貢院趕考，天氣很冷，他們要帶很厚的衣服，我聯想到電視劇《知否知否應是綠肥紅瘦》中的場景。

二↓耳朵：《為政篇第二》——「為政」讓我想起長官在講話時，要用耳朵去聽。

三↓山：《八佾篇第三》——這是古代天子用的舞蹈規格，八個人為一行，一行是一佾，八佾就是八行，八八六十四人。古代人用舞蹈的形式祭祀山神。

四↓F4：《里仁篇第四》——電視劇《我可能不會愛你》的男主角李大仁單挑F4。

五↓老虎（一二三四五，上山打老虎）：《公治長篇第五》——公治長是孔子的女婿，他在娶親時，一隻猛虎跑出來搶親。

六↓溜溜球：《雍也篇第六》——來自「雍也可使南面」這句話，孔子說，冉雍這個人啊，可以讓他去做一個地方長官，長官管理下屬如同玩溜溜球。

七↓「死神」的鐮刀：《述而篇第七》——「死神」用鐮刀來收割生命，父親在臨終前向兒子口述遺囑。

八↓爸爸：《泰伯篇第八》——在中國古代，「伯」為長子，我爸爸剛好是家裡的

長子。

九↓酒：《子罕篇第九》——「子罕」是「孔子很少做什麼」的意思，孔子吃飯只吃七分飽，我猜他很少飲酒。

十↓石頭：《鄉黨篇第十》——我聯想到有人在鄉下做壞事，被別人用石頭打。

十一↓「雙十一」購物節：《先進篇第十一》在「雙十一」購物節，我先去付訂金。

十二↓聖誕老人（聖誕節是十二月二十五日）：《顏淵篇第十二》——顏淵很窮，聖誕老人在聖誕節送吃的給他。

十三↓西方不吉利的數字：《子路篇第十三》——子路在衛國內亂時不幸身亡，這是一件很不幸的事，能和不吉利對上。

十四↓醫死（諧音）：《憲問篇第十四》——我聯想到醫經著作《素問》，有一個庸醫翻閱《素問》救人，結果把人醫死了。

十五↓鸚鵡：《衛靈公篇第十五》——衛靈公去找孔子說話時肩膀上頂著一隻鸚鵡，孔子很生氣，沒理他就走了。

十六↓石榴：《季氏篇第十六》——季氏總是踰越規矩，當時石榴這種水果超級珍貴，只有天子可以吃，但是季氏也吃。

十七↓儀器：《陽貨篇第十七》——在過去，儀器是「洋貨」。

十八↓一巴掌：《微子篇第十八》——微子是紂王的兄弟，微子頂撞了紂王，紂王狠狠地打了他一巴掌。

十九↓歌詞「一九三七年哪，鬼子就進了中原」：《子張篇第十九》——看到十九，我腦海裡就會想起這個音樂，聯想到用濕紙張糊臉的酷刑。

二十↓餓死：《堯曰篇第二十》——堯是有名的仁君，在他的治理下，國家沒有餓死的人。

當然，這種聯想方式非常個人，與每個人的閱歷有關；每個人熟悉的東西不同，聯想到的東西也可能不同。

不過使用這個方法，我差不多只花了五分鐘，就把《論語》的二十個篇目按照順序記了下來，而且你隨便告訴我一個數字，我都能說出對應的篇目；你告訴我一個篇目，我也能說出它是第幾篇，甚至過了一、兩個月之後再來問我，我還是能馬上說出來。

複習

複習就像釘釘子，每釘一下釘子，釘子就會進入牆面更深，記憶就會加深。並不是只有記憶不好的人才需要複習，哪怕是記憶大師，一段時間不複習，也會遺忘。

拿來運用

我們之所以記憶，就是為了在想用的時候隨時能拿來運用，所以沒有什麼比直接拿來運用更有效的記憶辦法了。當閱讀收穫轉化為思考模式、行為模式和能力結構的一部分時，它就真正被烙印在我們的腦子裡了。

Chapter 2

獨立思考的能力

掃描QR code
看本章重點心智圖
快速掌握閱讀要領

為什麼要讀這一章？

學而不思則罔，思而不學則殆

為什麼獨立思考的能力是重要的閱讀能力？首先，精讀一定要深刻思考，同時內化也一定要經由思考；換言之，沒有扎實的思考支撐，上一章的三種層次讀書筆記會變得空有其表。

正如德國哲學家叔本華（Arthur Schopenhauer）所說：「讀書而不思考，絕不會有心得，即使稍有印象，也淺薄而不生根，如此在不久之後也會淡忘喪失。」獨立思考的能力是閱讀效果的保證，這種能力愈強，閱讀收穫愈大，這就是為什麼孔子要強調「學而不思則罔，思而不學則殆」。「學」和「思」相輔相成，一樣重要。我特別喜歡中國暢銷作家華杉對這句話的解釋：

「『學而不思則罔』：『罔』，是迷惘無所得。『學而不思』，是只顧讀書學習，卻不放在自己身上體會、放在具體事情上琢磨。這樣自以為都知道了，其實不過是鸚鵡學舌，曉得些說法，一到用時，還是迷惘，一點概念都沒有。」

「『思而不學則殆』：反過來，成天自己瞎琢磨，不去讀書、拜師、學習，則往往陷入思想空轉，找不到出路。本來別人可以一語驚醒夢中人，本來你可以『聽君一席話，勝讀十年書』。偏不信書，偏不信人，就要自己琢磨，那就更危殆了。」

我總是以叔本華的話語來提醒自己閱讀和思考的區別：「我們讀書時，是別人在代替我們思想、只不過是在重複他的思考過程而已，猶如兒童啟蒙習字時，用筆按照教師以鉛筆所寫的筆畫，依樣畫葫蘆一般。我們的思考過程在讀書時被免除了一大部分。為此，我們暫不自行思索而拿書來讀時會覺得很輕鬆，然而在讀書時，實際上是我們的頭腦成為別人思考的運動場了。」簡言之，只讀書，不思考，如此一來我們的大腦只不過是別人思想的跑馬場。

對此，我有一個很深的體會：**閱讀讓我們學到新知識，得到新觀點，使我們有一種學習的喜悅，會產生一種認知刷新的快感，然而這種喜悅和快感，很容易掩蓋掉我**

們沒有獨立思考能力這件事，以致會愈來愈依賴書，逐漸喪失獨立思考的能力。但是如果我們讀的是好書，同時在閱讀過程中有意識地鍛鍊自己的思考能力，就會形成一個強化的迴路：愈讀，思考能力愈強。

但多數時候，讀者總是閱讀而不思考——非不為也，實不能也。有些人一說到思考，就束手無策，腦子裡一片空白；有些人總是躲在別人的觀點後面，不敢表達自己的觀點；有些人非常容易被別人牽著鼻子走，總是不知不覺把其他人的想法當成是自己的想法；有些人會產生很多想法，但這些想法猶如一團亂麻；有些人的想法平庸，很難產生有品質、真正有洞見力的思想。

另外，有些人對思考能力心嚮往之，卻不知道從何學起，然而也有很多懂得思考的人其思考能力是在潛移默化中被動習得，以致他們也不知道從何教起。所以思考能力就陷入一種「難學」和「難教」的尷尬處境，讓許多人不得其門而入。

為此，本章的目標就是教導各位如何在閱讀中思考，讓大家有辦法不斷地在閱讀過程中提升和強化自己的思考能力，並把這個能力應用到學習、工作和生活中任何需要思考的領域。

在「閱讀中思考」的目的是什麼？

在回答如何思考之前，我們要先定義一個問題：什麼叫作思考？文森・賴安・拉吉羅（Vincent Ryan Ruggiero）在《思考的藝術》（*The Art of Thinking*）一書裡的解釋是：「思考是有目的性的心理活動，我們可以在一定程度上加以控制。」也就是說，發呆、漫無邊際、無目的性的胡思亂想並不是思考；空想時，我們只是自己思維活動的旁觀者，而不是控制者。

既然思考一定是有目的性，那麼在閱讀中思考的目的是什麼呢？很多人急著弄清楚該如何在閱讀中思考，卻沒有想明白要思考什麼、閱讀思考的目的是什麼，所以就會有很混亂的感覺。基本上，在閱讀中思考的目的主要有兩個：**一是為了理解；二是為了獲得改善生活的智慧。**

「為了理解」是指我們需要透過思考來理解書中的內容，從我們主宰自己人生的那一刻起，我們始終逃不開一個問題：如何過好這一生？為此，一切有助於回答這個問題的東西都可以被概括為改善生活的智慧，即我們在閱讀時追尋的「啟發」。人們總是在尋找啟發，而所謂的啟發就是能幫助我們更好地成長，更好地理解他人和世界，更快樂幸福地過這一生的東西。以下，我將分別舉例來說明這兩個目的。

為了理解的閱讀思考

挪威作家喬斯坦．賈德（Jostein Gaarder）的小說《蘇菲的世界》（*Sofies Verden*）是我的哲學啟蒙書。剛上大學時，我讀到一個詞——「虛無主義者」，什麼是虛無主義者呢？在這本書的解釋是，那些認為所有的事情都沒有意義的人。這對當時的我來說是一個很陌生的詞彙，因為我不是這樣的人，也沒見過這樣的人。但是我剛讀過法國作家卡繆（Albert Camus）的《異鄉人》（*L'Etranger*），這個詞讓我聯想到這本小說的主角莫梭，他很接近這個描述。他對身邊的一切都漠然置之，包括母親的去世，女友要和他結婚，甚至自己要坐牢，因為他覺得生命本身就是沒有意義的。藉由聯想到他，我對

「虛無主義者」這個抽象詞彙有了具體的想像——這就是我的思考過程，這個思考過程是為了理解。

以上是理解抽象概念的例子，不過有時在思考的時候還需要理解具體的人物和情節。例如，我在讀張愛玲的《紅玫瑰與白玫瑰》時，遇到了一個不太好理解的人——男主角佟振保。一開始我不明白為什麼他在知道自己的老婆孟煙鸝出軌一個癩頭、有點傴僂的裁縫師後，既不揭穿，也不離婚，而是懷揣著這個祕密繼續生活。為了找到這個問題的答案，我把和他有關的部分讀得相當仔細。

結果我發現，他對自己的人生相當志得意滿，書中有一句話是「應當有的他家全有」。一個出身貧寒的窮孩子，卻在外國人開的染織廠裡擔任很高的職位，他怎麼能不志得意滿呢？他還娶了身家清白、看起來很賢淑的妻子，在外人看來，他就是事業家庭雙豐收的人生勝利組。他是被羨慕的人，可是如果他離婚或拆穿妻子，就會成為一個被同情的人。所以他假裝什麼都沒發生，只要假裝不知情，生活表面上就可以和原來一樣。但他心裡無法不介意，所以故意當一個「壞丈夫」來懲罰妻子——「經常喝酒」、「醉醺醺回家，或是索性不回家」、「一回來就打人砸東西」等。

這是我的思考過程，我在書裡尋找更多關於這個人物的描寫，從他的經歷、性格、處境裡找到了更多的資訊和線索，再結合自己的閱歷，像偵探破案一樣，理順這個小說人物的行事邏輯，我就理解了他。這種思考常見於讀小說，是為了理解書中具體的人物和情節。

為了獲得改善生活的智慧的閱讀思考

一般來說，我們之所以讀實用類書籍，當然是為了獲得改善生活的技巧和方法，事實上，讀小說也是如此。例如，英國作家毛姆（W. S. Maugham）的小說《月亮與六便士》（*The Moon and Sixpence*）對我最大的衝擊是，我意識到原來世界上不只存在一種正確的生活方式。

其中兩個醫生的故事讓我印象最深。一個醫生讀書時才華橫溢，後來被選進了醫院的管理階層，前途一片光明。就職前他去度了假，當輪船在埃及的亞歷山卓港靠岸時，他觀察著那座城市，看著由不同國家、不同膚色的人所組成的人群，看著燦爛的陽光和藍色的天空，他突然有一種感觸，彷彿頭頂響起了一聲驚雷，他突然覺得非常快樂，有一種無拘無束的美妙感覺。不到一分鐘，他就決定要在亞歷山卓港度過餘生；不到二十四小時，他就已經帶著所有行李出現在海岸上。他進入海關部門當檢疫人員，雖然職位低收入少，但他從未後悔過，他說：「我賺的錢只能滿足我的基本生活，可是我很滿足。」

而另一個醫生在第一個醫生辭職之後，頂替了他的職位，進入管理階層，且一路升職，如今是六家醫院的負責人，還被皇室授予了爵士頭銜。他提到第一個醫生時是這樣描述的：「這個可憐人，已經無可救藥了。在亞歷山卓港的衛生部門，他找到一個什麼檢疫人員的小差事。有人跟我說，他和一個非常難看的希臘老婆子同居，生了半打醜陋的小崽子。」

書中的敘述者是這樣說的：「難道做自己想做的事、在自己喜愛的環境裡生活、過著安寧的生活，就是在作踐自己嗎？與此相對，做一個知名的外科醫生，年薪一萬鎊，娶了一位漂亮的妻子，就成功了嗎？我想，這一切都是由一個人是怎麼看待生活的意義來決定的。」

《月亮與六便士》告訴我兩件非常重要的事。第一，世界上不只存在一種正確的生活方式，所以不要隨便去評判別人的生活方式。第二，也正因為不只存在一種正確的生活方式，所以我們不用活在別人的期待和標準裡，而是要找到自己人生的意義，並為了那個意義而活。當然，這需要勇氣和智慧，尤其是當你想要的生活方式與一般大眾所認為的成功和好生活相悖，與父母的期待、他人羨慕的眼光相悖。這本書開拓了我對生命的見解，從而影響了我的選擇，以及我對他人和世界的理解。在這裡，我思考，是為了獲得啟發，獲得改善生活的智慧。

思考是有目的性的心理活動。思考是對答案的探索、對意義的追尋。對於閱讀而言，思考的一個目的是理解，另一個目的是獲得改善生活的智慧。只要我們牢牢記住這兩個目的，就不會在閱讀中「迷路」了。

「閱讀思考能力」的四大條件

在談如何思考之前，我們還得想清楚第二個問題：一個具備合格的閱讀思考能力的人，應該達到什麼樣的狀態？所有的進步都是從感知現狀和描述願景開始的，只有我們清楚地感知到現狀的不足、清楚地描述出理想的狀態，才能催動改變。

我認為，一個具備合格閱讀思考能力的人應該做到以下四個條件：

第一，能獨立思考。有自己的想法、能形成自己的見解，不會輕易被作者或書籍的評論者牽著鼻子走。面對各式各樣的資訊和思想時，具備批判性思考的能力，能基於豐富、複雜，甚至互相衝突的資訊和思想，形成自己的意見。

第二，能創新思考。能產生更新穎、更有價值、更有洞察力、對自己或別人更有啟發的見解；也經常能整合、顛覆、補充或發展原有的觀點。

第三，能有系統、結構化、有邏輯地思考。關於這點最直接的表現，就是能把自己的見解，以有系統、結構化、邏輯清楚的方式整理出來，並清楚地傳達給別人。思考常常如在淺水中沿著石頭跳躍，但更高階的思考還要求我們可以飛到空中俯瞰，然後發現原來這些石頭並不是隨意安排，而是連在一起，形成了一個有意義的圖案。

第四，能知行合一。思考的目的不僅是獲得想法，真正有價值的思考還能直接作用於人生之中，甚至影響身邊的人、群體、社會和世界。為此要能知行合一，能基於自己的理解，吸收有益的部分來調整和優化人生，小到一個習慣的養成，大到人生價值觀的調整；小到對自己的改造，大到對社會和世界的改造。

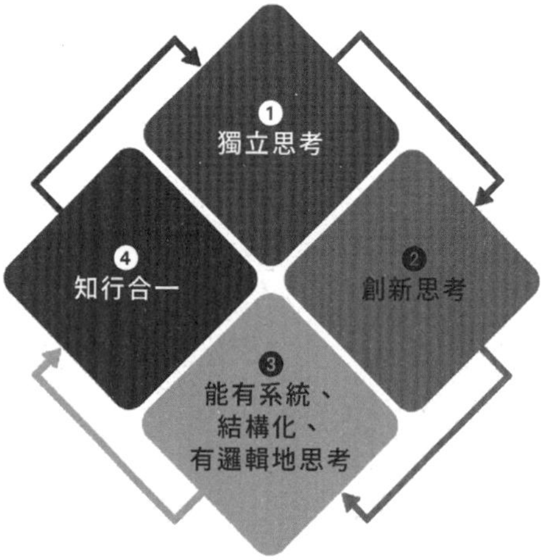

圖 2-1：閱讀思考能力的四大條件

閱讀思考的三個階段

我把閱讀過程中的思考分為三個階段：第一階段是產生想法的階段；第二階段是判斷想法的階段；第三階段是整合想法的階段。各位平時之所以不知道該如何思考，思路非常混亂，思考得不夠深入，是因為把想法的產生、判斷和整合階段統統混在一起了。事實上，每個階段的目標和任務都不一樣。

產生想法的階段

一般來說，所謂在閱讀過程中思考，應該要產生兩種想法：一種是自己的想法，另一種是作者的想法；我們既要尋找和蒐集作者的想法，也要產生自己的想法，這兩件事一樣重要。在想法的產生階段，最重要的目標和任務是盡可能多產出自己的想法。請注意是「盡可能多」，而不是「盡可能好」，判斷想法的好壞是下一個階段的任務，現階段要做的，就是產生更多的思考火花。

那麼該如何產生更多的思考火花呢？具體有以下四個作法：

一、前後對比

所謂的前後對比，就是追問「讀這本書之前的你」和「讀這本書之後的你」，想法有什麼變化？有沒有顛覆什麼認知？有沒有轉變什麼觀念？有沒有想改變的行為？有沒有恍然大悟的時刻？

剛上大學時，我每次讀完一本書，總覺得沒有什麼收穫，讀過的東西就像漏斗裡的沙子，沒一會兒就全漏完了。那時我非常焦慮，因為當時很多同學都在實習或創業，而我則把主要的精力放在大量閱讀上，但我始終感覺不到自己的進步。後來我開始做一件事，就是：每讀完一本書，一定要寫一篇八百字以上的閱讀心得，這份心得不是複述書裡的內容，而是追問一個問題：**讀完這本書的我和沒讀這本書的我，有什麼變化？**我強迫自己把閱讀成果用文字鞏固下來。

為什麼這個問題至關重要呢？誠如我在第一章提到的，在成千上萬的資訊中，只有一部分資訊被我們閱讀了，閱讀量中只有一部分被我們納入思考了，思考量中只有一部分被我們轉化為行動了，行動量中的有效部分才是改變量，這個改變量才是真正的閱讀收穫。盯著「改變量」，就是從閱讀中最大程度獲益的不二法門。這種追問，我已經進行了十年，這十年間，我每讀完一本書都會追問這個問題。結果就是，每本書都變成我向上的一階小樓梯——我非常清楚讀完每本書的收穫。

前後對比，就是密集創造九合一萬能讀書筆記的要素之一「洞見時刻」的最好辦法。美國著名醫師、詩人奧利弗・溫德爾・霍姆斯（Oliver Wendell Holmes）曾說：「一個人的思想一旦被某個新的想法所擴展，就永遠無法退回到原來的高度了。」前後對比，就是追問我們的思想到底被擴展了多少。那麼該如何對比呢？

第一步：檢索新知。請從頭到尾複習一遍第二層次的讀書筆記，檢索這本書帶給我們的新知，就是：以前不知道、看完這本書才知道；以前體會不深、看完這本書才真正明白的內容。

第二步：追問新知對我們的影響和改變。真正重要的新知，一定會對我們的信念、態度、行為、生活方式等帶來影響和改變。為此請追問，這個新知會對我們產生什麼影響？我們原有的信念、態度、行為、生活方式等是否會因此改變？具體有什麼改變？

第三步：分別描述「before」和「after」來鞏固收穫。以前是怎麼想、怎麼做的？但因為這個新知，我們以後會怎麼想、怎麼做？分別描述「before」和「after」的本質，是透過深度的自我反思來學習，以深度建立知識和自己的關係，讓知識為我們所用。

讀第一遍美國作家亨利・梭羅（Henry David Thoreau）的小說《湖濱散記》（*Walden; or Life in the Woods*）時，我覺得那種生活美則美矣，但是我無法複製。後來，我沉下心來做三種層次讀書筆記，檢索新知，更重要的東西就浮出來了：梭羅並不是要讓所有人都效仿他去過這種生活，他自己也只過了兩年多瓦爾登湖的那種隱居生活，這對他來說只是個生活實驗。實際上，他是身體力行鼓勵大家透過開展生活實驗的方式來探索、尋找、設計和嘗試自己想要的生活方式。然後，「生活實驗」這個詞就在我腦海裡炸成了煙火——我體會到了前所未有的自由。

以前我的思考方式總是：這樣做是對的、應該的、符合長期利益的，所以我必須這樣做。但為什麼我會覺得某種作法是「正確」和「應該」的呢？多數時候，都是因為大家皆推崇如此。「生活實驗」把人生變成了一場自由探索的無限遊戲，我們的人生始終處於未完全定型、正在設計中的狀態，我們不是只能選擇一條路，而是隨時都可能因為一個新的生活靈感而踏上另一個方向。在我撰寫本書的這一年，我準備用一年的時間來進行一個生活實驗，這個實驗的名字叫「如果一年只做一件事會怎麼樣」。我以前每年至少規劃三至五個大目標，接著大目標會衍生出無數的任務，而這讓我總是處於時間不夠用、目標未達成的痛苦狀態中。我想試試精簡目標，只做那件我「最」想做的事，想試試看這樣的自己是否會更快樂、更專注，是否會被淘汰。

這就是我讀《湖濱散記》的前後對比過程，

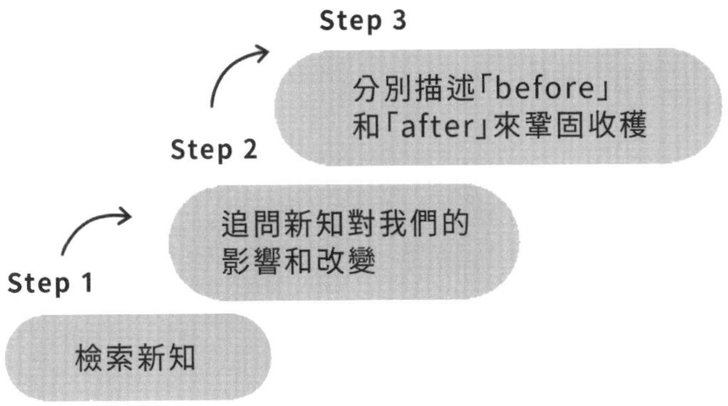
Step 3
分別描述「before」和「after」來鞏固收穫
Step 2
追問新知對我們的影響和改變
Step 1
檢索新知

圖 2-2：產生想法的方法❶ 前後對比的三步驟

它讓我對人生有了新的理解，影響了我的生活選擇；它讓我的心靈更自由，讓我更有勇氣。如果我沒有去追問我的想法被擴展了多少，就不會有這麼深刻的體會。追問和不追問之間，會產生思考上很大的品質差距。

二、提問

提問驅動思考；人有一種本能，只要提問了，就會忍不住去回答這個問題，然後思考的齒輪就會跟著轉動起來。所有的思考過程都可以簡化為提出一個問題，然後再回答這個問題就可以。以下我歸納出四個提問的方法：

第一，不管三七二十一，寫下腦海中出現的所有疑問。在閱讀的過程中，不要放過腦海裡冒出來的任何一個問號，即使覺得某個問題很沒有水準，也要勇敢提問。閱讀最好的地方就是作者是沉默的，他不會跳出來指責你怎麼會問這麼愚蠢的問題，我們擁有一個很安全的提問環境。所以我建議大家，不加篩選地把所有問題都提出來，而且一定要寫下來，然後試著去組織答案。剛開始可能會問比較簡單、容易找到答案的問題，但有價值的好問題也會慢慢出現。一旦把提問訓練成本能，我們理解和思考的深度自然而然就會慢慢增加。

第二，用「紅綠燈思考法」自我訓練。在閱讀時可以準備紅黃綠三種顏色的筆。「綠燈行」——對於完全可以理解的內容，用綠色的筆來畫線；「黃燈來了等一等」——對於沒有完全理解，需要再調查或思考一下的內容，用黃色的筆來畫線；「紅燈停」——對於完全無法理解的內容，用紅色的筆來畫線。之所以提不出問題，最主要的原因就是自以為瞭解，就囫圇吞棗地讀過去。「紅綠燈思考法」可以強迫我們反思：我們完全理解了嗎？哪些部分不理解？當然，這個方法肯定會拖慢閱讀速度，但如果總是提不出問題、習慣全盤接收所有資訊，那就得下一番工夫了。事實上我們不需要一直用這種方法讀書，待我們形成思維習慣，就不需要使用這三種顏色的筆了。

第三，留意書裡的好問題，模仿好問題的句型去提問。自問自答是最常見的寫作方法，作者一定會在書裡不斷地拋出問題，所以我們可以留意那些特別值得回答、特別讓自己有思考欲望的問題，模仿它的句型，從不同的場景出發去提問。記住，學習總是從模仿開始的。

第四，用「5W2H」的提問框架，刻意練習提問能力。「5W2H」是一個可廣泛應用的提問框架，指的是：

- What——是什麼？
- When——何時開始？
- Where——從哪裡開始？
- Why——為什麼？
- Who——誰？
- How——怎麼做？
- How much——做到什麼程度？

我們可以把每個提問角度放到具體的情境中靈活使用，例如：「What」常用於問定義，「How much」常用於問與程度有關的問題。

在此要注意，針對不同類型的書籍，提問的重點也不同。對於實用類書籍，我們主要聚焦在是什麼、為什麼、怎麼做來提問；對於小說，會主要問以下兩個問題：這個人物為什麼要這麼做？這個情節為什麼會發生？

問題常常比答案更讓人受教，有時唯有提出一個正確的問題，才能找到一直在尋覓的答案。我讀到「正向心理學之父」馬汀・塞利格曼（Martin Seligman）的《持續的幸福》（*Flourish*，繁體中文版為《邁向圓滿》）時對這一點的體會尤為深刻。我第一次清楚意識到，我做的所有努力都有一個共同的目標——「持續幸福」，我追求的所有目標都只是實現這個共同目標的手段，它們最多是這個共同目標的子目標。而我提出的那個正確問題是：如何才能持續幸福？提出正確的問題，就能夠揭示事

1
不管三七二十一，寫下腦海中出現的所有疑問。
2
用紅綠燈思考法自我訓練。
3
留意書裡的好問題，模仿好問題的句型去提問。
4
用5W2H的提問框架，刻意練習提問能力。

圖 2-3：產生想法的方法❷ 四種提問方法

物的核心。

然而，提出什麼樣的問題才能充分驅動我們思考呢？

第一種比較關鍵的問題是自己的「大問題」。這是我在《從Q到Q+》（*The Book of Beautiful Questions*）一書裡看到的一個說法，作者華倫·伯格（Warren Berger）的這個提問法，引起我的強烈共鳴。「你應該試著找出一個特定的問題，並持之以恆地追求這個問題的答案——你的『大問題』。這個問題應該大膽有自信、雄心勃勃和切實可行。」、「我自己的大問題開始於十年前：如何才能鼓勵自己做出更多的提問？寫本書只是我試圖探究這個問題的方式之一。我也會做一些其他的事情來回答這個問題，比如，拜訪不同類型的組織，勸他們改變觀念，和他們分享提問的方法和技巧。」、「在哪裡及如何才能找到你說的大問題呢？你可以先從感興趣和樂趣所在著手。你可以問自己一些問題，如：什麼事情讓你感動？你內心深處關切的是什麼？你覺得你注定要做的事情是什麼？」

他對提問這件事的研究，就如我對閱讀這件事的研究。我的「大問題」是「如何閱讀，才能從閱讀中充分獲益」，大家正在讀的這本書也是我探究這個問題的方式之一，這本書也是我對這個問題的一次完整回答。

事實上，我們的「大問題」就是我們最重要的提問。這個世界多數時候不會直接給我們答案，我們感興趣的問題的答案可能分散在幾十本，甚至上百本書裡。所以，我們需要大量獲取資訊，需要去思考、分析和實踐，慢慢加工出自己的答案，這也是為什麼我在後面要談建立知識體系和主題式閱讀，因為一個個孤立的知識無法解決我們的問題，一、兩本書給不了我們完整的答案。以我自己為例，我讀過上百本與閱讀方法有關的書，但沒有任何一本能完全解決我的問題，我需要去與閱讀間接相關、不很相關的書裡尋找更多的答案。**當我們帶著自己的「大問題」讀書，就像拿著磁鐵在行走，能把有助於我們思考的資訊全部吸過來。**提出自己的「大問題」是比較高階的提問，這種問題往往和我們的人生追求有關。

第二種比較關鍵的問題是這本書的「大問題」。作者寫這本書是為了回答什麼問題？只有這本書的「大問題」與我們感興趣的問題重疊時，我們和書才會有相見恨晚的感覺。接下來，我們要審視作者的回答是否正確、是否值得借鑑。如果回答不正確，錯在哪裡？如果回答不完整，可以補充什麼？如果感覺作者的回答不完整，而自己又沒有能力補充時，就可以讓另一本書、另一個作者來補充。

找出這本書的「大問題」，可以讓我們回到作者的思考起點，和作者站在同一個層面思考，有助於我們以更宏觀的角度去思考和理解。找出這本書的「大問題」後，可以嘗試用自己的話回答。中國現代數學家華羅庚就是按照這種思路讀書，他拿起一本書後，會先看書名，再閉目靜思，去設想他會怎麼寫這個主題，想得差不多後才翻開書，如果作者的寫作思路和他一樣，他就不再讀了。

除了論述類書籍，文學作品也有自己的「大問題」。例如，所有的科幻小說都開始於一個問題：「如果……，人類世界將會怎麼樣？」這個問題，是所有科幻小說家的思考起點，例如《三體》的思考起點是：如果有一個科技水準碾壓人類的外星文明要搶走我們宜居的地球，人類世界將會怎麼樣？

第三種比較關鍵的問題是「相反的觀點是什麼」。在閱讀過程中，有時瞭解了相反的觀點，才能真正理解某個觀點。

《被討厭的勇氣》（嫌われる勇気）一書用通俗易懂的語言講解奧地利心理學家阿德勒（Alfred Adler）的心理學，書裡講到阿德勒的「目的論」和德國心理學家佛洛伊德的「原因論」的不同之處。從精神分析學派創始人佛洛伊德開始，很多心理學家都認為人是過去，尤其是童年經歷的產物，這些經歷變成了潛意識，決定著我們的人生。阿德勒心理學把這樣的觀點稱為「原因論」，並認為一味關注過去的原因，企圖靠原因解釋事物，就會陷入「決定論」，最終就會得出這樣的結論：我們的現在甚至全部的未來都由過去的事情決定，且根本無法改變。正是這樣的觀點，讓很多人把當前的不如意、性格缺陷歸咎於原生家庭。然而，阿德勒心理學認為任何經歷本身並不是成功或失敗的原因。我們並非因為自身經歷中的刺激而痛苦，事實上我們會從經歷中發現符合自己目的的因素。換言之，決定我們自身的不是過去的經歷，而是我們賦予經歷的意義。阿德勒心理學把這樣的觀點稱為「目的論」。

在閱讀中我們把有分歧的觀點放在一起看，就可以更深刻地理解兩種學術不同的觀點。這就像我們單獨看嫩綠色，很容易把它看成黃色，但把它和正黃色放在一起，立刻就知道它是綠色。尤其在讀社科類書籍時，如果多研究一下不同的觀點，就更容易梳理出一個學科的脈絡。

第四種比較關鍵的問題是藏在我們「閱讀目的中的問題」。我們可以把閱讀目的用提問的形式表達出來。例如，我們讀《思辨，從問對問題開始》（*Asking the Right Questions*）的目的是學習批判性思考的能力，那麼我們可以這樣提問：一般人如何提升自己的批判性思考能力？讀完這本書後，接著就去回答這個問題，且不要滿足於簡單的答案，要力求在原有理解的基礎上有所突破。

當然，每個人感興趣的問題是不一樣的。無論如何，當我們提出一個問題，並主動去思考和尋找答案，獨立思考不就發生了嗎？**思考的起點，就是遇到了某種困惑；把心中的困惑說出來，接著去尋找答案的過程，就是思考。**思考並沒有想像中的那麼困難。

三、聯想

經常有人問我：「小墨，為什麼我的思考內容總是那麼無趣？」或許，原因就在於思考方式太封閉了，不夠發散。思考的本質是聯想，是一種發現事物之間的聯繫，並建立事物之間聯繫的能力。九合一萬能讀書筆記的要素之一「聯想發散」，如果你的發散性思考太差，就不能有效掌握這個要素。不過，以下有三個典型的訓練方法，可以幫助大家提升發散性思考的能力。

第一個方法是在限定時間內，從一個主題詞出發，盡可能多聯想。發散性思考比較差的人可以多做這樣的遊戲。例如，看到綠色，你能聯想到什麼？發散性思考差的人可能只會聯想到三、五個東西，反之，發散性思考比較好的人，可能會聯想到幾十個東西。不要只進行從物品到物品的聯想，還可以進行抽象概念的聯想，也不要只聯想一層東西，可以多聯想幾層東西。

第二個方法是在限定時間內盡可能多想一個物品的作用。例如，一張A4紙可以用來寫辭職信、用來剪紙、用來摺紙飛機，也可以用來教小朋友學長方形的知識等。

第三個方法是在限定時間內尋找兩個不相關的東西之間的共同點。例如，請找出青蛙和太空船之間的共同點。這種暴風驟雨式的快速聯想被心理學家稱為「遠距聯想訓練」（remote association），它可以提升思考的活躍度、敏捷度和創造性。這種遠距聯想訓練似乎和閱讀沒有什麼關係，但就是這樣的聯想能力，讓我看《大亨小傳》時，找到蓋茲比和我的共同點，和他產生共鳴共振；讓我看《包法利夫人》（*Madame Bovary*）時，找到艾瑪和被消費主義吞噬的現代人的共同點；讓我讀《小王子》時，找到那朵星球上的玫瑰花，和我們重要的愛人、家人和朋友等的共同點，從而獲得理解這些書的獨特視角。

那麼，該如何提升閱讀中的聯想能力呢？有以下五個建議：

第一，一定要盡可能地發散，盡可能地天馬行空。在產生想法的階段時，不要去判斷這些想法好不好。在閱讀的過程中，可以把聯想到的東西統統寫在書上，因為此時我們的任務是要保持思考上的靈活度，才能聯想到豐富的東西，進而從中挑選好的想法。如果一開始就要求自己一定要想一個特別有深度的觀點，那思考的壓力就會很大，反而會壓制想法的產生。一個人的思考怎樣才能變得敏捷呢？就是讓神經元之間建立盡可能多、盡可能深、盡可能大的神經迴路。剛開始的進展可能不會很順利，進行聯想時腦海裡可能是一片空白，但請不要著急，我們需要慢慢練習並長期堅持下去，可以從要求自己看每一頁書時至少產生一個聯想做起。

第二，可以聯想到自身和實際生活，把書中的內容放到自己的具體事情上，問自己一個問題：這本書和我有什麼關係？很多人做讀書筆記或寫讀後感時，只能停留在轉述作者觀點的水準，無法形成自己的見解；如果學會聯想到自身生活，自然就能形成自己的獨到之見。每個人的生活和經歷都是獨一無二的，世界上沒有兩片一模一樣的雪花，自然也沒有一模一樣的經歷。所以只要與自身的經歷聯繫，把學到的東西放到自己的具體事情上考量，思考的原創性自然就會提高了。

第三，可以用案例替代。這是一個既簡單又極為有效的聯想練習，每次遇到作者用案例解釋觀點時，就用自己的案例替換作者的案例。

第四，抓住本質，舉一反三，嘗試知識轉移，把該知識運用到不同的領域。例如，前面講到透過前後對比來歸納閱讀書籍的收穫，那是否也可以用這種辦法來回顧完成一個項目的進步呢？

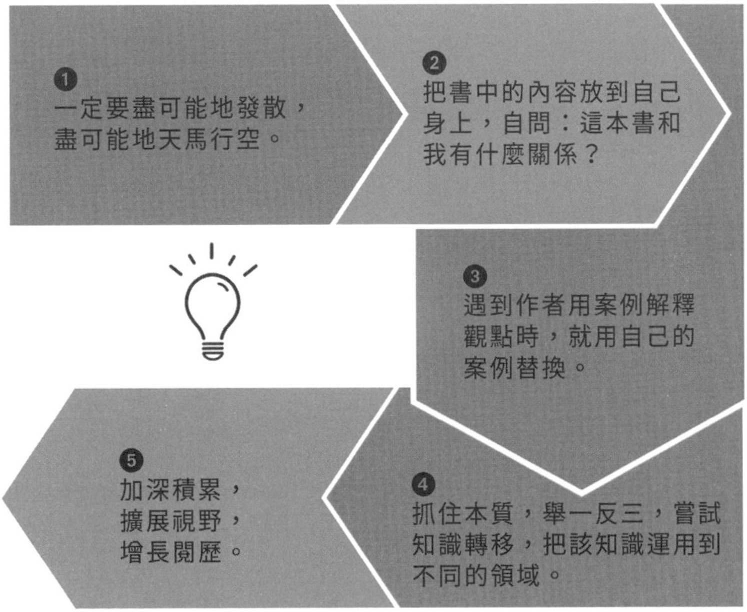
1
一定要盡可能地發散，
盡可能地天馬行空。
2
把書中的內容放到自己
身上，自問：這本書和
我有什麼關係？
3
遇到作者用案例解釋
觀點時，就用自己的
案例替換。
4
抓住本質，舉一反三，嘗試
知識轉移，把該知識運用到
不同的領域。
5
加深積累，
擴展視野，
增長閱歷。

圖 2-4：提高聯想能力的五個方法

第五，加深積累，擴展視野，增長閱歷。每個人多少都會有一些聯想能力，但聯想的廣度、深度和強度不同。聯想能力的品質和我們的知識積累、閱歷多寡有關。想要有靈活、豐富、高品質的聯想能力，必須加深自我積累，擴展視野，增長閱歷。

聯想能力，就是發現不同事物之間聯繫的能力，尤其是發現抽象概念和抽象感受之間的聯繫，我們必須以知識的深度和廣度為基礎，而這又和建立知識體系的能力和閱讀不同書籍的能力連動了。

四、行動導向

所謂的行動導向，是指思考可以從這本書裡學到的東西來做什麼。例如，《鬼速PDCA工作術》一書教我們如何訂定計畫、如何實際行動、如何檢討方案；學完後就要追問：馬上可以做什麼？就我而言，我讀完之後，立刻開始做一週計畫和一週檢討。

即使是實用類書籍，也需要思考如何落實書中的方法，每個人的實際情況不同，所以行動計畫也需要量身訂做。因此，如何運用書中的方法也是非常重要的思考方向，在九合一萬能讀書筆記裡，我把這一點稱為「行動靈感」。

如果總是不知道如何起身行動，該怎麼辦？請貫徹「用三遍」的原則，即學到某種知識後，一定要馬上用三遍。

我在杭州買房時，讀了一本叫《做出好決定》（*Decide & Conquer*）的書，作者史蒂芬·P·羅賓斯（Stephen P. Robbins）是美國管理學和組織行為學的專家。在這本書裡，我學會了一套可靠的理性決策流程，不論面對多麼複雜的事情，我都可以梳理得清清楚楚，例如：買房。

第一步：識別和確定問題——如何在預算內買到最滿意的房子？

第二步：確認決策標準——列出做決定時需要考慮的因素，例如，買房需要考慮所在城市、地段、交通、戶型、環境等因素。

第三步：評估標準——上一步所列的各種因素其重要性各不相同，所以在這一步要排列優先順序，例如，有些人更在意一家人的生活體驗，更願意選擇交通方便、坪數大的房子。

第四步：制定解決方案——在這一步需要制定可以解決問題的所有方案，而不是單一方案。以買房為例，要盡可能多多看房，不要只看幾間就好。

第五步：評估解決方案——要用第二步的決策標準評估每一個備選方案，保證每個方案的優點和缺點一目了然。

第六步：選擇得分最高的方案，得出最佳解方。

透過這套決策流程，我所收集的資訊其目的性很強，分析資訊的思路也非常清晰，最終協助我在預算內買到了喜歡的房子。一般來說，我們使用三次後，知識就不僅是知識，還會慢慢變成我們的本事，同時在實踐中，我們的理解和思考也會更加深刻。

總的來說，前後對比，是對比過去和現在的自己，讓我們清清楚楚看見自己的進步；提問，是立足當下，問出此時此刻所有的困惑；聯想，是搜索過去，用過去的資訊和經歷來思考和理解；行動導向，是放眼未來，讀完學完後可以用在哪裡？具體該怎麼用？

產生想法階段時，我們最需要的是發散性思考的能力，我們可以用以上四個方法來啟動大腦，促進想法的產生。

判斷想法的階段

孟子說：「盡信書，則不如無書。」清康熙帝說：「凡看書不為書所愚，始善。」從書中可以讀到許多事實和觀點，但不加以選擇就統統採信，容易「為書所愚」，為此需要具備獨立思考能力。但請注意，獨立思考不等於獨自思考，閉塞的資訊環境不利於思考，與此相對，大量調查和攝入資訊反而能產生更好的思考結果。

另外，獨立思考也不等於不接受別人的影響，如果我們認真回顧思想史，會發現那些優秀的思想家都是互相影響的；獨立思考亦不等於和別人想的不一樣，特立獨行，故作驚人之語；獨立思考更不等於故意唱反調。

獨立思考能力又稱「批判性思考能力」。批判不是反對，而是審查；批判是不輕信資訊和觀點，待仔細評估後再決定相信什麼和做什麼，審慎地建立自我意見的過程。獨立思考的目標是追求真理、遠離謬誤，是讓自我認知更接近事物的規律和世界的真相，而不是為了捍衛自我和反對別人，以彰顯智力的優越性。但想做到獨立思考並不容易，沒有經過學習和訓練的人常常讀到什麼就信什麼，有時就算隱隱覺得有些觀點不對，也說不出個所以然。那麼到底該怎麼判斷呢？我整理了一套判斷想法的步驟供大家參考。

第一步：區分事實和觀點

「事實」是一種可以被證實或證偽的描述，它是客觀、獨立於人的主觀想法和主觀情緒的存在；「觀點」則是人們對事實的主觀看法，無法像事實那樣被證實或證偽。評價一個事實時，可以說它是「真的」或「假的」，但評價一個觀點時，就只能說「我同意」或「我反對」。

事實有真假，觀點無對錯。「今天氣溫二十五度」，這是一個事實；「今天很熱」，這是一個觀點。「我的女兒數學考試考了一百分」，這是一個事實；「我的女兒很聰明」，則是一個觀點。切勿混淆事實和觀點，讀到什麼就信什麼的人最大的錯誤，就是把「觀點」當作「事實」了。

第二步：分別查核事實和觀點

如果是「事實性論述」，就需要辨真偽。查核事實很重要，事實如同地基，觀點則是我們對事實的看法；觀點依賴事實，所以如果事實變了，觀點也就變了。至於要查核事實什麼呢？如下：這則資訊的來源是哪裡？這則資訊是道聽塗說？還是有明確的資訊來源？資訊來源是一手還是二手的？如果資訊來源不是一手的，能不能找到一手來源？資訊的一手來源和二手來源告訴我們的內容一致嗎？資訊在傳播過程中是否存在斷章取義、理解偏差等扭曲事實的情況？資訊的一手來源和二手來源可靠嗎？發布者和發布平臺是否可靠？資訊採集過程是否可靠？資訊的一手來源是孤證嗎？

如果是「觀點性論述」，則需要查核觀點，再決定是支持或反對。簡單來說，一個完整的觀點論述過程就是聚焦在一個論題，根據一些論據而得出一個結論。在開始獨立思考之前，必須瞭解清楚論題是什麼、結論是什麼，以及支撐結論的論據是什麼。

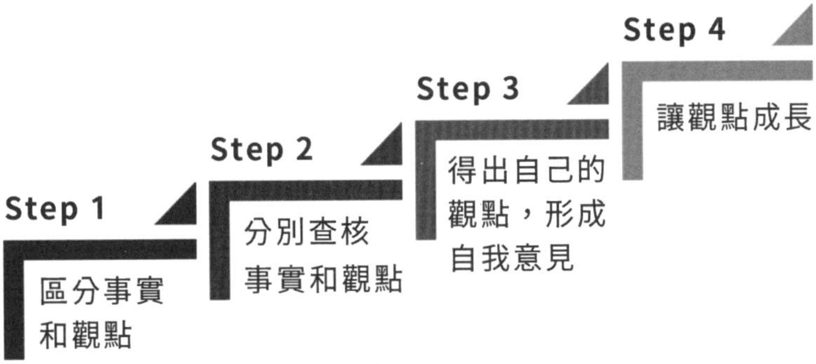

圖 2-5：判斷想法的四步驟

讀到什麼就信什麼的人，往往把推論當成定論來接受，不關心結論從何而來。為了避免這樣的錯誤，必須：（一）審視論據，查看論據的效力；（二）審視推理邏輯，看推理過程是否有邏輯謬誤；（三）審視提出觀點的人，其立場和利益是否影響了觀點的可靠性；（四）審視情緒的影響，看是否有用情緒代替事實和邏輯，故意激發情緒，以此影響他人的情況。

第三步：得出自己的觀點，形成自我意見

無論是否同意別人的觀點，都要建構出自己的理由，得出自己的觀點。事實上，在評價別人觀點的思路時，也是形成自我意見的時刻。

第四步：讓觀點成長

為了保持開放的思維態度，不僅要留意證明自身觀點的內容，也要留意相反觀點，以及證明相反觀點的內容。得出觀點之後，可能會持續發現新的論據，可能會持續有新的閱歷，進而改變「最初的觀點」都十分正常，這是思考的良性成長過程。

整合想法的階段

在想法的整合階段，目的是總結和鞏固閱讀收穫。讀完一本書、整理完讀書筆記、做了一些思考後，腦海裡可能有十幾個想法在橫衝直撞，所以，需要把它們按照一定的邏輯串起來，這就是結構化的思考。大腦喜歡有規律的資訊，不喜歡零散複雜的資訊，因此，只有經過有規律的串聯和結構化的思考，才算真正完成對資訊的內化。

那麼該如何才能條理分明、邏輯清晰地整理想法呢？

第一步：匯總想法

經過了想法的產生和判斷階段，我們得到了很多資訊和觀點。這些資訊和觀點有的來自作者，有的來自我們自身，但這些資訊和觀點良莠不齊，所以需要從中篩選並匯總精華。

該如何篩選書籍和個人思考精華呢？九合一萬能讀書筆記和心智圖筆記這時就派上用場了。我們可以複習一遍筆記，把對我們而言最重要的內容，即那些拓展我們原有認知，影響我們態度、選擇和行為的內容精選出來。

第二步：分組歸類

接著，要把同類的想法分組歸類，而分組歸類要符合「MECE」原則。「MECE」是「Mutually Exclusive, Collectively Exhaustive」的首字母縮寫，意思是「相互獨立且完全窮盡」。在我的讀書訓練營，兩年下來我一共批閱了一萬多份作業，我發現，邏輯混亂的人主要是不懂得分類。

有兩種情形：一種情形是他們有很多想法，但表達的時候不做分類，想到哪兒寫到哪兒；另一種情形是他們做分類，寫了幾個要點，可是這幾個要點「你中有我，我中有你」，依然很亂。所以在分類時一定要保證要點既完整又互不重複。可以使用心智圖來輔助分類，聚焦在讀書收穫，把想法都寫進去，然後再進行合併和拆分。

第三步：找出邏輯結構

如果各個分類完全獨立，完全找不到邏輯關係，則可以直接使用總分式結構，這是比較基礎的邏輯結構。如果想進一步整理想法之間的邏輯關係，還有三種可使用的邏輯結構：

❶直接用原書的邏輯結構來整理：多數的書籍都是按照一定的邏輯組織起來的，好書背後一定有個好的邏輯結構；我們在做第二層次的讀書筆記時，可以使用心智圖筆記整理書籍的邏輯結構。有些書的邏輯結構非常清晰，因此可以直接按照作者的邏輯來進行思考。

誠如前述有提到《鬼速PDCA工作術》一書，那麼什麼是「PDCA」呢？「PDCA」中的「P」是指Plan，意思是計畫；「D」是指Do，意思是執行；「C」是指Check，意思是驗證、檢驗成果；「A」是指Adjust，意思是調整。該書作者就是按照「PDCA」這四個流程來寫這本書：怎麼計畫、怎麼執行、怎麼檢驗、怎麼調整。那我們就可以按照這個邏輯和思考框架來組織想法，分別找出各個流程中最大的收穫。如果自己本身沒有什麼思考框架，我就建議各位認真整理作者的思考框架，找出作者的書寫邏輯。剛開始可以借用別人的思考框架，慢慢地就能把這些思考框架遷移到別的地方使用，最後就會形成自己的思考框架。

❷用一些現成、經典的思考框架：現成的、經典的思考框架包括：是什麼、為什麼、怎麼做；解決問題時的現狀、問題和策略；二維矩陣結構，如：能力發展之沒有意識到自己無能、意識到自己無能、意識到自己有能力、沒有意識到自己有能力；時間管理之重要而緊急、重要而不緊急、緊急而不重要、不緊急也不重要等。

當我們讀過很多書、分析過很多作者的思考框架後，自己也就會累積了很多思考框架，有些思考框架很經典，會在不同的地方反覆出現，那就可以借用。當我們用得多了，某些思考框架甚至會變成思考本能，如此慢慢就能習慣用這些現成、經典的思考框架來整理自己的想法。

❸用流程法來整理：很多想法不是零散、並列的內容，而是屬於某個流程的一部分。流程一般有先後之分，如按照步驟（第一步、第二步、第三步）、事物的發展規律（第一階段、第二階段、第三階段）、層次（第一層次、第二層次、第三層次）等推進，這時就可以用流程法來整理。我在這本書裡就頻繁使用流程法來整理自己的想法，這是我的思考框架，如：三種層次讀書筆記、閱讀思考的三個階段、判斷想法的四個步驟等。

請注意，用這些思考框架來整理想法的本質，還是對想法進行分組歸類，只不過這些類別之間有更複雜的關係。

第四步：補充細節，形成文字

找到邏輯結構之後，第四步是補充細節，形成文字。細節來自九合一萬能讀書筆記的九大要素，可以使用故事案例、金句、聯想發散、行動靈感等來幫助自己充分表達。形成文字是基本要求，因為我們主要是用文字來思考和表達思想，如果寫不清楚，基本上就等同

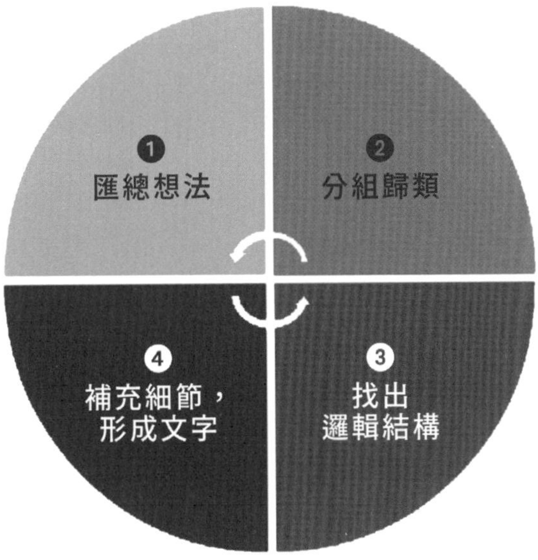

圖 2-6：整合想法的四步驟

於我們沒有想清楚。所以在第四步，一定要補充細節，形成文字，用寫作幫助自己清楚地整理想法。

思考不是一個快速的過程，有時讀完一本書，心裡會有極其複雜的感受，無法在一時半刻馬上完成三個階段的任務，可能需要一個醞釀期。這時可以先把這本書放到一邊，繼續生活、讀其他的書、和朋友聊天，空閒的時候再來思考，或許靈感就會不期而至，就會豁然開朗，有了思考的突破口。

思考能力的養成沒有捷徑

將第一章的「三種層次讀書筆記」，和第二章的「閱讀思考的三個階段」結合起來，才算完整介紹了精讀過程。第一章和第二章其實是對同一過程的兩種描述：九合一萬能讀書筆記的任務是激發我們產生更多的想法，心智圖筆記的作用是篩選精華和整理書籍的邏輯結構；換言之，讀書筆記的作用是判斷和整理想法，讓想法成形。

也許有人會覺得這樣做很麻煩，比起單向輸入閱讀和不檢討收穫就急著讀下一本書，這樣做確實既緩慢又辛苦。可是閱讀只是起點，閱讀後的思考、輸出和實踐才是重中之重。與單純的閱讀相比，花費數倍的時間來思考、輸出和實踐十分正常。有時，一些好書會在我們心頭縈繞數年之久，才會在思考的池子裡慢慢發酵，讓我們迎來茅塞頓開的暢快。在習得一些理念後，也經常需要花費數年的時間去實踐，才能慢慢走通「知道」到「做到」的長路。

思考能力的養成沒有捷徑，只能在密集的思考過程中提升和精進思考能力。**閱讀既是運用思考能力的地方，也是練習思考能力的地方。**剛開始笨拙一點，常常遇到思考上的阻滯，觀點沒有那麼成熟老到，對自己的思考沒有信心，這些都是初學者的常態。但只要堅持在閱讀中進行深度思考，我們的思考能力就會像樹一樣，從小樹苗慢慢長成參天大樹，同時也會愈來愈熱愛思考，因為只要體會過思考的樂趣，就再也忘不掉了，願大家都可以享受思考的過程。

Chapter 3

掌握閱讀速度的能力

掃描QR code
看本章重點心智圖
快速掌握閱讀要領

為什麼要讀這一章？

打敗閱讀的速度殺手，兼顧質與量

在寫這本書之前，我做過研究調查，發現「書讀得慢」是大家最想克服的閱讀痛點，所以本章就是寫給所有因為讀得慢而煩惱和焦慮的人。過去，我是個對閱讀品質的追求有點「瘋魔」的人，以至於一度走了彎路，覺得和閱讀品質比起來，速度完全不重要，直到我想明白以下兩件事。

第一，閱讀的整體效果＝閱讀品質Ｘ閱讀速度。閱讀品質差、囫圇吞棗地看完書，即使讀得再快，效果也不好；閱讀品質好，但一年只能讀幾本書，進步也相當緩慢。所以「閱讀」這輛車得有兩個輪子才能跑起來，兩者是互相促進的。閱讀品質好有助於提升理解力，進而能大幅提升閱讀速度；閱讀速度快有利於增加累積量，累積量愈多，對新東西的領會就愈快，理解也就愈深入。

第二，讀得慢不代表閱讀品質好，這是最重要的。讀書慢，有兩種慢。第一種慢是精讀精思的慢，比如，在做三種層次讀書筆記時，按照三個階段思考肯定比翻翻書、畫畫線慢得多，但這種慢是為了閱讀品質，是值得必要的，是我們主動為之的；甚至如果學不會精讀和精思，慢不下來，總是對時間感到焦慮，最終還是得學習如何變慢。第二種慢，才是需要被克服的慢，這種慢無法提供深度的理解。

我們必須區別對待這兩種慢，許多人不做區分，一味求快，反而適得其反。針對第二種慢，我歸納出以下五個「速度殺手」：（一）閱讀障礙；（二）必須通讀症；（三）知識背景和理解力不足；（四）無法專注；（五）時間管理、精力管理和優先順序管理出現問題。

面對不同的「速度殺手」其解決方案各異，接下來，讓我們對症下藥，一一擊破。

速度殺手❶ 閱讀障礙

閱讀障礙主要有：強迫性音讀和默讀、逐字閱讀、視線逗留、回退和游移，以上幾乎是許多人閱讀的常態，但他們自己卻沒有意識到這是閱讀障礙，還認為不這樣做會影響理解和記憶。然而，正是這種錯誤的觀念，導致許多人難以克服這些閱讀障礙。

視覺優於聽覺，音讀和默讀會嚴重影響閱讀速度

從視覺讀取資訊的效率比起聽覺，高出一百倍以上，所以音讀和默讀會嚴重拖慢閱讀的速度。

大腦處理資訊的速度非常驚人。美國神經生理學家、諾貝爾生理學或醫學獎得主羅傑．斯佩里（Roger Sperry）發現，人腦每秒鐘有意識處理的訊息量約為一百二十六個

神經元，但是在正常的學習中，我們每秒使用的大腦資源只有大約四十個神經元，這表示，大腦每秒鐘有大約八十個位元的閒置空間。很多人擔心不音讀和默讀，閱讀速度會太快、會讓大腦應接不暇，這些人是太小看大腦的潛力了，其實經過訓練，完全可以做到一目多行。

有些讀者靠音讀和默讀來強迫自己專注，但和常識相反，音讀和默讀不僅無法讓我們更加專注，反而是分心的罪魁禍首。我們的大腦很勤奮，如果我們一小口一小口把資訊餵給大腦，輸入速度趕不上大腦處理資訊的速度，大腦就會很閒、很無聊，它就會找別的事情來做，這就是為什麼讀書的時候會分心和胡思亂想，甚至還會打瞌睡的原因——**一直得不到足夠的資訊輸入量，大腦就會自動進入休眠狀態。**

我舉個例子，大家馬上就會理解這個過程了。迪士尼有一部動畫電影《動物方城市》（*Zootopia*），裡面有個角色是一隻樹懶，他說話做事都彷彿放慢五倍，可是偏偏他的名字叫閃電，請大家想像以下這句話是放慢五倍聽到的效果：「大——家——有——沒——有——看——過——一——部——動——畫——電——影——叫——《動——物——方——城——市》，我——就——是——裡——面——的——閃——電。」我猜在現實裡聽到這麼慢速的話，大家都會瘋掉。想像一下，如果有人一直用這樣的速度跟你說話，會不會覺得很無聊，然後分心去想自己的事情？如果一直有人用這樣的速度跟你說話，你會不會打哈欠和打盹？當我們一個字一個字地讀書，或者在心裡默讀時，在大腦看來，我們就是一隻超慢速說話的樹懶，於是大腦會分心、會找其他事情來做，甚至開始打瞌睡，因為我們輸入資訊的速度遠低於它處理資訊的速度。

那麼，是不是要完全放棄音讀和默讀呢？也不是。最好的辦法是把它們當成無形的「心靈螢光筆」，當我們讀到關鍵字、重點句子和重點段落時，可以放慢速度，用音讀和默讀來加深印象。

讀得慢不等於記得牢

逐字閱讀會拖慢理解速度，那麼該怎麼讀才能理解得更快呢？按語義單元閱讀可以理解得更快。

誠如前述，眼睛掃描文字的速度並不是真正的閱讀速度，「理解速度」才是真正的閱讀速度。很多人逐字閱讀，是為了理解得更好，但這樣只會適得其反，因為孤立的字詞無法傳達完整的資訊。如果每次都輸入孤立的字詞，大腦就需要透過複雜的運算，才能把這些字詞疊加起來進而得到完整的意思，而正是這種疊加導致閱讀速度變慢，甚至還會妨礙理解。

閱讀高手都是按語義單元閱讀，眼睛對焦一次，就能閱讀一個片語或一個意思比較完整的短句，把它們作為完整的資訊輸入大腦中。

除非花時間反覆複誦和記憶，否則讀得再慢，甚至多讀幾遍，形成的都是暫態記憶；除非有萬中無一照相機般的記憶，否則光靠「讀」是不可能把書逐字逐句記下來的。所以，不要用嘴巴音讀或默讀；用眼睛讀時也不要逐字閱讀，要按語義單元閱讀；視線不要逗留、回退和游移。

提高視線移動效率的方法

究竟該如何克服這些閱讀障礙，讓自己讀得快呢？克服閱讀障礙有兩個方向：提高視線的移動效率，以及讓自己習慣按語義單元閱讀。

首先，提高視線的移動效率有以下三個方法：

❶用指尖或筆尖逐行移動，輔助閱讀

眼睛天生喜歡追逐運動的物體，因此可以利用眼睛的這個特點來輔助閱讀。視線跟著手指移動時不易逗留、回退和游移，如此專注力也會更強。另外，這也是克服強迫性音讀和默讀的方法，因為可以加速手指的移動速度，強迫眼睛跟著手走，而當音讀和默讀的速度跟不上手指的移動速度時，自然就能慢慢克服音讀和默讀了。

❷用一張卡片從上往下推

從第一行開始，每讀一行就把卡片往下推一行，可以使用常見的明信片或卡片類書籤。用這種方法閱讀時，我們永遠在讀第一行，如此，換行時間和視線游移的頻率就會更少了。

❸「三二一」練習法

這是我從德國學習專家克里斯迪安．格綠寧（Christian Grüning）身上學到，專門用來練習閱讀速度的方法：

- 第一步：選一本書，挑一個地方，用自然速度讀三分鐘，看能讀到哪裡並在此處標記。
- 第二步：用兩分鐘讀完相同的內容和篇幅。如果在兩分鐘內讀不完，就回到開頭的地方重新讀，加快手指的移動速度，直到可以在兩分鐘內讀完這部分內容。
- 第三步：用一分鐘讀完同樣的內容和篇幅。如果在一分鐘內讀不完，

03
用自然速度讀三分鐘，
看能讀到哪裡
並在此處標記。
02
用兩分鐘讀完相同的
內容和篇幅；回頭讀並
加快手指的移動速度，
直到可以在兩分鐘內
讀完這部分內容。
01
用一分鐘讀完同樣的
內容和篇幅。
如果在一分鐘內讀不完，
就重新讀，
直到可以讀完爲止。

圖 3-1：利用「三二一練習法」提高閱讀速度

就重新讀，直到可以讀完為止。

這個方法的重點是讓大腦走出速度的舒適區，習慣更快的速度。它的原理是限定時間，製造「高速公路效應」。當我們剛把車開到高速公路並突然加速時，會感到不適應，甚至心跳加速，但開一段時間適應後就不覺得車速快了；同理，「三二一」練習法會提高大腦判斷閱讀速度的基準線。平時可以使用正常速度讀書，但每天花點時間練習加快速度的讀，過了一段時間之後，就可以提升閱讀速度了。

讓自己習慣按語義單元閱讀的方法

何謂「按語義單元閱讀」呢？就是不再逐字閱讀，讓眼睛對焦一次就能看進一個片語或一個短句子，這也是一目十行的祕密。

如何讓眼睛一下看進去很多字呢？我結合《十倍速影像閱讀法》（*The Photo Reading Whole Mind System*）一書中的影像閱讀法和自身經驗，摸索出一個練習方法，具體步驟如下。

先練習讓眼睛能同時看見一行的第一個字和最後一個字，可以用筆把這兩個字圈出來，祕訣就是把書拿遠一點，眼睛不要對焦、不要去盯這兩個字，而是看書兩側空白的地方。這時，會發現字變模糊了——這就是我們要的效果。因為我們的眼睛就像單眼相機，對焦會讓我們看得更清晰但也導致看到的東西變少了。

接著提高難度，讓眼睛同時看見一段話的四個角的四個字，可以用筆把它們圈出來；之後再提高難度，讓自己的眼睛同時看見一本書的四個角的四個字。

有人會問：「如果我這樣看書，能記住什麼？」我剛開始也是這麼想，但是做了這種練習後，發現一眼看半行或三分之一行真的太簡單了，視野一下子被擴展了。做到一眼可以看到更多的字後，就可以按照語義單位閱讀了。少數人能做到一目十行，就是運用這個原理，他們看一眼書，就可以向大腦輸入很多行的文字資訊。

速度殺手❷ 必須通讀症

「必須通讀症」是我自創的詞，我用它來形容一個人的閱讀流程比較僵化，拿到一本書後只知道逐字逐句地閱讀，不懂得根據實際情況靈活運用速讀技巧。最開始看到「速讀」這個詞，想當然地以為速讀是一目十行地把一本書從頭到尾看完，其實不盡然。**速讀的本質是顛覆傳統上把書從頭到尾讀一遍的辦法，是在短時間內快速抓取主要資訊。**

事實上，速讀還有很多不同的說法，例如：檢視閱讀、略讀、掃讀、跳讀。在開始學習速讀之前，要先拋開一種觀念：「只有從頭到尾把書讀一遍，才能掌握一本書的重點或才算讀完一本書。」由於在很長一段時間我們都是從頭到尾讀書的，所以要改變這種觀念真的非常困難，但邁出這一步就會發現新世界，原來，是可以很輕鬆地在一小時內讀完一本書。

難道不該腳踏實地的讀書嗎？為什麼要這麼急功近利呢？有很多人對速讀提出過質疑。這應該算是對速讀最典型的誤解和偏見了。

針對這種質疑，我認為：（一）當然速讀並不適用於所有書籍。對於詩歌、散文、小說、國學經典等書籍，我不建議用速讀；速讀適用於非虛構類書籍，尤其適合結構非常清晰的論述類書籍；（二）速讀和精讀不是對立的。速讀和精讀並不是像金庸小說《倚天屠龍記》裡面的趙敏和周芷若一樣，是「有她沒我，有我沒她」的關係。採用速讀不等於反對精讀，只不過兩者的適用情況不同。

一般而言，適用速讀的情況有以下三種：選書時，當我們不確定這本書是不是好書、是否與

不確定該速讀還是精讀時
選擇閱讀方式時，當我們不確定該淺嘗輒止，還是該咀嚼消化時，先速讀。
不確定是否爲好書時
選書時，當我們不確定這本書是不是好書、是否與自身需求相符時。
時間有限時
當我們需要書裡的某部分資訊，但時間有限，不能通讀時，先速讀。

圖 3-2：適合速讀的三種情況

我們的需求相符時，速讀之；選擇閱讀方式時，當我們不確定該淺嘗輒止，還是該咀嚼消化時，速讀之；當我們需要書裡的某部分資訊，但時間有限，不能通讀時，速讀之。

有效速讀的七大步驟

話雖如此，面對複雜的書，速讀不足以幫助我們理解書籍內容；面對精彩的書，速讀會導致我們錯過很多細節，這時該怎麼辦呢？我的方法就是「速讀後再啟動精讀」。讀書不是開盲盒，我建議對於能夠速讀的書，大家在精讀

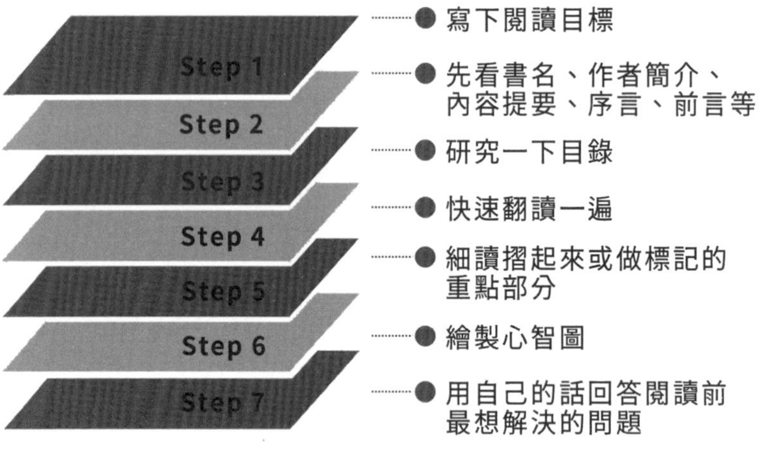
Step 1
寫下閱讀目標
Step 2
先看書名、作者簡介、內容提要、序言、前言等
Step 3
研究一下目錄
Step 4
快速翻讀一遍
Step 5
細讀摺起來或做標記的重點部分
Step 6
繪製心智圖
Step 7
用自己的話回答閱讀前最想解決的問題

圖 3-3：有效速讀的七大步驟

之前都可以速讀一遍，一看它值不值得啟用精讀流程，二為精讀做準備。速讀後再啟動精讀，和對這本書一無所知相比，我們會更渴望精讀這本書，也會讓精讀更有效率、更有針對性。

精讀和速讀不僅不是對立的，速讀反而是為了更好地精讀，它們就像雌雄寶劍一樣，雙劍合璧的威力才是最強的。精讀就像屠龍刀，深沉厚重；速讀就像倚天劍，輕巧靈活。掌握精讀和速讀，就像拿上倚天劍和屠龍刀行走江湖，可以在讀書世界橫著走，它們的配合使用也是我後面會談到的建立知識體系的基礎。

那麼該怎麼速讀呢？具體有以下七個步驟：

步驟❶ 寫下閱讀目標

我們想解決什麼問題？只要最後能找到想要的答案，速讀就算成功了。千萬別用精讀的標準來要求速讀，精讀要做的是完整吸收一本書的內容，反之，速讀的本質是檢索和篩選，決定哪些內容是不需要閱讀的、哪些內容是需要重點閱讀的。

步驟❷ 先看書名、作者簡介、內容提要、序言、前言等

「書名」幫助我們瞭解主題，給書籍做知識分類；「作者簡介」可讓我們瞭解作者的教育背景、工作經歷、過去的作品等，進而幫助判斷內容的可靠性；「內容提要」為我們整理了一本書的主要內容、服務的讀者對象；「序言和前言」則展示了作者的寫作動機、創作思路和章節安排，有助我們快速獲知一本書的主旨和章節結構。

步驟❸ 研究一下目錄

目錄相當於書的地圖，其展示了一本書的整體邏輯脈絡。讀目錄有兩項重要任務：第一項任務是**挖掘關鍵字**，可以用螢光筆把關鍵字圈出來，再找出對應的頁面摺起來或用索引標籤做標記；第二項任務是**找出自己最感興趣、最能解決自己當前問題、最符合自身閱讀目的的章節**，同樣可以用螢光筆把相關章節圈出來，再找出對應的頁面摺起來或用索引標籤做標記。

步驟❹ 快速翻讀一遍

不要逐字閱讀，而是選擇性的跳讀，任務還是挖掘關鍵字，以及檢索自己最感興趣、最能解決自己當前問題、最符合自身閱讀目的的內容。

應快速翻讀的地方包括：（一）大標、小標；（二）有特殊標記的字，如：粗體字、斜體字或有顏色的字；（三）圖片、表格；（四）摘要，很多書會在每章的開始或結尾把重點節錄出來。

步驟❺ 細讀摺起來或做標記的重點部分

請細讀關鍵字附近的內容，以及最感興趣、最能解決當前問題、最符合自身閱讀目的的內容。

步驟❻ 繪製心智圖

摘錄關鍵字，根據目前掌握的內容，繪製一張心智圖；記得，一定要以自己的閱讀目的為中心。

步驟❼用自己的話組織答案

繪製完心智圖後，我們可以對照心智圖，用自己的話回答閱讀前最想解決的問題。

總的來說，**速讀是從整體上把握全書內容、只求概覽大意的閱讀方法。**為此，速讀要達到兩個要求：第一，略而不漏；第二，強調速度。話雖如此，這種閱讀方法比較適合有一定知識基礎、對書的內容比較熟悉的讀者。如果對書的內容相當陌生，那每一頁內容對你而言都是新的知識，速讀之後你還是要老老實實地從頭到尾精讀一遍。因為一本書可能只有二十％的內容是重點，而另外八十％的內容是輔助你理解這二十％的重點，所以如果略過不讀這八十％的內容，就理解不了那二十％的重點了。

所以有時，我們沒辦法跟別人比較閱讀速度，一旦知識背景累積不夠、理解力不足，別人透過速讀就能充分掌握一本書的內容，而你仍得老老實實地從頭到尾精讀，因為你的累積和理解力提升不了，速讀的威力自然也就發揮不出來了。

速度殺手❸知識背景和理解力不足

有時候之所以書讀得慢，與以上原因都無關，完全是因為知識背景累積不夠、理解力不足。這時只要遇到稍微有點難度的書，就會讀得跌跌撞撞，無法加速，**因為讀字速度是偽閱讀速度，理解速度才是真閱讀速度。**

那麼該如何判斷自己是否有理解力不足的問題呢？以下我列出四個情況，各位馬上就能明白什麼是理解力的差距了。

- **情況一：**別人花費一小時速讀就可以融會貫通，而你花費許多時間精讀才能有差不多的吸收率。
- **情況二：**你認識每一個字、能讀懂每一句話，但把這些字和句子放在一起就不知道是什麼意思了。

- **情況三：**面對同一本書，一個人讀完一無所獲，另一個人讀完卻收穫巨大，有非常多的感觸和啟發，還做出了許多改變。
- **情況四：**除了直接解決問題的實用類書籍，你看不懂哲學類、歷史類、小說等之於人生的幫助。

理解力差的人讀書就像把石頭扔進水裡，石頭表面濕了，但本質沒有任何變化；反之，理解力好的人讀書就像將鈉之類的物質扔進水裡，會產生劈里啪啦的化學反應，同時鈉本身也改變了。

所謂「增進理解力」，其實是相對於另外兩種閱讀目的而言。一般來說，閱讀的目的有三種：娛樂消遣、獲得知識、增進理解力。以娛樂消遣為目的的閱讀，只是為了打發時間，讀者在閱讀過程中可以不思考，當然也就很難獲得什麼進步。

比較難區分的，是以「獲得知識為目的的閱讀」和「以增進理解力為目的的閱讀」。

簡單來說，以「獲得知識為目的的閱讀」就是在讀一本書或一篇文章時，從頭到尾都讀得非常明白，理解得不吃力，沒有遇到任何思考上的阻礙。這表示在閱讀這本書之前，你的理解力就和作者的理解力原則上是持平的，甚至可能超越作者。如此，在閱讀過程中只得到了知識，而沒有增進理解力。

與此相對，「以增進理解力為目的的閱讀」則需要挑戰一下心智，遇到思考上的阻礙亦是常有的事。對此，需要費一些工夫去思考，才能從粗淺、模糊的瞭解推進到深入、清晰的領會。

跳出閱讀的「舒適圈」，才能增進閱讀上的理解力

以「增進理解力為目的」的閱讀與前兩種閱讀截然不同。首先在選書上，要選擇超出自己目前理解範圍、「跳一跳」才能搆得著的書。我第一次讀這種書是剛上大學時讀中國社會學家費孝通的《鄉土中國》，這本書對剛剛高中畢業的我來說非常難，我花了很多時間和精力，逐字逐句慢慢弄懂了一些之後，才有辦法用全新的角度理解自己從小生活的鄉村和其中的細節。

藉由社會學家的眼睛看鄉土社會，第一次模模糊糊地意識到鄉下人被認為的許多「不足之處」，其實只是和城市人的「不同之處」。兩種社會文化當然養出兩種不同的人，把「不同之處」決斷地評判為「不足之處」是不公平的。體認自己文化的根，讓我誕生了新的自我意識和文化自信。

我知道人們都喜歡輕鬆，不喜歡辛苦。我自己也是這樣，跳出舒適區去讀超越自己理解力的書，肯定比不費腦筋的閱讀辛苦得多，**可是，理解了以前不理解的內容，這種快樂是無可比擬的，同時只有提升了理解力，才有能力去打開更多的「門」**。

以娛樂消遣為目的，在閱讀時可以不思考，只是打發時間和獲得樂趣；以獲得知識為目的，閱讀時運用的只有記憶力，把作者所講的內容都裝進腦袋。然而，以增進理解力為目的時，就要去分析、對比、推理、聯繫和運用等，需要在閱讀過程中觀察和體會，需要使用想像力和感受力，需要做選擇、下判斷。

以閱讀小說為例，如果是以娛樂消遣為目的，讀完後把故事情節拋到九霄雲外也無所謂；如果以獲得知識為目的，就要運用記憶力，記住小說寫了什麼，有什麼人物和情節；如果是以增進理解力為目的，則要去分析和理解人物的內心世界和行為邏輯，分析和理解情節的因果關係，甚至要像破案一樣解密隱蔽的暗線。

例如，中國學者陳大康在《榮國府的經濟賬》一書中，就分析了林黛玉被寄養在賈府，到底是窮親戚投奔求庇護，還是富家小姐攜巨額資產找臨時監護人呢？這種分析和理解能增進我們對世界的理解，讓我們從書中獲取生活的智慧。

理解力一旦提升，就不用擔心記不住新知

為什麼有些人對於是否記住這件事特別在意？其實很多時候就是因為他們僅僅停留在獲得知識的閱讀層次；如果只滿足於獲得知識的閱讀層次，自然就非常恐懼遺忘。與此相對，若是以增進理解力為目的的閱讀，當理解力增進時，這個理解力就是我們的，誰也搶不走——**我們可能會遺忘知識，但是理解力不會因為遺忘而消失。**事實上，理解必須以知識為餌料，方能真正去思考分析和內化，也就是說，知識會融入新的理解，成為我們世界觀的一部分，如此一來記憶知識就成了「順便」的事。

在我看來，忽略理解力的提升，也是很多人讀書多、讀書快，但進步緩慢的原因。

這些人要不總是圍著難度不高的書打轉，一看到難的書就繞路走；要不讀得不夠深，囫圇吞棗了事。

那麼，該如何有效增進理解力呢？方法就是跳出舒適區閱讀。

一、在「廣度」上跳出舒適區，建立一個理解力的池子

不要安於熟悉的領域，比如把自己局限在所學專業中，只看與所學專業有關的書，或者局限在所從事的職業中，只看和自身職業直接相關的書。沒有一個知識領域在知識世界裡是一座孤島，廣泛涉獵並汲取養分，進行知識的連結和挪用，反而有利於我們深入理解單一領域。

如果我們有一個基本的理解力的池子，面對四面八方的資訊，就很容易進行相關的串聯；與此相對，如果理解力的池子很小，那麼讀書時就會經常遇到陌生的概念、人物、社會背景，理解起來就慢了。建立理解力的池子，是在廣度上跳出舒適區，為理解打好基礎。

局限在一個狹窄的領域閱讀，不利於理解力的生長。我非常喜歡樊登老師的一個說

法：「你的理解力池子有多大，你就能讀懂多難的書。」他說的建立理解力的池子，其實就是建立一個相對全面、基礎的知識體系。哲學、歷史、心理學、經濟學、國學、管理學、社會學等，都有基本的知識體系和核心概念。一旦建立起基本的知識體系，梳理清楚那些核心概念，它們就會成為我們理解其他事物的基礎。

二、在「難度」上跳出舒適區，嘗試讀一些有一定理解難度的書

對自己而言毫無理解難度的書，就是屬於舒適區內的書；有一定的理解難度，但需要「跳一跳」才能搆得著的書屬於學習區；超出理解力太多的書就屬於恐慌區。原則上，應該盡量在學習區閱讀。這裡要重點關注的，是各個思想領域的里程碑之作、經典之作，如亞當·斯密（Adam Smith）《國富論》（*The Wealth of Nations*）之於經濟學、佛洛伊德《夢的解析》之於心理學、法國哲學家盧梭《社會契約論》之於政治學，這些書籍的理解難度比較大，可是一旦攻克下來，對於增進理解力的加成十分巨大。

中國清華大學經濟管理學院管理實踐訪問教授池宇峰在《書的全景》一書的自序裡，是這樣描述自己的閱讀經歷：「我開始廣撒網，涉獵一些我原來看得較少的領域，

包括：哲學、歷史、宗教、社會、心理等。開始時我讀得較慢，要幾天甚至幾週才讀完一本；累積一段時間後，再讀新書時速度就會快很多，因為書中大部分的資訊，在以前細讀的書中都知道了；再到後來，幾乎可以做到一天一本書。而對於比較一般的書籍，看看前言，看看每章開頭和結尾，還有後記，就知道它在說什麼了，因為大部分書籍幾乎就兩、三個觀點值得關注。我堅持每天讀書，床頭永遠放著幾本書，哪怕工作一整天後很累了，也會堅持看十分鐘再睡覺。就這樣，我又翻閱了幾百本書。突然有一天，世界彷彿靜止了，我停下來了。我發現大部分著名的經典書籍和流行書籍我都看過了。」

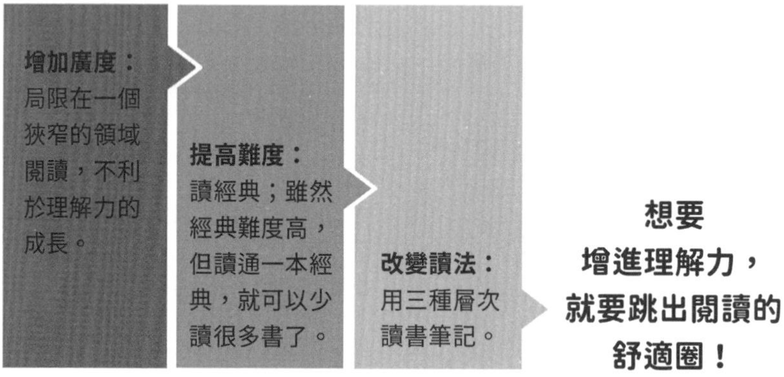
增加廣度：
局限在一個狹窄的領域閱讀，不利於理解力的成長。
提高難度：
讀經典；雖然經典難度高，但讀通一本經典，就可以少讀很多書了。
改變讀法：
用三種層次讀書筆記。
想要增進理解力，就要跳出閱讀的舒適圈！

圖 3-4：增加理解力、跳出舒適區閱讀的三種方法

他的提速祕笈是什麼呢？**除了廣撒網，就是讀經典**。他發現：「經典書籍濃縮了人類的思想精華，影響著人類前進的方向，而一般書幾乎都是對經典的演繹或解釋，或對局部思想的再次闡述和應用，很少有什麼新東西，往往一眼就知道作者在說什麼。這時，我才意識到，很多一般書根本不需要花費太多時間，因為它們的資訊濃度太低，直接讀經典效率最高。」

雖然每本經典之作都不容易讀，需要花許多時間「啃」，不過一旦讀通一本書，就不必讀或不必精讀許多書了；這種「攻克一本、橫掃一片」的提速策略，比盲目增加閱讀量好得多了。我以前糾結過一個問題：是等理解力提升上去後再攻讀經典比較好？還是越級挑戰、直接讀經典比較好？結論是：「啃」下有難度的書，能幫助我們「快速」提升理解力。

三、在「讀法」上跳出舒適區，學會使用三種層次讀書筆記

其實這個方法，我已經在前兩章毫無保留教給大家了。我的這套筆記方法、思考方法，就是跳出舒適區的讀法。我剛開始使用三種層次讀書筆記讀書時，經常要花費一、

兩個月才能徹底消化一本書，並完成閱讀後的深度思考和自我重建，這個過程非常辛苦和緩慢。

話雖如此，我在進行深度內化和深度思考時，從來不給自己「放水」，不會因為緩慢和思維阻滯而輕易放過自己，於是很快地就體會到了什麼叫「少即是多，慢即是快」，同時我的理解力在這個過程中像竹子拔節一樣，快速生長。

速度殺手❹ 無法專注

在現代的資訊時代，電子設備猶如我們的「編制外器官」，使我們前所未有地容易分心。我們剛開始擁抱資訊時，都是希望資訊能為我們所用，但正是這個初心讓我們對鋪天蓋地的資訊毫無戒備。但漸漸地我們發現，自己總是不知不覺被簡短快速、情緒化的資訊所吸引，這些經過特別設計的資訊就像黑洞一樣吸走我們的時間、精力和注意力，占據我們對目標的投入。更有甚者，資訊會直接動搖我們的目標和對目標的信念，使我們感到恐懼、不安和焦慮，以致很難長期、持續、專注地做某件事。

生活在這個時代，如果不刻意管理自己的專注力，很容易就成了資訊的「提線木偶」。那麼如何才能專注呢？要學習專注，就要先瞭解什麼是極致的專注。這種極致的專注被美國心理學家米哈里・契克森米哈伊（Mihaly Csikszentmihalyi）稱為「心流」（flow）。當我們處於心流狀態時，會有以下五個顯而易見的特徵：

❶ 沉浸、全神貫注，將注意力完全投入在一個目標。

❷ 內心秩序井然，沒有內在衝突，感到一種平靜且深刻的愉悅；感到輕鬆和自在，有高度的控制感和勝任感，一點兒都不擔心失敗；負面情緒消失，我們的憂慮、壓力、焦慮、恐懼和沮喪其實都來自對過去或未來的過度考慮，當完全專注於當下，負面情緒就沒有存在空間了。

❸ 精力充沛，完全沒有累的感覺。

❹ 渾然忘我，動作出於自發；知覺甚至泯滅，人與行動完全合一。

❺ 時間感扭曲，似乎感覺不到時間的流逝，對時間的感知與鐘錶的時間走勢完全不同，例如，可能會覺得真實的時間過得很快或很慢。

心流是生命中最幸福的體驗之一。我從小酷愛讀書，就是因為讀書是少數能讓我頻繁進入心流狀態的活動，每次從這種狀態中恢復過來，都會感到格外充實和愉快，會對它上癮，想要更頻繁地經歷心流狀態。

那麼，該如何做才更容易進入心流狀態呢？根據契克森米哈伊一連串的訪談、問卷和資料，總結出三個容易進入心流狀態的條件：（一）有明確的目標和即時回饋；（二）目標不能太難，也不能太容易，既要有挑戰，又要平衡挑戰和自身的行動能力；（三）目標不假外求，也就是做一件事不追求未來的報酬，做這件事本身就是最大的回饋，過程就是獎勵。

我將把這些條件融入方法論。以下是我在做了大量閱讀，並親自做了很久的實驗之後，歸納出來可將自己調整到高度專注狀態的四個步驟。

第一步：設定一個有意義、可量化的專注目標

想要進入高度專注狀態，有一點很重要：**目標在先，專注力在後**。有專注目標的活動更容易讓我們進入心流狀態，因為專注目標可以讓大腦結束自動駕駛模式，進入高度控制模式以完成目標；換言之，我們的理性和自我覺察會回歸。

設定專注目標有三個要求：**第一，目標只能有一個**。一般來說，我們一次只做一件事。任務切換是維持專注的大忌，從一個任務分心或離開，平均需要二十二分鐘才能恢

復狀態。**第二，目標要有意義、有必要**，所以選書很重要，必須是能讓我們動用高專注力來閱讀的書，一定是我們認可的書，它可能服務於某個重要的人生目標，有某種我們所需的人生「養分」，能激發我們真正的興趣。

第三，目標要可量化。量化能避免散漫；想像一下，你是一個學生，老師給你一張考卷，告訴你一百二十分鐘後交卷和告訴你一百二十分鐘後做不完可以帶回家做，你的專注力水準有什麼區別？讀書也是如此，設定了可量化的目標，就等於給注意力這匹野馬拴上了韁繩。我建議大家用頁碼和章節來量化，例如：讀完二十頁、讀完一章，盡量不要按時間設定閱讀目標，因為「閱讀一小時」這樣的目標會把分心的時間也算進去。

第二步：提前做好環境準備和精力準備

所謂的「環境準備」，是指提前清除和管理分心物。分心物，可分為內在分心物和外在分心物，所以環境準備包括：大腦環境準備和外在環境準備。待辦事項、心中掛念擔憂的事、新的靈感和想法、引發負面情緒的事等，都會成為內在分心物，一旦腦子裡都是事就很難專注。我們可以利用羅列清單的方式，把大腦裡的任務、承諾和想法外化，從而釋放注意力空間。在需要高度專注前，建議可以拿一張白紙，把腦子裡的事都羅列出來，甚至可以給這些事做一點簡單的安頓，只需要一、兩分鐘，就可以清空大腦環境。

至於外在分心物，則是指環境中任何有可能誘惑我們偏離當下任務的干擾物，例如：手機、環境中的雜訊、寵物、家人、朋友等。請盡量選擇安靜的閱讀場所，如果有常用的閱讀場所，先審視環境，評估分心物，盡可能移除和減弱分心物的影響，主動打造低干擾和低誘惑的環境。在閱讀或任何需要高度專注的時候，請直接把手機、平板電腦等電子設備關機，並放到眼睛看不到、手不能馬上拿到的地方，如另一個房間。如果手機和平板電腦是生產工具或閱讀工具，該怎麼辦呢？我也整理了以下兩個辦法。

第一，把手機改造成低誘惑的工具：關閉所有 App 的通知功能，自行決定什麼時候打開 App；移除時間黑洞型的 App，如消遣娛樂類 App，在非常需要時可重新下載，用完再移除；把容易消耗時間又不得不常用的 App，如購物類 App 從主螢幕移除，需要時再透過手機內置的搜索功能查找，避免無意識地使用和沉浸。

第二，買專門的電子設備來學習、閱讀和工作。如果一個設備涵蓋了娛樂、學習、閱讀和工作功能，那麼娛樂功能一定會占上風。這時最好的辦法就是使用專門的電子設備來學習、閱讀和工作，這是極為有效的抗干擾方法。

接著，再來說明「精力準備」。精力水準會影響我們的專注水準，在低潮期想要保持專注非常困難，這時要做的是先給自己「充電」，而不是責怪自己不自律。

關於精力準備，有兩個常見錯誤：「不休息」和「沒有在對的時間休息」。不休息的人通常是努力上癮的人，休息會讓他們感到愧疚。但其實休息不是偷懶，休息是替自己「充電」。**效率最高的人，絕對不是最勤奮、工作時間最長的人，而是工作時最專注、休息時最高效、精力恢復得最快的人。**

除了不休息之外，更多人是「沒有在對的時間休息」。休息分為夜間長休息和日間短休息。夜間長休息的天敵是熬夜。我自己也經常熬夜，嘗試過很多早睡的辦法都不見效，而只要一熬夜，第二天就很難保持專注。不過，現在我是一個早睡早起的人，我之所以會有這樣的轉變，是因為一本書和一個思路。

「一本書」是指《睡眠革命：如何讓你的睡眠更高效》（*Sleep*），本書作者研究睡眠科學超過三十年，服務過NBA球員和頂尖商業人士等。在他的書中有一整套實用的方法論，不想翻看原書的讀者可以先看我在「深夜書桌」公眾號上寫的閱讀心得〈我們都被「八小時睡眠論」給害了〉。

「一個思路」是指「兩小時換兩小時」，意思是，如果我們用晚上低效工作的兩小時（晚上十一點半至凌晨一點半）來睡覺，就可以換來早上五點半至早上七點半這精力充沛、神思清明的兩小時，這等於用兩斤蔫黃的青菜換兩斤剛採摘的小青菜，沒有比這更划算的買賣了。每個人的生理時鐘都不一樣，這兩小時的範圍可能和我不一樣，但這個思路讓我心甘情願在晚上十一點半之前關燈睡覺，克服了晚睡拖延的問題。

多數人都懂得夜間長休息的重要性，卻不懂得「日間短休息」的重要性和方法。很多人把玩手機作為工作間隙的休息活動，這對耗體力勞動者沒問題，但對腦力勞動者是非常糟糕的選擇。

第一，它會劫持我們的注意力，讓我們欲罷不能、流連忘返，浪費大量時間。第二，它會把我們推到資訊瀑布的沖刷中，讓我們的大腦根本沒有遠離腦力活動，這種「休息」只能讓我們短暫逃避工作壓力，卻沒有讓大腦得到真正的休息。第三，因為新資訊的衝擊，只會使我們愈來愈難以保持專注。為此，我推薦兩種非常有效的日間短休息方法。

一、碎片化運動

我們習慣把運動當成消耗，當成是讓身體變累的活動，但最擅長身體管理的運動員卻把運動當成休息方式。

日本跳臺滑雪運動員葛西紀明在《不疲憊的精力管理術》（40歳を過ぎて最高の成果を出せる「疲れない体」と「折れない心」のつくり方）一書裡提到，跑步是他消除疲勞的方法。他每年大約有一半的時間會去國外參加比賽，而乘坐長途交通工具讓他疲憊不堪、無法入睡。為此，他到達目的地後，第一時間不是倒頭大睡，而是穿上運動服跑步。依照一般人的想法都是「怎麼這麼累了還要跑……」，但反常識的是：**身體疲憊與新陳代謝變慢有關，而運動會讓我們充分流汗，是迅速恢復體能、快速消除疲勞的一種方法。**

二、全身掃描睡眠法

這個方法適合精力低下時的快速恢復。這是我從《番茄工作法圖解》一書中所學來的方法，過去五年我幾乎每天都用，尤其是在中午和傍晚的精力低谷期，它有「充電十五分鐘，通話兩小時」的狀態重啟的神奇效果。

具體步驟如下：

❶ 找一張椅子、沙發或床，用最放鬆的方式平躺或仰靠半躺，脖子、手臂、腿都要完全放鬆。我以前試過趴在桌子上，但效果不好，因為不能放鬆手臂。

❷ 設定五到十五分鐘的鬧鐘。我們的目的是短休息，而不是長睡，長睡會破壞工作的節奏。

❸ 想像有一臺光掃描器，有一條明亮的水平線從頭到腳、從上到下緩慢地移動，把注意力集中在光帶所及之處的全部肌肉，讓它們進一步放鬆。這其實就是一個簡單的冥想，一般瑜伽課程的最後都有這個環節，教練會說：「頭皮放鬆，眉毛放鬆，眼睛放鬆，鼻子放鬆……」，我們可以在心裡默念口令，念到哪裡，就把注意力集中到對應的身體部位，同時放鬆那個部位的肌肉，然後那個身體部位就會

神奇地放鬆下來了。

❹完成全身掃描之後，想像有個白色、巨大的正方形輕輕地飄浮在空中，這是為了讓我們的意識抽離，不再思考剛才所做的事或接下來要做的事。清空思想、控制自己不思考是很難的，尤其像我這種思考很靈活的人，但對我來說想像一個白色正方形是絕妙的方法，因為只要我分心，白色正方形就會消失。為了維持住這個白色正方形，我必須集中意念，且通常想像這個白色正方形幾分鐘後，我就會睡著。

❺起床工作。可以先喝點水或稍微活動一下，幫助身體恢復清醒。我的經驗是：就算沒有入睡，起來的時候也會有神清氣爽、卸下所有疲憊的感覺，一片混沌的大腦就像一塊被擦得乾乾淨淨的白板。

如果現在就覺得精神不濟，不妨闔上書，馬上試一下。

第三步：找到最初的抗拒，克服拖延

做好了環境準備和精力準備之後，有可能還是沒辦法保持專注，之所以如此，或許是因為最初的抗拒而遲遲不開始，轉而投入另一件事的懷抱。我們一般把這種狀態稱為「拖延」，為此我們要理解自己的抗拒，畢竟大腦天生喜歡做容易、更有吸引力的事。

首先，要覺察自己的不適感，做一個不自我評判的觀察者，並寫下類似這樣的句子：**當我擔心沒辦法按時完成一件事時，我會拿起手機；當我覺得複雜、困難、不能勝任時，我會拿起手機；當我獨自面對某件事有壓力時，我會找朋友閒聊，即使他們根本幫不上忙；當我覺得無聊時，我會拿起手機。**像這樣覺察到自己的行為模式，就不會重複掉進同一個坑裡。

接著，要溫柔地對待這些不適感，既然分心不是緩解不適的好方式，那麼就換一種更健康的方式來緩解不適。進入心流狀態的條件之一是：目標不能太難，也不能太容易，既要有挑戰，又要平衡於挑戰和我們的行動能力。也就是說，當我們要專注於複雜任務時，最重要的是克服自己的畏難情緒。我們可以用「4S法」來克服自己對於專注的抗拒。這個方法來自《練習的心態》（*The Practicing Mind*）這本書；「4S」是指：簡化

（simplify）、細分（small）、縮短（short）、放慢（slow）。

「簡化」是指訂一個能達成的目標。明明三十分鐘只能讀十頁，就別要求自己讀完五十頁；不切實際的目標只會讓我們感到挫敗和自我懷疑，然後產生壓力，進而逃避。

「細分」是指把複雜的事情細分成小步驟。例如，我把寫閱讀心得這個複雜的事情細分為複習心智圖筆記；篩選最有啟發的三至五個要點，找到一種邏輯把幾個要點串起來；想出延伸的分論點並為每個分論點尋找案例；整理寫作大綱，按照寫作大綱一節一節寫稿子。當把複雜的事情細分成小步驟後，對這件事的抗拒心理就會消解一大半了。

「縮短」是指把專注時間縮短。專注一小時很困難，那專注五分鐘呢？不妨盡量縮短專注時間，直到自己不再有抗拒心理。每個人的專注力不一樣，能持續專注的時長也不一樣，我們可以觀察記錄自己的專注時間，挑一個自己做得到、不感到抗拒的時長。事實上，專注時間會隨著練習慢慢變長，也就是說，就算剛開始只能專注五分鐘，透過練習也可以慢慢延長專注時間至十分鐘、二十分鐘。

「放慢」是指忘記速度、效率和進度，把注意力全部集中在過程中。容易進入心流狀態的一個條件是目標不假外求，過程就是獎勵——透過讀書很容易做到這一點。在掌握閱讀速度的這一章講放慢，似乎是個悖論，其實不然。如果聚焦過程、聚焦當下，把精力集中於正在做的事情，我們期望的結果自然就會出現。但如果執著於速度和效率，馬上就會對過程感到厭倦，反而無法提升速度和效率。當我們進入心流狀態，即巔峰的專注狀態，其實就不再計較效率和進度，因為我們知道自己不可能更快了。

第四步：接受中斷，分心後將注意力拉回到目標上

最完美的狀態，當然是一直專注、不分心，但達到這種狀態並沒有那麼容易。分心是一件十分正常的事，所以不要把中斷當成失敗，不要因為分心而自責，這樣只會讓我們不斷地感到挫敗，進而對「保持專注」完全失去信心，覺得自己肯定做不到，然後為了逃避這種不適又去玩手機。中斷是正常的，我們要做的是有建設性地處理中斷，並在中斷後把注意力拉回到目標上。

該如何有建設性地處理中斷呢？**方法就是接受、處理分心物並繼續。**「接受」就是接受中斷這個事實，這很正常，不是失敗。「處理分心物」就是回到第二步，處理闖入

的分心物。如果它是內在分心物，就把它記錄到分心物清單中，透過寫下來把它從腦子裡趕出去。我們可以記錄自己的中斷原因，作為後續檢討的參考，知道自己最常因為什麼事而中斷，之後在做環境準備時，就可以提前處理分心物。如果是因為精力耗盡而頻繁分心，就休息一下，給自己「充電」。「繼續」就是繼續手頭上的工作，避免自己真的被打斷。

以上就是進入高度專注模式的四個步驟。練習專注其實是一輩子的事，生活在注意力隨時可能會被精心設計的資訊給劫持的時代，這種練習尤其重要。此外，還可以透過冥想和正念來練習專注。

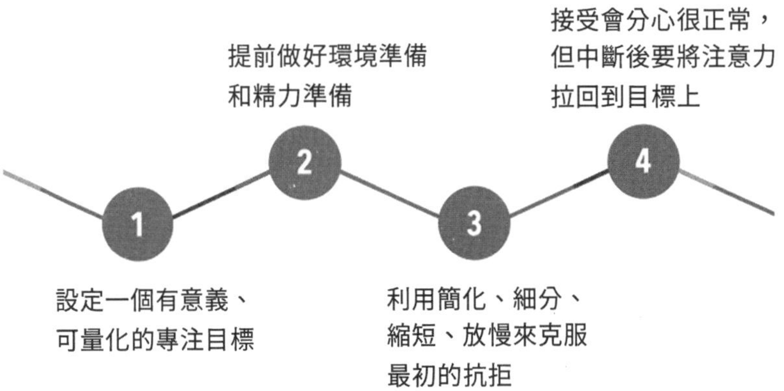
接受會分心很正常，
但中斷後要將注意力
拉回到目標上
提前做好環境準備
和精力準備
2
4
1
3
設定一個有意義、
可量化的專注目標
利用簡化、細分、
縮短、放慢來克服
最初的抗拒

圖 3-5：進入心流狀態的四步驟

速度殺手❺ 時間管理、精力管理和優先順序管理出現問題

雖然前面講了四個「速度殺手」，但很多時候之所以閱讀速度慢和這些都沒有關係，而是和時間管理、精力管理和優先順序管理出現問題有關。

什麼叫時間管理有問題呢？要實現任何一個目標，所需最重要的資源其實是時間。兩個人有相同的潛力，但是一個人每天只花十分鐘讀書，另一個人每天花兩小時讀書，他們進步的速度肯定不一樣。而所謂時間管理有問題，就是抽不出時間來讀書。

什麼叫精力管理有問題呢？精力狀態決定我們的效率，有時我們安排了讀書時間，比如睡前兩小時，可是睡前兩小時是一天中精力狀態最差的兩小時，根本讀不進去。

什麼叫優先順序管理有問題呢？就是我們安排了時間來讀書，也分配了精力比較

好的時間段來讀書，可是只要一有其他事情，就把讀書作為一件重要但不緊急的事情往後推。也許有些人不是故意的，也想讀書，但並沒有給讀書較高的優先順序。當我們說「沒時間做某件事」時，其實真正的意思是它不夠重要。那麼該怎麼辦呢？

第一個方法，是讓讀書成為生命中一件重要的事。將讀書作為個人成長和接近目標的重要手段，重視學以致用；將讀書變成必需品，而不是裝飾品和消遣品。

第二個方法，是養成讀書習慣，定時定量讀書。讀書是最需要「日日不斷之功」的事，每天在固定的時間段完成規定的閱讀量，可以確保讀書的優先順序。但讀書習慣是最難養成的習慣之一，為此，稍後我會用單獨的一章來解決這個問題。

第三個方法，是利用被動時間，提前規劃好被動時間的使用。什麼叫被動時間呢？就是在這個時段裡，我們的身體活動受到限制，比如：上班的通勤時間、排隊的等待時間等。當我們坐兩小時的飛機、四小時的公車、一小時的地鐵時，是有充分的時間可以帶著一本書來讀，但如果不提前規劃好，就浪費掉這個時間了。另外也可以讀電子書，或者把比較薄的書放進包裡，甚至把厚的書按章節拆開再放進包裡。

第四個方法是聽有聲書。什麼時候最適合聽有聲書呢？就是我們需要做另外一件不用動腦的工作，比如：洗澡、做家事、走路上班、健身跑步、開車時，這個時候我們的手腳在動，但腦子是閒置的。然而，也不能完全依賴有聲書，因為有聲書不遺餘力地降低聽眾的理解門檻，就像把食物嚼好了餵給我們，這不利於我們提升理解力和思考力。

❶
讓讀書成爲生命中一件重要的事。
❷
養成讀書習慣，定時定量讀書。
❸
利用被動時間，提前規劃好被動時間的使用。
❹
聽有聲書。

圖 3-6：打破沒有時間讀書的四大心法

閱讀速度不是愈快愈好

在本章，我介紹了五大「速度殺手」並提供相對應的解決方案，所有內容都是關注在如何提高閱讀速度和閱讀效率，但是，閱讀是不是愈快愈好呢？答案是否定的。讀得太快也可能有問題，要不是囫圇吞棗、走馬觀花、讀得多收穫少，要不就是一直在讀根本不值得讀的書。

關於速度，我一直信奉和踐行《如何閱讀一本書》教給我的理念：所謂閱讀速度，理想上來說，不只有讀得快，還要能用不同的速度來閱讀——要知道什麼時候用什麼樣的速度閱讀是恰當的；在閱讀一本書的時候，慢不該慢到不值得，快不該快到有損於滿足與理解。

不同難度和篇幅的書，需要的閱讀速度不同；同一本書的不同部分需要的閱讀速度也不同；帶著不同的閱讀目的，同一個人對同一本書的閱讀速度也不同；不同知識背景和理解能力的人閱讀同一本書時，閱讀速度亦不同。在該快的時候，要攻城拔寨地快；在該慢的時候，要有勇氣慢下來；快不要快到有損於理解和吸收，慢不要慢到不值得。以上，才是理想的閱讀速度。

為什麼我把這一章稱為「掌握閱讀速度的能力」，而不叫「快速閱讀的能力」，因為自如選擇合適的速度來閱讀不同類型的書籍，才是我們真正要培養的能力。

Chapter 4

閱讀不同類型書籍的能力

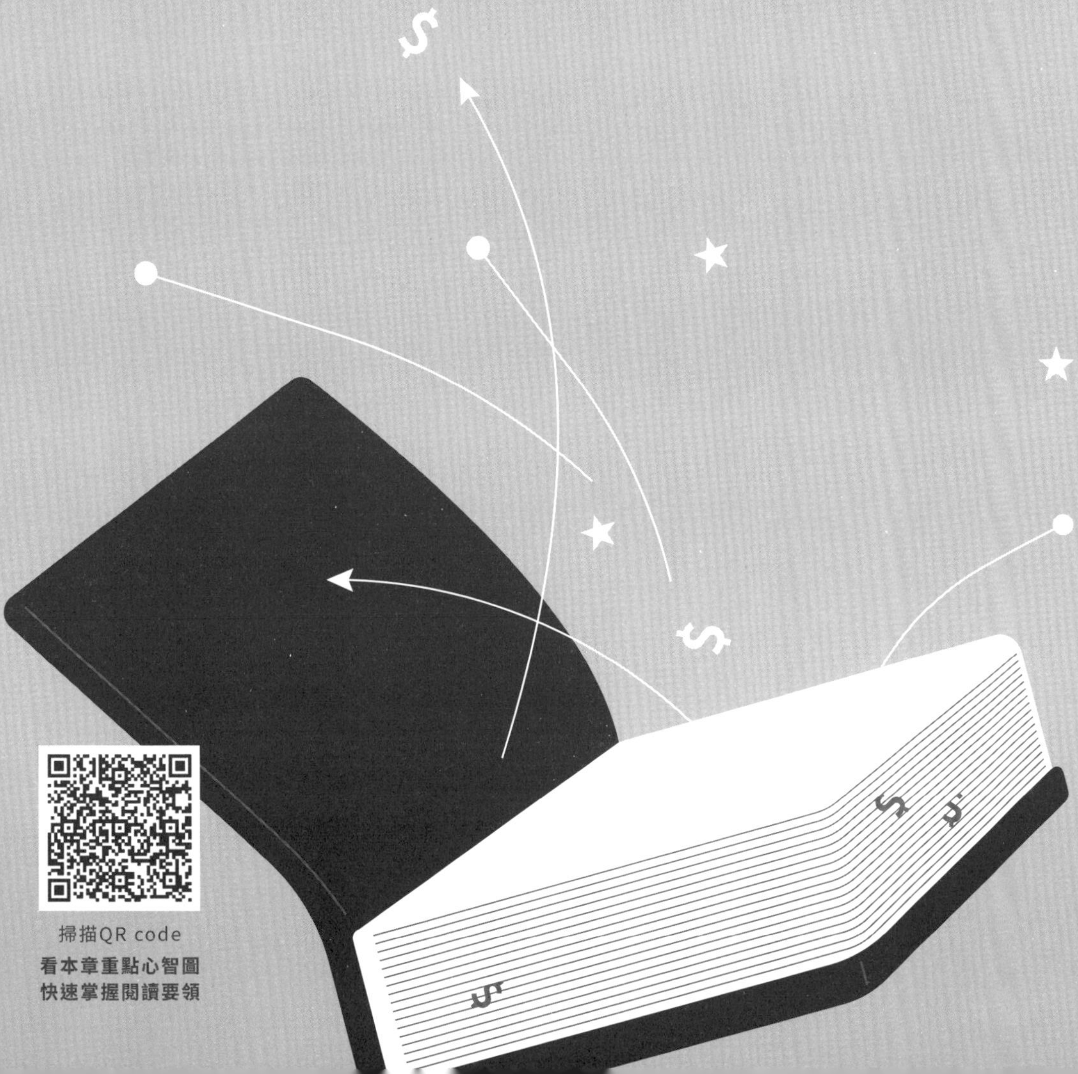

掃描QR code
看本章重點心智圖
快速掌握閱讀要領

為什麼要讀這一章？

所謂的閱讀高手，懂得「投其所好」的閱讀方法

所謂的閱讀高手和閱讀小白之間，有兩個非常大的差別：

第一，閱讀小白就讀一、兩種類型的書，例如，只讀實用類書籍、只讀歷史類書籍，或只讀小說，對於詩歌、哲學、心理學、社會學、經濟學等其他類型的書，連看都不看一眼。與此相對，閱讀高手非常清楚一個人吸收資訊的品質、廣度和複雜度，決定了自身認知的品質、廣度和複雜度。不同類型的書籍以不同的方式滋養著我們，給予我們看待世界的不同眼光和不同的思考方式。

第二，閱讀小白對待所有類型的書籍，都採用同一種閱讀方式，從來沒有想過不

同的書應該有不同的讀法。各位不會用同一種吃法吃火鍋和西餐，對吧？那麼對待不同類型的書，也應該用不同的讀法。

為此，閱讀小白若要想進階成閱讀高手，一定要具備的一項能力，就是：閱讀不同類型書籍的能力。

本章的目標是什麼呢？第一，幫助只讀一種類型或只讀一、兩種類型書籍的讀者充分理解「不同的書籍以不同的方式滋養著生命，給予我們看待世界的不同眼光和不同的思考方式」這句話，從而建立一個更開闊的閱讀觀。第二，解決「讀不進去」、「不會讀」的問題。很多時候我們都知道這是好書、知道應該讀，但非不為也，實不能也，好比哲學書，翻開後就是讀不進去，覺得「難以下嚥」。

本章不僅會幫助大家無痛苦、快樂地入門，還會教大家該如何針對不同類型的書籍，進行不同的閱讀方法。

如何為書籍分類？

要進行針對性的閱讀，首先要對書籍進行分類。一般來說，書籍有兩種分類方式：其一，是依照個人目的和需求進行分類；其二，是按照學科來分類。

依照個人目的和需求進行分類

所謂依照個人目的和需求來分類，是以人為中心的分類方式，聚焦在書對人的價值。以下是大塊文化董事長郝明義先生在其著作《越讀者》一書的分法，他提出一個觀點：閱讀就像頭腦在「進食」，我們要保持營養均衡不能偏食。他把閱讀分為四種：主食閱讀、美食閱讀、蔬果閱讀和甜食閱讀。四種不同的閱讀分別對應著不同類型的書。

我認為這樣的分類方法，可以幫助我們好好審視自己目前的閱讀組成。

一、主食閱讀

主食閱讀是指為了直接解決在學習、工作、生活中一些現實問題所進行的閱讀。例如：學生讀教科書、上班族讀提升職場能力方面的書籍、專業人士專攻某個專業領域的書籍等，都屬於主食閱讀。**主食閱讀是實用型的閱讀，是解決生存需求的閱讀，因此對應的就是實用類書籍。**對主食閱讀需求最旺盛的人大都是在學習、工作和生活等方面有壓力的人。我們離不開主食，但只有主食是不夠的。

二、美食閱讀

在基本的生存需求被滿足之後，我們就會追求更精緻可口、健康營養的食物，即美食。主食閱讀上的不足，可以藉由美食閱讀來補充。那什麼是美食閱讀？美食閱讀不求針對人生的現實問題提出直接的解決之道，但可以幫助我們從一個間接，不過非常根本的方向來思考這些問題的現象和本質。美食閱讀所對應的書籍往往是文學、史學、哲學和社科類書籍的經典之作。

為什麼只有主食閱讀是不夠的？為什麼還需要美食閱讀？在很長一段時間，我都回答不好這個問題。用閱讀來尋求直接解決現實問題的方法，似乎並沒有什麼不妥之處，這不就是閱讀最大的作用嗎？這麼一想，和能直接幫助我們解決現實問題的書相比，其他書似乎都是無用之書，我也因此一度沉湎於主食閱讀，不停尋求各路方法論以提高達成目標的效率。從表面上看，我一直在成長，但實際上內心卻愈來愈覺得自己被困住了，被困在一種生活方式、一種價值觀、一種被描述為「內捲」、「精神內耗」、「焦慮」的時代病中。直到我接觸到一組概念——「工具理性」（instrumental rationality）和「價值理性」（value rationality），才對這個問題豁然開朗。

所謂的「工具理性」是由著名的德國社會學家馬克斯・韋伯（Max Weber）所提出的概念，他認為人的理性可以分為兩種，一種叫工具理性，另一種叫價值理性。工具理性是透過精確計算功利的方法來有效達成目的的理性。被工具理性驅使的人，其行為模式就是針對特定的目標，他們會透過理性計算，找到最優化的手段去達成這個目標。與此相對，價值理性關注目標本身（如考了多少分、上了排名第幾的學校、賺了多少錢）

是否合理，關心道德、尊嚴和審美這些價值。被價值理性驅使的人會去審視目標：這麼做真的值得嗎？這麼做真的有意義嗎？這麼做真的會讓自己更幸福嗎？**韋伯對現代社會的一個犀利診斷就是：工具理性壓倒價值理性，為現代人帶來了深層的精神危機。**工具理性如同火車，價值理性如同鐵軌，鐵軌讓火車在正確的道路上行駛，不過如果鐵軌出了問題，這列火車的性能再好、速度再快，也只是愈偏離真正的目標。

主食閱讀是一種工具理性，主食閱讀的價值就是工具理性的價值，而主食閱讀的狹隘和不足，就是工具理性的狹

主食閱讀：指爲了直接解決在學習、工作、生活中一些具體問題所進行的閱讀。
美食閱讀：會漸漸改變內在的書，這些書會給我們「無用之用，方爲大用」的感覺。
甜食閱讀：這是指滿足休閒所需的閱讀，追求的是閱讀的快感和沉浸感。
蔬果閱讀：查閱式閱讀，透過查閱來補充資訊缺口以明白理解。

圖 4-1：用食物概念區分不同書種的特色

隘和不足；美食閱讀則是一種價值理性，它幫助我們跳出工具理性，去審視自己的人生，去做一個真正的人，而不只是一個工具。

美食閱讀是會漸漸改變我們內在的書，它們看起來「無用」，但改寫的是我們對人生的底層信念，常常給我一種「無用之用，方為大用」的感覺。當然這種內在改變往往不是透過一、兩本書就可以完成，而是要藉由一連串看似是「無用之書」的連點成線，從而形成巨大的影響力，才有辦法完全改變我們的生活方式。關於這類「無用之書」，其中對我影響很深的一本是法國哲學家卡繆的名作《薛西弗斯的神話》（*Le Mythe de Sisyphe*）。

薛西弗斯是古希臘神話中的人物，他得罪了諸神，諸神罰他日復一日將巨石推到山頂。但每當他用盡全力將巨石推上山頂，巨石就會從他手中滑落，重新滾回山腳。薛西弗斯只好走下去重新再將巨石推向山頂，就這樣日復一日，他陷入無止境的苦役中。我突然發現，我們每個人都可能是薛西弗斯，「上好大學」、「找到一份好工作」、「升職加薪」、「買房」等都是我們的山頂，每當我們推著巨石辛苦上山，終於登頂，準備歡呼慶賀時，石頭咕嚕一下就滾到了山腳，而此時山頂又換了新的名字。

洞察到這種不斷推石上山，直到死亡的荒誕命運，令我感到心驚。長期以來，我的眼裡只有目標，我就是那種一心只想推石頭上山的人。我追求極致的效率，只做和目標有關的事，把其他事情視為浪費時間；我不許閒暇存在，不敢睡懶覺，捨不得花時間和朋友閒聊，陪家人的時候也心不在焉。我把生活過得潦草又荒蕪，擔心自己太慢、擔心自己失敗，無時無刻不處在焦慮中。哪怕實現了目標，山頂的快樂也很短暫，我很快又要推新的石頭上山。為此，我開始反思這種「唯目標論」的緊繃生活，開始注意生活和事業的平衡，試著享受閒暇，學習從平凡的日常中獲得幸福，從家人和朋友的陪伴中汲取養分。**美食閱讀改變了我的生活觀，第一次真正把我自己從長期的精神內耗中解脫出來，讓我重新設計了自己的生活方式。**我切切實實地體會到主食閱讀「治標不治本」的缺陷。

這就是美食閱讀其價值理性的魅力，它沒有告訴我任何具體的方法論和行動指南，但它產生的影響將覆蓋我的餘生，這就是我理解的「無用之用，方為大用」。美食閱讀帶給我們的好處，雖然沒有主食閱讀那麼直接明顯，但它的影響持久且深刻，會跟隨我們一輩子。

三、甜食閱讀

第三種閱讀是甜食閱讀，意思是，沒有什麼特別的目的，就是為了娛樂消遣的閱讀。甜食閱讀是滿足休閒所需的閱讀，追求的是閱讀的快感和沉浸感，對應的書籍包括：漫畫、武俠小說、推理小說和言情小說等。

甜食閱讀值得花時間嗎？有一種閱讀觀，不太看得起甜食閱讀，他們崇尚閱讀那些具有教育意義，能改善生活、提升自我、增進理解力的書。不過，我覺得讀書應該是一件快樂的事，如果無法從閱讀中獲得快樂，就很難長期進行，所以大家用不著把甜食閱讀看成洪水猛獸，視為在浪費時間。

我人生中第一次熬夜是在國中的暑假，那時在同學家看幾本封皮丟失、紙張已經發黃的《天龍八部》。十幾年前的農村孩子除了課本，基本上沒有什麼課外讀物，我當時一看就入了迷，毫無睡意，就這樣讀著讀著，不知不覺間東方已白。

適合進行甜食閱讀的書最容易吸引讀者，尤其會讓剛接觸閱讀的讀者愛上閱讀。大家只要嘗過一回這種極度沉浸的快樂就很難忘掉了。雖然後來我的閱讀範圍很快超越了武俠小說，但至今仍感謝它引我入門。

對於甜食閱讀，我的觀點是：第一，甜食閱讀有它的價值，它最吸引人，最容易讓人獲得沉浸的快樂，所以最容易激發閱讀興趣。許多愛讀書、好讀書、擅長讀書之人最初的閱讀興趣，都是被甜食閱讀所激發；第二，甜食吃多了會爛牙，甜食閱讀忌諱沉迷、排擠其他書種的閱讀空間，千萬不要把甜食閱讀當成閱讀的全部；第三，甜食閱讀反而比美食閱讀更需要追求品位，這是郝明義說的，我深以為然。就像看電視劇，一部好劇和一部爛劇帶給我們的體驗，截然不同。

四、蔬果閱讀

第四種閱讀是蔬果閱讀，即：查閱式的閱讀，透過查閱來補充資訊缺口以明白理解。例如，在閱讀過程中若遇到不懂的字詞和典故等，需要查閱工具書，這就很像吃蔬菜水果來補充維生素。蔬果閱讀對應的書籍包括《辭源》、《辭海》等字典類書籍，或者《大英百科全書》等百科類書籍，或是《上海年鑑（一八五二）》、《中國經濟學年鑑（二〇一二）》、《中國電影批評年鑑（二〇一六）》等年鑑類書籍。年鑑類書籍的資訊密度大、內容準確。

蔬果閱讀是純工具性的閱讀，是為了參考和查證，所以一般不會從頭讀到尾，而是會在需要的時候拿工具書來查閱資料，不需要的時候將其放回書架。

按照主食閱讀、美食閱讀、甜食閱讀和蔬果閱讀對應的書籍來分類，是以個人目的和需求為判定；閱讀目的非常主觀，有的人讀一部經典網路小說可能屬於甜食閱讀，而另一個寫小說的讀者抱著拆解學習的目的來讀，那就屬於主食閱讀。由此可見，一本書（如經典小說），可能同時滿足甜食閱讀和美食閱讀的需要。為此，我們無法明確地說，某本書一定屬於某種閱讀的範疇，四種閱讀都有各自的價值。其實這種分類方式的主要作用，是供大家審視自己的閱讀組成，然後有意識地去選擇資訊獲取的管道，建構出更精彩的人生。

最後，還有一點要提醒大家，四種閱讀都是我們需要的，但不同成長階段的需求很不一樣。例如，在剛進社會的個人發展初期、工作或創業幾年後的瓶頸期、換工作的適應期，對於主食閱讀的需求會非常旺盛，這相當正常，並且我們就應該對這種需求予以積極回應。在生存需求被解決後，人生進入「深水區」、面對各式各樣的心理困惑時，則會非常需要美食閱讀來幫助我們重新審視人生。總之，四種閱讀各有價值，大家可以根據不同成長階段的需求來調配合理的比例。

按照學科來分類

第二種分類方式是按照學科來分類，即依照文學、史學、哲學、社會科學和自然科學來分類。誠如前述一再強調的，提升理解力的關鍵之一，就是要建立一個基本的理解力水池，有一個全學科、全視野的基礎知識體系，以便為理解更深、更難的東西打好基礎，這也是我們之所以需要具備閱讀不同類型書籍能力的一大原因。

接下來我會提供非常具體的讀法，主要會針對一般人最常讀的幾類書種：實用類書籍、哲學和社科類書籍、小說和歷史類書籍，重點則會放在「為什麼要讀」和「怎麼讀」之上。

不同類型書籍的適性讀法

各位正在讀的這本書，就是一本實用類書籍；實用類書籍是為了提供解決問題的方法，它告訴我們在某個領域中，為了達成某個目的，該怎麼做才能更好。例如，我這本書講的就是在閱讀這個領域上，怎麼做才能從閱讀中獲得最大的好處。

實用類書籍的讀法

讀實用類書籍有個特點：讀的書會隨著自身發展而改變。可能在二十多歲時讀的是如何進行自我管理和實現個人成長的書；在三十多歲時讀的是如何管理團隊、投資理財、育兒的書；在四十多歲時讀的又是另一個層次的書了。每本書對我們來說都是一個臺階，踩過這個臺階就應該到更高的地方去，為此閱讀也要隨著個人發展不斷更新和進化。我總覺得閱讀實用類書籍的人是可敬的。當人生遇到困境，不論是大困境還是小困難，比起習得性無助、站在原地抱怨的人，透過閱讀獲取更優秀之人的智慧來解決問題，是一件很高貴的事情。孔子在為《易經》寫的《象傳》裡說：「天行健，君子以自強不息。」實用類書籍的價值和帶給我們的感動就在這裡，它讓我們成為自強不息、永不自棄的人。

實用類書籍有千百種編排方式，但無論它的主題是什麼、章節名稱是什麼、邏輯順序是什麼，它就像一條魚——不論是什麼魚，肯定有魚頭、魚

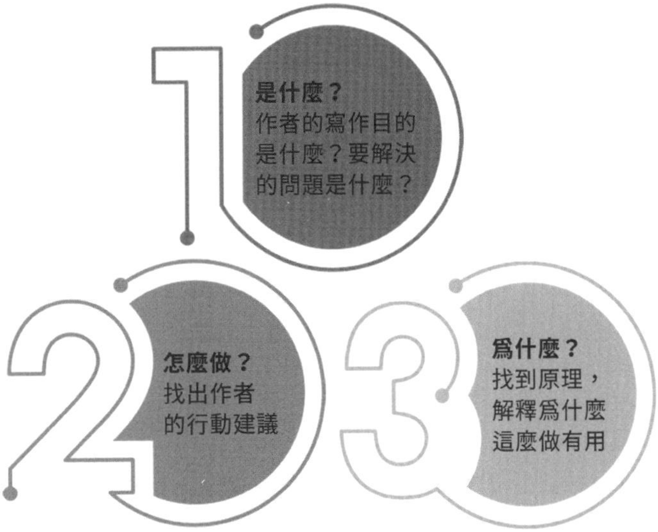

是什麼？
作者的寫作目的是什麼？要解決的問題是什麼？
怎麼做？
找出作者的行動建議
為什麼？
找到原理，解釋為什麼這麼做有用

圖 4-2：實用類書籍的讀法

尾和魚身；同理，無論一本實用類書籍寫了什麼內容，它都由三部分組成：是什麼、為什麼、怎麼做。**「是什麼」是指作者的寫作目的是什麼、要解決的具體問題是什麼。**一般可以在書名、內容提要和前言這些地方找到作者的寫作目的，而這關乎到我們要不要讀這本書。只有在作者的寫作目的和要解決的問題與我們契合時，這本書對我們來說才是有用的。**「怎麼做」是作者提供的行動建議。**作者建議用什麼方法來解決問題、達成目的，這是我們在閱讀時需要找出的重點。**「為什麼」就是解釋原理，解釋為什麼這些行動建議是有效的。**這決定我們要不要按照作者的建議去做，而唯有被作者說服，才會把他的行動建議付諸實踐。以上，就是實用類書籍的底層框架，只要用這個框架去閱讀實用類書籍，思路就會非常清晰。

以下，我將以《驚人習慣力：做一下就好！微不足道的小習慣創造大奇蹟》一書為例來詳細說明。

第一步：界定「是什麼」

作者的寫作目的是什麼？它要解決的具體問題是什麼？這本書想要解決的是習慣

養成領域的問題：多數人在設定目標後往往非常容易半途而廢，接著陷入內疚和自我攻擊。那麼該如何解決這個問題呢？作者的寫作目的是打破「道理都懂就是做不到」的魔咒，讓讀者無痛苦、無負擔地養成習慣。

第二步：找出行動建議

作者的建議是採用「迷你習慣策略」。迷你習慣策略包括設定微小目標和自由增加。先設定一個微小目標，如：每天讀半頁書，如果半頁書還會讓我們有所抗拒，甚至可以改成每天打開書讀一行字。這樣的微小目標僅規定行為的下限，但它沒有上限，所以完成微小目標後我們可以自由增加。依照微小目標，每天讀一行字就算完成目標，但如果一不小心連續讀了好幾頁或半本書，當然也沒問題。

第三步：找出原理，解釋為什麼迷你習慣策略有奇效

作者談到了大腦工作的原理、意志力損耗規律，引用了自主性對內在動機具有強大影響力的心理學研究結論，來回答這個問題。

明白實用類書籍的底層邏輯之後，就很容易抓住一本實用類書籍的重點。因此，實用類書籍非常適合用速讀法，很多時候不需要一字一句讀完，只要能找到是什麼、為什麼、怎麼做的答案，基本上就掌握這本書了。另外，實用類書籍還非常適合用聽的方式來「看」，有聲書一般就能很完整地把是什麼、為什麼、怎麼做的問題講清楚。

在挑選和評價實用類書籍時，也是使用這個邏輯。一是看「是什麼」，如果作者的寫作目的不是我們的行動目的、作者想解決的問題不是我們的疑問之處，那這本書就不值得我們花時間看。二是看「為什麼」，如果一本書解釋不清楚「為什麼」的問題，那隨時都可以放棄閱讀，一本無法說服讀者照著做的實用類書籍，是失敗的。三是看「怎麼做」，如果按照作者給的行動建議去做，卻沒有得到想要的結果，那這本書就不算一本好書。

讀實用類書籍要記住兩句話。第一句是「改變只能在現實中發生，而不是在書本中發生」；第二句是「行動只能從你自己開始，沒有人能替你開始」。讀實用類書籍最重要的是照著去做，如果只是「讀時激動，讀後感動，然後一動不動」，是讀不好實用類書籍的，必須捲起袖子起身行動。當然，只會照本宣科、按部就班，也讀不好實用類書籍，而是必須經常根據書籍內容舉一反三、因人制宜的創造，才能把書讀活。

哲學和社科類書籍的讀法

在本章除了談該怎麼讀不同類型的書，我還想試著告訴大家「為什麼要讀」。我希望大家不要迴避這個問題，不要因為所謂的「功利」而恥於回答這樣的問題。在讀某本書或某類型書之前，大家不妨都好好思考一下：為什麼要讀？

為什麼要讀哲學和社科類書籍呢？對於這個問題，我思考了很多年，就算到了寫這本書的時候，也不敢說得到了最終的滿意答案，只能說把我的想法拿出來和大家分享，供大家參考。

首先，哲學和政治學、經濟學、社會學、心理學等社科類經典著作，是人類的思想精華。我們的世界為什麼是今天這個樣子？我們為什麼像現在這樣思考？我們的價值觀和道德觀，可以說統統是由那些重要的思想所塑造的。和我們生活息息相關的法律、教育、商業、社會服務和公共行政，統統都是在哲學和社會科學的概念和方法的基礎上所發展而來。為此，若想要理解世界並看透本質，就得回到思想的本源去閱讀，唯有這樣才能建立起可靠和清晰的認知框架。

其次，讀哲學和社科類經典著作，就是在閱讀優秀思考者的思考過程。很多哲學和社科類經典書籍的作者，被稱為哲學家、思想家、政治學家、經濟學家、心理學家和社會學家

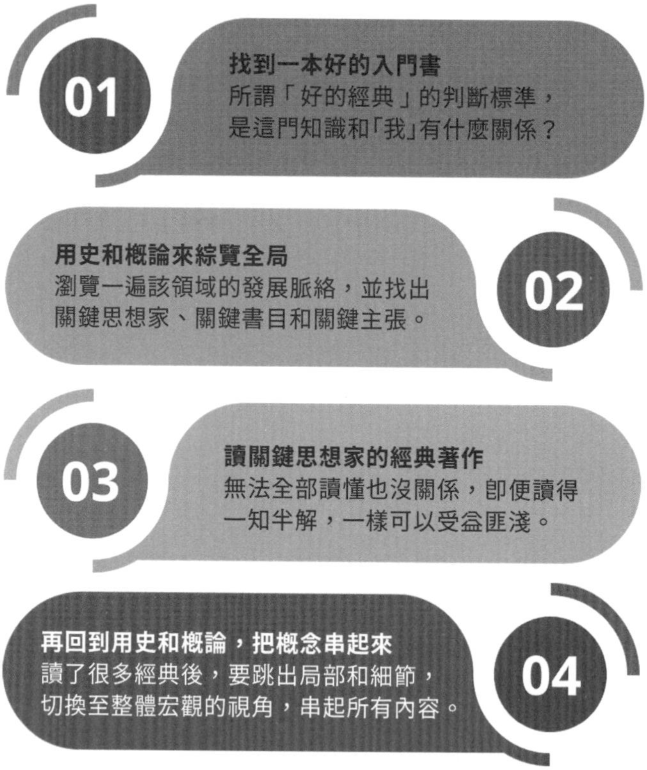
01
找到一本好的入門書
所謂「好的經典」的判斷標準，
是這門知識和「我」有什麼關係？
02
用史和概論來綜覽全局
瀏覽一遍該領域的發展脈絡，並找出
關鍵思想家、關鍵書目和關鍵主張。
03
讀關鍵思想家的經典著作
無法全部讀懂也沒關係，即便讀得
一知半解，一樣可以受益匪淺。
04
再回到用史和概論，把概念串起來
讀了很多經典後，要跳出局部和細節，
切換至整體宏觀的視角，串起所有內容。

圖 4-3：哲學與社科類書籍的讀法

等，他們是人類歷史上特別會思考的一群人。讀原著就是觀看這群人如何思考和解決問題，如何反駁定見、偏見和舊觀念，如何推導出自己的結論，如何建構出一個直接影響後世思考方式的框架，以及如何為這個新框架發明新概念。對我來說，讀這類書最重要的收穫之一，就是在這種觀看之中領會思考的魅力，學習如何獨立思考。

與此相對，透過看談如何思考的工具書來學習和思考，是次等的選擇，最好的選擇是直接觀看最會思考的那些人，看他們在人類社會還沒有像現在這樣成熟的時候，是怎麼把一切梳理清楚，怎麼決定人類社會的走向，他們才是最好的老師。

最後，讀哲學和社科類經典書籍還有一個額外的收穫：我們會因為閱讀而變得有自信。當我們見識過人類最優秀的頭腦是如何思考之後，就不太容易在生活中遇到稍微優秀一點、稍微有一點見解的人就妄自菲薄了。

在此我想把哲學類書籍和社科類書籍放在一起說明，因為對於這兩類書，我的閱讀思路是一樣的。我分享的是一般人的閱讀策略，教導一般人如何不被這座莊嚴肅穆的「知識大廈」嚇得腿軟，讓大家找到一個小門溜進去，在裡面找到自己最需要的東西。

第一步：找到一本好的入門書

一般人讀哲學和社科類書籍的普遍問題是：艱澀難懂，讀不進去，不知道看這些書有什麼用。對此，我們不能硬讀，硬讀只會破壞閱讀興趣。我的訣竅是選好的入門書。好的入門書會讓我們燃起強烈的閱讀興趣、會讓我們迫不及待想知道更多、會帶領我們領會到之前不曾有過的絕妙和魅力。

一般來說，好的入門書通俗易懂、理解門檻低，有些還趣味十足，但這些都不是關鍵，關鍵是它能幫我們搞清楚一個問題——**這門知識和「我」有什麼關係？**我不斷強調一個觀點，興趣的本質是相關性，對一本書能否產生興趣的關鍵，是能否找到某本書、某類書和自己、自己的真實人生、自己已有的知識和閱歷之間的相關性。

我的女兒小房子今年四歲，每晚聽《西遊記》的有聲書入睡，已經把這個故事翻來覆去聽了許多遍，是一個《西遊記》的「十級學者」。當春天的海棠花開了，我就帶她背李清照的《如夢令．昨夜雨疏風驟》，她最感興趣、最有感覺的永遠是「試問捲簾人，卻道海棠依舊」裡的「捲簾」二字，只因為沙僧在天上是「捲簾大將」。知識和我們的相關性愈強，我們的興趣就愈濃厚，無論孩童還是成年人皆是如此。如果入門書能把知識和我們自身的相關性說清楚，就能明白「看了有什麼用」這個問題。

我的哲學入門書是德國哲學家尼采的《快樂的知識》，這本書並不淺顯易懂，剛上大學時我只能讀懂局部，且不確定自己的理解對不對，可是它卻給了我二十年閱讀中的唯一一次狂喜。其實這本書更像尼采思想的「邊角料」，他更重要的思想似乎在《查拉圖斯特拉如是說》、《悲劇的誕生》（*Die Geburt der Tragödie aus dem Geiste der Musik*）、《論道德的系譜》（*Zur Genealogie der Moral*）、《偶像的黃昏》（*Götzen-Dämmerung*）等代表作裡。在大學圖書館裡我也翻閱過這些代表作，但明顯感覺當時的我無法勝任這種難度的閱讀，因為我找不到自己和這些書的相關性。但讀《快樂的知識》的每一頁，我都能找到自己和它的相關性。《快樂的知識》是一本語錄式的小書，用尼采自己的話來說，他思考問題就像洗冷水澡一樣快進快出，所以這本書比較好讀。

以下是我當時摘錄的句子和當時的感想。尼采說：「知識深奧者致力於明晰；當眾故作深奧者致力於晦澀，因為眾人以為凡見不到底的東西皆高深莫測，他們膽小如鼠，極不情願涉水。」我當時的感想是：知識深奧者一定會把道理思考得清清楚楚，也表達得通俗易懂；那些故作深奧、把道理表達得晦澀難懂的人無外乎兩種情況，一種情況是他自己還沒有透徹地搞懂，所以「弄點煙霧」以顯得自己深不可測；另一種情況是他帶有菁英的優越感和虛榮心，恨不得給求知者多設幾個路障，把求知者堵在高牆外——這就是知識深奧者和故作深奧者的區別。

這個感想之於我的閱讀和寫作都產生了很深刻的影響。作為讀者，我克服了理解力自卑，成了一個非常有自信的讀者，我開始相信，如果一本書寫得讓我看不懂，不全是我的問題，也可能是作者的問題。如果一個思想足夠重要、一定和每個普通人都有關，如果作者思考得夠徹底，一定可以深入淺出地說給初學者聽。從此我讀書的膽子就大了起來，我的想法從「我讀不懂，我好笨，我是一個差勁的讀者」變成了「你講得我聽不明白，我要換一個能讓我聽得明白的老師」。當然，這並不是說，就放棄讀晦澀難懂的書籍，而是當我們不能直飛到某個目的地時，可以在中間找幾個轉乘站換乘過去，如此最終也能到達目的地，而這也是「找到一本好的入門書」這一步的思想來源。

作為作者，我盡可能寫得清晰、易懂。如果讀者看不懂我寫的內容，覺得我寫得雲山霧罩，一定不是讀者的問題，而是我這個作者的水準不夠。無論是什麼樣的作者，若想將一個思想傳播出去，就一定要去適應廣大讀者的理解力，而不是讓讀者去適應他的理解力。

在閱讀《快樂的知識》的過程中，像這樣的觸動和啟發竟然多達一百五十八處，我陷入了被巨大的收穫感包圍的狂喜中。當時的許多延伸思考，在十多年後依然影響著我。除此之外，尼采的文風顛覆了我對哲學家的印象。我印象中的哲學家都是像德國哲學家康德（Immanuel Kant）那樣，他們的語言理性且枯燥，會用抽象的詞彙建起一座座讓人望而生畏的「大廈」。與此相對，尼采的語言是感性、優美和充滿激情的，如「你離群索居，無比落寞，沒有永久的看護人和朋友，生活中連眺望遠山的機會亦不可得——山頭白雪皚皚，內部有沸騰的岩漿」、「只是一種迷人的可能性罷了」。我被這些語言徹底迷住了，被哲學、哲學家迷住了，也被思考這件事迷住了。這就是入門書的作用，回顧我的閱讀史，我發現自己一發不可收拾的閱讀興趣都是被某本特定的書所點燃的。

那麼到底該怎麼選入門書呢？選入門書時可以任性一些，我甚至鼓勵大家勇於棄讀，如果實在找不到某本書和自己的相關性，那就「掉頭走人」，不必勉強。我們可以請專家推薦，也可以快速試讀，現在很多網路書店都有試閱平臺，讓讀者更容易試讀和選書，非常方便。

我非常推薦試讀，因為興趣點是很主觀的，讓我手不釋卷、廢寢忘食的《快樂的知識》，對其他人而言有可能索然無味。不過，即使一時找不到合適的書也不要緊，只要知道自己在找一本什麼樣的書，時時留意，很快就能找到了。

第二步：用史和概論來概覽全局

我之前闡述速讀時說過，可以用速讀為精讀做準備。先速讀再精讀，這就像去迪士尼樂園遊玩前拿到了標示必玩遊樂設施的地圖，以免在一般的遊樂設備上浪費太多時間。這是單本書的閱讀策略，但把這個策略用在某個學科或領域也是一樣。當我對某個學科或領域產生興趣後，我是不願意「蒙著眼睛往前走」、撞到什麼就讀什麼，我也想拿到「標示必玩設施的地圖」。那我們如何拿到這張「地圖」呢？我的方法是用學科史、思想史和概論來概覽全局。

我嘗到這個方法的妙處，完全是出於偶然。我的心理學入門書是佛洛伊德的《夢的解析》，當時我並不知道精神分析學派，甚至「心理學」對我來說都是一個很新的詞彙，我純粹就是對「解夢」這件事感興趣，才從大學圖書館裡借走這本書，因為我想要一套更可靠的解釋框架。這本書是彩色的並搭配了許多插圖，還用加粗字貼心地標示好重點；雖是一本學術專著，但對初學者極為友善。

可是等我開始對心理學感興趣、想瞭解更多的時候，卻迷茫了——心理學山頭林立，有很多不同的思想和派別，到底什麼是心理學？有一天我意外發現了中國心理學教授葉浩生的《心理學通史》，這是心理學領域的專業教材，分為三篇，上篇是心理學思想史，中篇是心理學流派，下篇是心理學新發展。我當時試讀了幾章，發現這就是我現在最想要的書。

當時的我彷彿闖入一個名叫「心理學」的超大風景區，但迷路了，而這本書就是一個超級專業的導遊。這本《心理學通史》差不多有中國《新華字典》那麼厚、有四本《新華字典》那麼大，我讀了一個多月，第一次體會到什麼叫「有些書能以一敵百」。讀完整個心理學的發展脈絡，我瞭解心理學是如何一步一步發展到今天，中間有哪些重要的轉捩點，不同的心理學流派產生的歷史背景是什麼，以及這些心理學流派的開創性、創新點、對今天的影響是什麼；重要的心理學家都有哪些人，他們的核心主張是什麼等等。身為一名初學者，透過這樣的閱讀，當然無法完全吸收掌握某個學科或領域的知識，但能有一個總體、大致的印象，而光是這樣就有極大的幫助，如此相當於對這個學科或領域完成了速讀，概覽全局，心中有數。

在這一步，最重要的任務有兩個：**第一，瀏覽一遍某個學科或領域的發展脈絡，弄清楚來龍去脈；第二，找出關鍵思想家、關鍵書目和關鍵主張。**關鍵思想家是指在這個學科或領域超越前人、影響後人、有獨特創新和貢獻的人物；關鍵書目則是奠定這些關鍵思想家地位的經典著作；至於關鍵主張，是一些關鍵句和關鍵字，濃縮了關鍵思想家的思想精華。完成這兩項任務，相當於為自己拉了一條閱讀主線。

以學科史、思想史和概論來概覽全局，最重要的是對發展脈絡和關鍵轉捩點的回顧和梳理，所以要找到能幫助我們回顧和梳理發展脈絡和關鍵轉捩點的書籍，像我最近讀的《劉擎西方現代思想講義》和包剛升的《政治學通識》，都發揮了和當年的《心理學通史》類似的作用。用學科史、思想史和概論概覽全局，相當於請了一個「閱讀導遊」，不過，有的導遊讓你遊興大發，有的導遊反而讓你昏昏欲睡，所以選書很關鍵。第二步的選書標準與第一步一樣，如果發現某本書不符合期待，就允許自己棄讀。

第三步：讀關鍵思想家的經典著作

關於讀經典的好處，在第三章介紹如何增進理解力的部分，我已引用池宇峰教授的《書的全景》一書的自序說明過了。上一步我們用史和概論來概覽全局，找出了那些舉足輕重的關鍵思想家和關鍵書目，接下來，我們要選一個最感興趣的人，並從他所寫的書中選一本最感興趣的書來閱讀。

看原生內容和看由他人轉述的內容是完全不一樣的感覺。另外，還要明白一點，對於哲學和社科類經典著作，只讀一、兩本書是不夠的，思想家大都互相影響，他們之間是繼承、發展、創新或互為批判者、反對者的關係。所以面對這類書，最好的讀法是「主題式閱讀」：想讀透一個作者，還要讀影響他的前人、被他影響的後人、他批判和反對的人、反對和批判他的人所寫的書。

看到這裡，肯定又有讀者面露難色了：「我不是不知道經典的好處，我是讀不懂、讀不進去，讀完感覺很挫敗，以致更不敢讀。」針對此問題，要請各位記住以下兩點：

第一，經典並不都是難讀的，有時困難是我們自己想像出來的。小時候大家都聽過繪本小馬過河的故事，能不能過河只有自己試了才知道，所以，請大家拿出讀經典的勇氣。法國啟蒙時代思想家盧梭有一本書叫《愛彌兒》（*Émile: ou De l'éducation*），是一本教育學著作，但我之所以讀這本書，只是因為聽到了一則逸事。德國哲學家康德終生過著像鐘錶一樣規律的生活，每天四點準時出門散步。由於出門時間太規律和準確，以至於整條街的人都以他出門散步的時間來校正手錶。但有一次，鄰居們好幾天沒看到他出門散步，這可是小鎮裡的大新聞，後來才知道是康德收到了盧梭的《愛彌兒》，讀得愛不釋手、廢寢忘食，竟然打破了幾十年的生活規律。為此，我一下子就對這本書產生了濃厚的興趣：能讓讀書無數的康德都廢寢忘食的書，究竟是什麼樣？

那時我剛上大學，開始可以不受管制地自由閱讀，在《快樂的知識》給了我讀關鍵思想家著作的信心之後，我就開始讀《愛彌兒》，結果又被完全迷住了。愛彌兒是盧梭假想出來的一個小孩；為了闡述自己的教育思想，他假想出一個父母雙亡的富家孤兒愛彌兒。整本書的主要內容大概就是：大家好，我叫盧梭，現在的教育方法不太行，早就有聲音反對這套舊的教育方法了，可惜沒有人提出一套更好的教育方法，畢竟只批評卻沒有建設性的建議是無意義的，本著「我行我上」的原則，我就拋磚引玉一下：如果我有一個小孩，從他出生起，我需要把他教育成人，我會分別從體育、感官、智育、德育、愛情五個方面這樣教育他……。

有時候我們需要的僅僅是一點勇氣。這本書並不難讀，它是教育學著作，聽起來是寫給父母、教育工作者或研究者的，不過這個思路太窄了；我把它當作自我教育的寶典，書中的很多道理是我無法從學校教育和家庭教育中獲得的。這本書讓我意識到，我還可以自己教育自己，我是自己的父母、我養育我內心的小孩，而我對自己的教育是不受家庭、學校、老師和環境所限制，我對自己的教育是終生的，這個教育目標是認知和理解世界，學會思考和判斷，把自己的人格、品性、能力等變成理想的樣子，成為一個幸福的人。

我一共在這本書裡記了二百八十三條筆記；有些筆記對我的影響一直持續到現在，包括我寫在這本書裡的許多閱讀觀點，也受到《愛彌兒》的影響。例如，對於獨立思考，盧梭說：「如果你還沒有教會他如何判斷人們的看法，你就拿人們的看法去教育他的話，我敢說，不管你怎樣努力，他最終都會把別人的看法當作是自己的看法，而且以後就沒有什麼辦法可以把它改掉了。」

對於如何讓孩子樂於學習，有求知的動力和旺盛的好奇心，盧梭說：「因為，只要他覺得這個詞對他那樣年齡的人來說有它的意義，只要他能清楚看到它對他當前的利益的關係，他對這個詞就會獲得深刻的印象。」

現在我們回到如何解決讀不懂經典這個問題，我要強調一件事：**不用全部讀懂，即便讀得一知半解，只吸收了能吸收的部分，一樣可以受益匪淺。**《快樂的知識》和《愛彌兒》這兩本書都是我剛上大學時讀的，我雖酷愛讀書，卻是在閱讀資源非常匱乏的環境中長大，所以過往我的理解力非常有限，不能完全讀懂這兩本書，但對於能看懂的部分，我結合自己的實際生活去理解和思考，一樣收穫巨大。事實上，讀第一遍時不能完全理解又怎麼樣？經典都是值得一讀再讀的，待生活閱歷、知識累積增加，理解力和思考力提升，隨時都可以再把它們找出來重讀，彌補初讀時的遺憾。

第二，若經典的理解門檻太高，可以使用好的輔助書。很多時候，需要透過閱讀其他書籍，才能完全理解某本書；這並不是一件丟人的事，而是一種有效的閱讀策略。荷蘭哲學家史賓諾沙（Spinoza）的《倫理學》（*Ethica, ordine geometryo Demonstrata*）是出了名的晦澀難懂。為此，《哲學的故事》一書的作者威爾．杜蘭推薦的讀法是：「不要一口氣讀完全書，而是應該分多次閱讀，且每次讀一小段。讀完以後，告訴自己，這僅僅是理解全書的開端。接下來你應該讀些評論，比如：波洛克的《史賓諾沙》或馬蒂諾的《史賓諾沙研究》，又或者兩者都讀。最後，再讀一遍《倫理學》，你會發現它像一本新書攤在你面前。」

這裡面提到的《史賓諾沙》或《史賓諾沙研究》，就是該書作者杜蘭為《倫理學》找的輔助書。所以我們可以看到，像杜蘭這樣的著名學者在閱讀過程中也有理解力不夠用的時候，這時就需要借助別人的理解力來幫助我們跨過書籍的理解門檻。

關於輔助書有以下幾種類型。**第一種輔助書是大家解讀版本。**以《論語》為例，歷朝歷代解讀《論語》的人非常多，所以可以選擇的輔助書也特別多，當然我首推的輔助書是大家解讀版本。例如，華杉在寫《華杉講透論語》時，為自己選的主要輔助書是朱熹的《四書章句集注》、張居正的《張居正注論語》、清代劉寶楠的《論語正義》。

除了這三本書之外，還有很多大家解讀過《論語》，這些書各有各的側重點。例如，歷史學家錢穆也給學生講過《論語》，寫過一本《論語新解》，他的寫作目標是：用最淺顯的白話文來寫，好讓國中以上的學生人人能讀。而辜鴻銘的《辜鴻銘講論語》主要是寫給歐美人讀的，他的書援引了歌德（Johann W. von Goethe）、莎士比亞

（William Shakespeare）等西方著名思想家、作家的話，還把書中出現的中國人物、中國朝代和西方歷史上具有相似特點的人物和時間段進行橫向比較。他的本意是幫助西方人把握儒家經典，不過卻意外地給了我們一個特別的視角。之所以選擇大家解讀版本，是因為他們都是飽學之士，對於經典的解讀會更可靠。

第二種輔助書是通俗講解版本。最有代表性的應該就是中國央視節目《百家講壇》的那群學者和作家的書了。通俗講解版本的好處是，用當下的語言，把經典放到當下的生活處境來講解。我們之所以覺得經典難讀，就是因為經典的語言和現在的語言不太一樣，經典的時代背景也與現在的社會相差甚遠。通俗講解版本可以幫我們打破這些隔閡，不僅能用易於理解的語言告訴我們經典講了什麼，還能告訴我們在這個時代讀了經典有什麼用。

我讀《論語》時選擇南懷瑾的《論語別裁》和華杉的《華杉講透論語》作為我的輔助書，就是因為這兩本書與當代生活有所連結，作者用經典的思想幫助我們應對和解決當下的困境。如果找不到經典和自己生活的相關性，建議可以先從這類書籍讀起。

第三種輔助書是針對初學者、青少年的入門書和大眾普及本。這類書的特點是預設讀者沒有相關的知識背景，所以盡可能降低理解門檻，以初學者容易理解的方式來敘述。《被討厭的勇氣》就是典型的入門書和大眾普及本，它藉由青年與哲人對話的方式來介紹阿德勒的心理學。青年身上有一堆待解決的人生問題，哲人給青年介紹阿德勒的思想，用阿德勒的思想幫助青年走出真實的心理困境。如果讀不進去阿德勒的原著，可以先讀這樣的通俗普及本。類似的書還有哲學入門書《蘇菲的世界》、社會學入門書《米拉的猜想》（*Dead White Men and Other Important People*）。當找不到合適的書時，我建議大家可以找寫給孩子的書——要讓孩子看得懂，就必須寫得淺顯又準確。

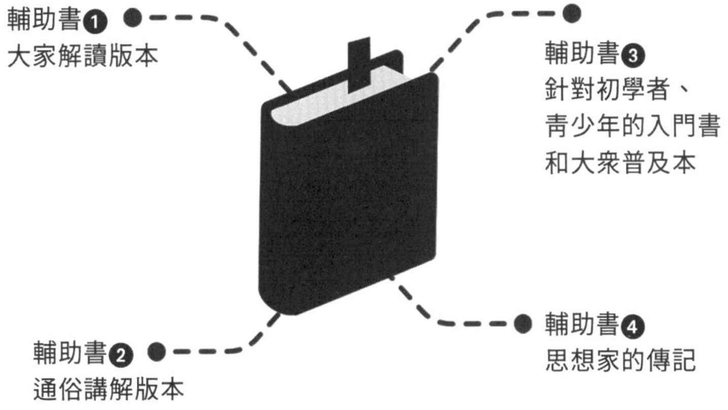
輔助書❶
大家解讀版本
輔助書❷
通俗講解版本
輔助書❸
針對初學者、
青少年的入門書
和大眾普及本
輔助書❹
思想家的傳記

圖 4-4：提高理解經典書能力的四種輔助書

第四種輔助書是思想家傳記。很多人把思想家的經典著作視為「不實用書籍」，但實際上它們統統都是應時而生、應勢而生的，是為解決思想家所處的那個時代中最迫切、最重要、最核心的問題而生。思想家在解決這些問題的過程中，重塑了人們的世界觀和思考方式，進而重塑了世界。要理解今天的世界，就得回到過去，而思想家傳記可以把我們帶回思想家成長的時代和環境中，進而弄清楚他們為什麼關心那些問題、他們的思想受到了哪些人的影響、他們的成長環境帶給他們哪些獨特的思考角度、他們不同時期的思想有什麼變化。簡言之，讀思想家傳記能幫我們進入思想家的人生，瞭解他們的思想脈絡，進而更容易理解他們的思想和作品。

對於讀思想家傳記，我是受到中國政治學學者劉擎的啟發。劉擎年輕時讀了德國社會學家馬克斯．韋伯的名著《新教倫理與資本主義精神》（*Die protestantische Ethik und der Geist des Kapitalismus*）卻沒讀懂，轉而去讀韋伯的傳記，先瞭解一下這個人，而這對他理解韋伯思想的幫助很大。

經典書籍《如何閱讀一本書》，把借助其他書籍來閱讀一本書稱為「外在閱讀」或「輔助閱讀」，這本書的兩位作者莫提默．艾德勒和查理．范多倫認為，有時候是不得不借助外在閱讀，才能完全理解一本書，所以我們不應該，也不可能完全孤立地單獨閱讀一本書。

對於輔助書的使用，我還有幾個提醒。首先，輔助書是二手，甚至是三四手的轉述，一定會和原著有所偏差，所以它們不能替代原著。其次，我們愈有自己的獨立思想，愈不是「我注六經」，而是「六經注我」；可以多看幾本輔助書，兼聽則明，形成自己的判斷。其三，輔助書也有難度區分，如果理解某本書比較辛苦，就往下降一個難度等級；如果理解力提升了，就往上升一個難度等級。最後，不要太依賴輔助書，經典才是閱讀主線，最終目標是讀通經典。

對於讀經典，我有一個很深的體悟，這些經典之所以成為經典，是因為它們都有自己獨特的歷史貢獻，可是對我幫助最大的並不一定是那些公認、最精華的部分，因為我的評價尺度不是那些思想之於歷史和整個人類社會的幫助，而是對我個人人生的幫助。換言之，每個人關注到的重點一定是不一樣的，而這也是我堅持再精彩的轉述，也替代不了原著的原因。

第四步：大量閱讀後再回到思想史、學科史和概論，用史和概論串起來

當我們一無所知的時候讀史和概論，是一知半解的，所以可以把史和概論當作「閱讀導遊」，不過當大量閱讀之後再回到史和概論，重讀每一句話的意義都可能變得更加豐富，因為我們終於有能力聯想到更具體的人和更具體的思想了。然而書讀多了，腦子也容易亂，所以讀了很多經典之後，我們很有必要跳出局部和細節，切換到整體、宏觀的視角，把所讀的內容「串起」來。這時，史和概論又可以登場了，它們可以幫助我們把讀過的東西串起來。

在閱讀過程中，我們會不斷重複進行第三步和第四步。總而言之，這四個步驟其實呼應了讀哲學和社科類書籍的兩個原則：（一）由淺入深，循序漸進；（二）反覆切換總體和局部、宏觀和微觀、概覽和細節。以上這兩個原則能幫助我們慢慢達成由淺入深的理解。

小說的讀法

除了實用類書籍，一般讀者讀最多的可能就是小說了。在介紹如何讀小說之前，我想先談一下為什麼要讀小說等文學作品？實用類書籍為我們提供解決問題的方法，理論類書籍加深我們對世界運行規律的理解，那麼像小說這樣的虛構作品能帶給我們什麼呢？為什麼要讀它？除了消遣，小說還有什麼作用？

為什麼要讀小說？這也是一個很難但十分值得回答的問題。論述說理型的書和虛構想像的書，在本質上有所區別。論述說理型的書讓我們運用理智、判斷能力和推理能力去理解事情；而虛構想像的書則讓我們動用情感和想像力去體驗一種經歷。讀書的人可以經歷千種人生，不讀書的人只能活一次——這句話出自美國奇幻史詩小說《冰與火之歌》（*A Song of Ice and Fire*）。這個本質上的區別，決定了兩種書向我們施加影響力的方式也不同。《別想那隻大象》（*The ALL NEW Don't Think of an Elephant!*）一書中作者喬治・雷可夫（George Lakoff）提出，施加影響力的兩大利器是「框架」和「隱喻」，而這種說法讓我眼前一亮。

「框架」是指思考框架、認知框架和解釋世界的框架，它的本質是從複雜世界中歸納出一套有系統的因果關係。論述說理型的書對於我們的影響，正是給我們一套系統因果關係，從而改變我們對世界的理解，進而改變我們的態度、觀念、選擇和行為。「隱喻」是指比喻和象徵，是把思想、觀念、道理、感受和情境濃縮在一個具體的形象中，人生、生活和世界的隱喻一旦變了，我們理解人生、生活和世界的方式也會跟著改變，隨之而來，我們的選擇和行為也會跟著改變。我在寫這本書的時候，不停地回顧自己的閱讀史，想弄明白一件事：當讀者讀完書很久後，什麼能夠持續地影響他們？我的答案就是「框架」和「隱喻」。

一本論述說理型的書之所以能持續影響我們，一定是因為給了我們一套可以和真實生活互相對照的系統化因果關係，或者把新東西摻進我們原有的系統化因果關係裡，幫助我們建構和優化出一套更清晰、更複雜的系統因果關係；一本虛構想像的書之所以能持續影響我們，一定是給了我們一個可以和真實生活互相對照的隱喻和象徵。

以下讓我舉例說明來幫助大家理解。

框架和隱喻的區別

什麼是幸福？如何才能持續幸福？可能一萬個人有一萬種答案。正向心理學之父塞利格曼在《持續的幸福》一書中，建構了一個關於幸福的框架，他認為持續的幸福由五個要素構成：正向情緒、投入、意義、成就和人際關係。這就是一套簡單的系統化因果關係，我們有正向的情緒、高投入感、意義感、成就感和良好的人際關係，我們就會幸福；反之少了這些，我們的幸福感就低，對生活的滿意度就低。這個框架會成為我們理解人生的框架，自然也會成為指導我們行動的框架。對照自己的人生，就會知道幸福之源是什麼、不幸之源是什麼，以及如何提升幸福感。

論述說理型的書都致力於提出具有強大解釋力和現實指導力的框架。在閱讀某本論述說理型的書時，我們的收穫也是框架——如果把框架和真實生活對照起來，用框架來理解世界和行動，那麼這本書就會持續影響我們。

至於隱喻則是完全不同的東西。對我影響最大的一本虛構想像的書應該是《小王子》。小王子原以為他的玫瑰是宇宙中唯一的一朵玫瑰，而當他發現地球上隨便一個花園裡就有五千多朵一模一樣的玫瑰時，他非常傷心，因為他意識到他擁有的不過是一朵極普通的玫瑰，這對他來說是一場嚴重的意義危機。他感到幻滅，直到狐狸告訴他什麼叫「馴化」。狐狸對小王子說：「對我來說，你無非是個孩子，和其他成千上萬個孩子沒有什麼區別。我不需要你。你也不需要我。對你來說，我無非是隻狐狸，和其他成千上萬隻狐狸沒有什麼不同。但如果你馴化了我，那我們就會需要彼此。你對我來說就是獨一無二的，我對你來說也會是獨一無二的……」小王子醒悟到：「有一朵花……我相信她已經馴化了我……」

我突然對關係的本質大徹大悟——為什麼某個人或某個地方會對我們而言特別重要？道理全都在這裡。那朵玫瑰之所以獨一無二，是因為小王子曾經給她蓋過玻璃罩、澆過水、抓過蟲子。我們的家人、朋友、戀人等，之所以對我們來說是萬中無一，也是因為我們共同經歷過很多事情，度過很多時光，建立起很深的羈絆，而這就是馴化。

當然，要想建立羈絆，就必須承擔流淚的風險。建立羈絆，並不像在自動販賣機上買東西，投幣後一定能得到想要的東西，甚至建立了羈絆後，可能更容易受到傷害。那為什麼就算有流淚的風險，我們依然要去建立羈絆呢？還是那隻像哲學家一樣的狐狸說得最透徹。小王子馴化了狐狸，可是轉眼他們就要分別，狐狸說：「我會哭的。」小王子表示，你讓我馴化你，但是你什麼好處都沒得到。狐狸卻表示，我得到了好處，因為小麥的顏色，你的頭髮是金色的，小麥也是金色的，到時候它將會讓我想起你。建立羈絆會承擔流淚的風險，馴化我們的人可能會傷害和離開我們，可是我們的生命也會因此豐盈和不同。這個故事對我來說，成了生活的重要隱喻。它讓我更珍惜和重要的人之間的羈絆。當然，如果有人用講道理的方式向我說同樣的道理，我說不定會當作「耳邊風」。

這就是隱喻的力量。隱喻的力量絲毫不遜於框架，理性和抽象無法到達的地方，感性和隱喻反而可以到達。有時候，

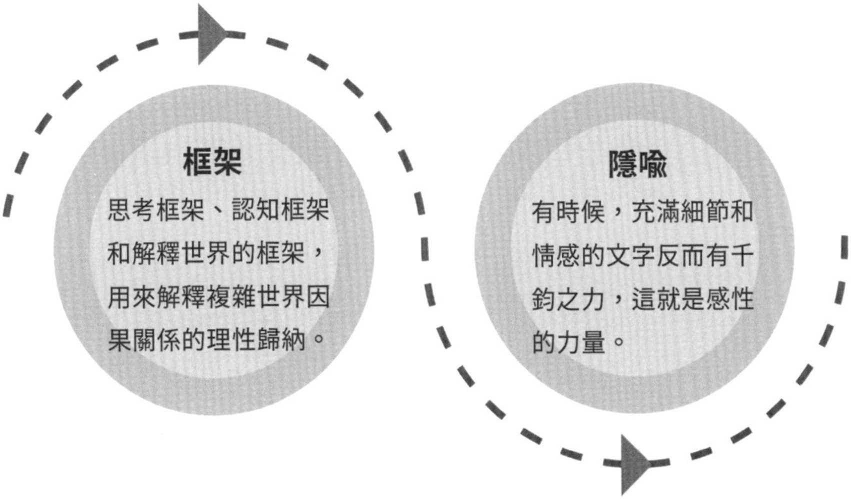
框架
思考框架、認知框架和解釋世界的框架，用來解釋複雜世界因果關係的理性歸納。
隱喻
有時候，充滿細節和情感的文字反而有千鈞之力，這就是感性的力量。

圖 4-5：框架和隱喻的區別

充滿細節和情感的文字反而有千鈞之力。

俄國作家康斯坦丁．帕烏斯托夫斯基（Konstantin Paustovsky）把小說等文學作品比作「金薔薇」。瑣碎的日常是塵土，裡面只有很少的金粉，而文學家是替我們篩選金粉、鍛造金薔薇的人。作家選取的是人類典型的處境、選擇、情感和關係，虛構的故事和形象會變成普遍生活的隱喻。我們對世界、人生和人性的理解，我們的生活智慧都會被放進這些隱喻中——《圍城》中城裡的人想衝出去和城外的人想衝進來；《簡愛》（*Jane Eyre*）中樓上的瘋女人，《老人與海》（*The Old Man and the Sea*）裡的老人和那條大魚，推石上山的薛西弗斯……，都可以被對照到真實生活裡。

好的小說不僅講了故事，還有精簡的隱喻和象徵，裡面有人類共通的情感和反覆面對的處境，以致這些隱喻和象徵經過時間的洗禮後，依然能被對照到真實生活中。

讀懂小說的四步驟

讀小說和讀實用類書籍不一樣。我們可以用略讀的方式來讀實用類書籍，以快速抓取主要資訊，只要最後能找到解決問題的方法就行。讀小說卻不行，小說的精彩之處就在於它「以十萬個字寫十個字」。例如，中國作家馬伯庸的《長安的荔枝》其實寫的就是「一騎紅塵妃子笑，無人知是荔枝來」，可是如果我們只讀梗概，就不能體會到「上位者輕飄飄地說一句話，卻讓基層小吏愁白了頭，跑斷了腿，頭懸一把隨時要他命的利劍」的艱辛和心酸，不能體會到上位者一時興起的浪費有多麼巨大，不能體會到腐敗的官吏系統搶功和推諉責任的醜態。這些東西蘊含在細緻的場景描寫、心理描寫和語言描寫中，透過從頭到尾地讀，我們彷彿化身成那個接到為貴妃從嶺南運新鮮荔枝任務的小吏李善德，愁他所愁，苦他所苦，只有這樣，我們的情感和情緒才會有波動，思考的馬達才會轉動起來，對世界的洞察力也才會跟著甦醒。

實用類書籍的語言充滿確定性，只要講清楚是什麼、為什麼、怎麼做，就能掌握得八九不離十。與此相對，小說卻有許多隱喻和言外之意，對小說的解讀會出現「一千個讀者就有一千個哈姆雷特」的情形。對於小說的解讀，和一個人的閱歷、性格、目標和心境有關，我們可以參考別人的理解角度，但別人的理解無法替代我們自己的理解，所以小說是最沒辦法讓別人替我們看的書。

針對小說，我推薦的讀法是從頭到尾地讀，投入地讀，代入地讀。以下是我根據個人閱讀經驗，建議的小說閱讀步驟：

❶用九合一萬能讀書筆記投入地讀一遍。

❷做心智圖筆記，而這個心智圖一般會分成三部分。第一部分是作者其人，包括作者的生平和小說的創作背景。例如，《大亨小傳》的作者費茲傑羅（Francis S. K. Fitzgerald）的個人經歷和創作有很大的關係，同時一九二〇年代是美國歷史上一個很特別的時期，如果不瞭解這個時期的社會背景，就無法理解這本書。

第二部分是主要角色，包括基本資料、所說的話和所做的事。例如，《傲慢與偏見》中的主要角色有多少財產或陪嫁、出身情況如何，這些都是非常重要的資訊；《大亨小傳》中著名的那句話「每當你想要批評別人的時候，千萬記住，世上並非所有的人，都有過你所擁有的那些優越條件」是誰說的；《月亮與六便士》中畫家的妻子，在丈夫拋棄自己之後開打字公司這個情節。在做心智圖筆記時，可以整理主要角色所說的重要的、讓自己印象深刻的話，以及所做的讓自己印象深刻的事。

第三部分是重要情節。情節包括起因、經過和結果。如果記憶力不好或小說篇幅非常長，就要學會概述情節；可以簡要概述每章情節，用一些特別重要的高潮情節作為標示。例如，《簡愛》中簡・愛和男主角結婚那天的事情肯定屬於高潮情節，就可以用索引標籤進行標注，以便之後整理。情節更適合用流程圖來做筆記，我們可以把流程圖融入心智圖筆記。

❸藉由寫閱讀心得來整理閱讀收穫。可以聚焦在人物和情節，分析人物的性格和行為邏輯，也可以從情節中摘錄有共鳴、有啟發的要點。但最重要的任務是：思考小說裡描述的人物，以及他們的境遇和選擇之於我們的人生有什麼啟發，即：對照自己的生活，解碼生活隱喻，獲得自己要如何度過一生，想要成為什麼樣的人的參考答案。

❹重讀經典小說。讀懂小說需要一些閱歷，所以強烈建議大家建立一份重讀書單，對於那些特別經典的小說，每隔幾年就讀一次，感觸會很不一樣。第一次讀時不能完全理解也不要緊，先記下不理解的地方，待以後有一定的閱歷之後再來重讀和對照，一定會得到不一樣的體會。

以前我總是急著讀下一本新書，從不重讀。第一次聽說重讀之妙，是聽張愛玲說自己每隔幾年就會讀一次《紅樓夢》，她說：「像《紅樓夢》，大多數人於一生之中總看過好幾遍。就我自己說，八歲的時候第一次讀到，只看見一點熱鬧，以後每隔三、四年讀一次，逐漸得到人物故事的輪廓、風格、筆觸，每次的印象各各不同。」後來隔上五年、十年重讀一些書，我才發現這是讀書最大的樂趣之一，書永遠是那一本書，但我已經不再是那個我了，所以再次讀書時有一種古希臘哲學家赫拉克利特（Heraclitus）說的「人不可能兩次踏進同一條河流」的意味，妙不可言。

歷史類書籍的讀法

我小時候經常聽到的說法是：「讀史可以明智，讀史可以知興替。」可是我一直沒能領會這句話的意思，覺得我們生活的現代和古代的差別實在是太大了，以往的經驗大都用不上。劉擎在《劉擎西方現代思想講義》中也提到，「當下的時代」不再是以往的延續和重複，而是前所未有和嶄新的。為什麼我們不再那麼依賴歷史？明代和清代可以參考唐代和宋代的發展經驗，但現在生活的這個時代變化太快，可能十年之後，人們的生活方式就發生了翻天覆地的變化，歷史可以給我們的直接參考價值愈來愈少，所以和過去相比，我們對歷史的依賴大幅減少——這是包括我在內的許多人，不太重視讀歷史類書籍的原因。不過我也慢慢意識到，認為讀歷史類書籍沒有用、認為過去和現在、未來的關聯性不強，也是由於理解力不足所致。事實上，歷史類書籍對我們有兩大幫助。

第一，認識過去，才能理解現在、理解趨勢、理解未來。透過讀歷史類書籍，我們才知道世界是如何一步一步變成現在這樣的，才知道未來可能是什麼模樣。讀歷史的人，胸中更有丘壑，不會把自己局限在當下的思考問題，而是從更大的時間層面去思考，從而擁有一個更開闊的視角。

第二，從前人的言行中，學習做人做事的道理。中國有一套歷史科普書《寫給兒童的中國歷史》非常暢銷，其中作者陳衛平有一句話讓我印象深刻：「我從三歲的時候就瞧不起那些蠅營狗苟的小人，讀歷史的孩子才會有家國情懷。」讀歷史類書籍，可以讓我們把事情看得更通透，可以從歷史中獲得許多人格楷模來學習，不容易被一些表象的東西所迷惑。

「讀歷史類書籍需要背誦和記憶嗎？」很多人覺得看歷史書籍就是要記住歷史事件發生於什麼時候，然而，正是這種死記硬背的模式，抹消了歷史類書籍的有趣之處。事實上，讀歷史類書籍不等於在準備考試，不需要刻意記憶某件事發生於哪年哪月，現在手機十分方便，一查找就能得到答案。與此相對，要做的是梳理清楚某件事的來龍去脈，只要對歷史有個清晰的脈絡，記憶就會愈來愈簡單。如果大家有記憶需要，也可以用心智圖筆記來輔助，把一本書變成一張心智圖，只記這張心智圖的內容，就等於記下一本書的內容了。

那麼，到底該如何讀歷史類書籍呢？

第一步：從感興趣的地方開始讀起

可以先讀簡單、好玩的內容。例如，《半小時漫畫中國史》系列漫畫，用半小時講清楚一個朝代，書中有很多好玩的段子。很多人讀著讀著，就會很渴望把那些

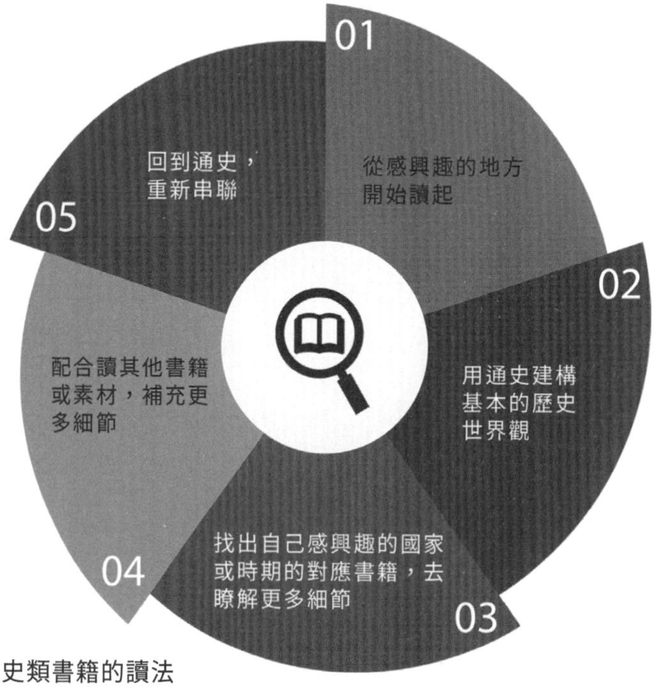
01
從感興趣的地方
開始讀起
02
用通史建構
基本的歷史
世界觀
03
找出自己感興趣的國家
或時期的對應書籍，去
瞭解更多細節
04
配合讀其他書籍
或素材，補充更
多細節
05
回到通史，
重新串聯

圖 4-6：歷史類書籍的讀法

零散的內容梳理出一個清晰的脈絡。

第二步：用通史建構基本的歷史世界觀

我最喜歡的是斯塔夫里阿諾斯的《全球通史：從史前史到二十一世紀》。人們很容易以自己的國家、自己所處的文化圈為中心來看世界，把自己當成主角——歷史學家也會受限於這種視角，不過斯塔夫里阿諾斯的全球史觀超越了這種視角。對於通史，我們最好熟讀。

第三步：找出自己感興趣的國家或時期的對應書籍，去瞭解更多細節

例如，假設讀了《全球通史：從史前史到二十一世紀》後對古羅馬感興趣，就可以找一本古羅馬的歷史書《羅馬人的故事》（ローマ人の物語）繼續看；讀了《中國通史》後對明朝感興趣，就可以找一本《萬曆十五年》來讀。不要只看一家之言，因為歷史是過去之事，哪怕是當下發生的新聞事件，都未必能完全接近真相，何況是久遠之事。不同人看待歷史的視角不同，看到的面貌也各異，就好比前排的觀眾和後排的觀眾

看到的舞臺劇也不一樣。歷史是人講的，每個人都會從自己的利益和立場出發重新建構和解釋現實，因此才有「歷史是任人打扮的小姑娘」的說法。

第四步：配合讀其他書籍或素材，補充更多細節

對於感興趣的人物，我們可以配合傳記來閱讀。比如讀了法國歷史之後對拿破崙感興趣，可以再讀埃米爾・路德維希（Emil Ludwig）的《拿破崙傳》（*Napoleon*）。一個人物就是一個時代的切片，我當時讀《萬曆十五年》時，就有很深的感觸。《萬曆十五年》這本書講的是明朝的政治、經濟、文化和軍事事宜，這個主題比較大，但是作者中國歷史學家黃仁宇選擇萬曆十五年這個特別的年份，又分別選了萬曆皇帝、首輔申時行、地方官員海瑞、將領戚繼光和哲學家李贄，從這些具有代表性的歷史人物切入。我讀時就覺得這種切入方式非常妙。

對於感興趣的歷史時期，還可以配合讀以這個歷史時期為背景的小說。例如，歐洲中世紀離現在很遙遠，我們很難理解有關的書，但是我讀了以中世紀為背景的英國小說《上帝之柱》（*The Pillars of the Earth*）後，閉上眼睛就能想像中世紀的人們如何生活。

此外還可以搭配紀錄片、電視劇來讀，甚至去博物館逛一逛、參觀遺跡。有時，只看書上的幾張插圖是不夠的，建議還可以去聽講座，現在網路資源非常豐富，可以聽到很多優秀人士的講說。

第五步：回到通史，重新串聯

經過第三步和第四步之後，我們瞭解了更多細節，這時可以再回到通史，將這些細節串聯起來，這時會發現好像在讀一本新書，又會有不同的體會。

保持開放心態，不要只讀單一書種

在本章我把書籍分為實用類書籍、哲學和社科類書籍、小說和歷史類書籍，分別針對不同種類的書籍，提出各自合適的建議讀法。除此之外，還有以下幾點想要補充。

第一，除了這些專門的讀法，我在前幾章所介紹的通用讀法也都適用於讀這些書。

第二，本章介紹了多數人經常讀的實用類書籍、哲學和社科類書籍、小說和歷史類書籍，但值得讀的書種不只有這些。其他許多不同類型的書，如：詩集、散文集、書信集等，甚至還有許多沒辦法被簡單歸入某一類的書，都有各自的妙處。

第三，從表面上看，書可以分為許多類型，其實書都是相通的，只不過所側重的局部細節不同。從表面上看，這些書是分開的，但在閱讀過程中，書和書總會相遇。分門別類只是方便找書，若因此有了門類之偏見，或孤立地讀，反而是一種阻礙。

第四，配合讀其他類型的書，常常會給我們意想不到的啟發。在本章我提到了《別想那隻大象》，在讀這本書的時候，我同時在讀唐伯虎的《桃花庵歌》，這兩個內容看起來完全不相關，一個是講美國民主黨如何和共和黨（大象）打輿論戰、爭奪話語權的論說性書籍，核心觀點是不要用對方不斷重複強調的關鍵詞，那樣只會啟動背後的隱喻和框架，從而強化了對方。而《桃花庵歌》是一首古詩，裡面那句「若將富貴比貧賤，一在平地一在天。若將貧賤比車馬，他得驅馳我得閒」和我今年的心境極為相符。

我把這兩個內容混在一起讀，竟然產生了一個非常重要的洞見。以前，當我想從充滿壓力和焦慮的生活中逃離時，我用「躺平」和「擺爛」來進行自我描述，《別想那隻大象》和《桃花庵歌》讓我恍然大悟，我不能用這兩個詞，因為這兩個詞是用追求世俗成功的那套價值觀標準所創造出來的，一使用這兩個詞就啟動和強化了世俗成功的那套價值觀，所以會令我產生愧疚感、犯錯感、自我貶低和自我矮化。

我的這種狀態並不是自棄，用中國復旦大學中文系教授梁永安的觀點來形容我的狀態特別合適：躺平成了年輕人的一種新追求，在新的理念下，他們覺得自己的生活不太合理，需要停一下，然後想一想自己的生活到底過得對不對。唐伯虎和陶淵明給當時的人們準備了一個精神家園，這個精神家園的名字叫「歸隱」或「田園」。使用這些詞彙時，我胸中盪起的是「但願老死花酒間，不願鞠躬車馬前」的閒適和瀟灑，而不是自我矮化。

我深感，要想表達自己的生活觀點，必須發明自己的話語體系。這個洞見，讓我對人生和生活的理解又深了一層，所以我非常推薦大家混讀書籍，常有驚喜。

第五，書只是眾多資訊管道和學習工具之一，它雖重要，但不是唯一的，我們還可以藉由閱歷見聞、實地走訪、課程、紀錄片、影視作品等多種方式學習。書，作為一個存放古今中外知識和文化的地方，不可被取代，但也有它的局限性。與形象生動的圖片和影片相比，書比較抽象枯燥。懂得學習的人會透過多個管道的配合，來達到最好的學習效果。

第六，我主張大家讀一些不同種類的書，是為了讓大家更好地理解和吸收，讓大家具備閱讀不同類型書籍的能力。很多讀者會進入一個誤區：想馬上讀到所有類型的書。其實不必如此，我們可以跟隨自己的興趣，慢慢擴大閱讀範圍。我只是希望透過這一章，告訴大家請保持開放的心態，不要關死某扇門，例如一定不讀某一類型的書。

Chapter 5

建立知識體系的能力

掃描QR code
看本章重點心智圖
快速掌握閱讀要領

為什麼要讀這一章？

什麼是知識體系？

在我的讀書訓練營，學完上一章的學員馬上會陷入新的茫然：「市面上有那麼多好書，我到底該從哪裡讀起？我讀不完怎麼辦？」莊子說：「吾生也有涯，而知也無涯。以有涯隨無涯，殆已。」意思是，我們的生命是有限的，而知識卻是無限的；用有限的生命去追求無限的知識，就會精疲力竭。閱讀的人，最終總得要解決這個核心矛盾，而我的解決方案是：建立一個為我所用的知識體系。

書讀到一定的階段，若想要達到更高的閱讀水準，基本上就得面對「知識體系」這一概念。什麼是知識體系？很多人把「知識體系」掛在嘴邊，卻解釋不清楚。知識體系是一個有機系統，而**所有的系統都有三個特徵：由若干要素組成、要素之間存在**

相互作用、整體具有特定的功能和目的。

「由若干要素組成」很好理解，只有單一要素是無法構成系統，而系統完不完整的關鍵就在於要素是否齊全，要素不齊、掛一漏萬，系統就是不完整的。這本書是我建立關於閱讀方法的知識體系，七章內容就是我為這個知識體系找到的七個要素：高效做讀書筆記的能力、獨立思考的能力、掌握閱讀速度的能力、閱讀不同種類書籍的能力、建立知識體系的能力、讓讀書有用的能力、長期持續穩定閱讀的能力。如果只講了如何讀得快，不講其他要素，那這本書就不能被稱為知識體系；如果只講了某幾個要素，漏掉了關鍵的要素，那這本書也不是完整的知識體系。

「要素之間存在相互作用」的意思是：這些要素不是彼此無關的一堆東西，它們互相聯繫、互相配合、互相影響、互有回饋，這樣的組合才是「系統」；反之，彼此無關的東西的組合只是「堆」。缺乏知識體系的人，他或許也知道很多知識和智慧，但那些知識和智慧都很零散和碎片化，就像磚頭一樣亂七八糟地堆放在一起；簡言之，這樣就算增加了知識，也不過是磚頭堆變大了而已。**缺乏知識體系的人其接收的知識和資訊愈多，腦子反而愈亂，人愈困惑；而有知識體系的人，面對像磚頭一樣的**

知識和智慧，會把磚頭蓋成一棟樓，這棟樓有層級和主次，每塊磚頭都各得其所。更厲害的人，是蓋完一棟大樓後又去蓋別棟大樓，他的知識體系是一座城市，每座建築都是一個知識板塊，都在自己的位置發揮自己的功能，這些建築彼此關聯和配合，使城市可以高效運轉。有知識體系的人，一旦增加了知識和智慧後，對世界和人生的思路會愈來愈清晰，對人和事的看法會愈來愈明確，能力也會愈來愈強。

「整體具有特定的功能和目的」最為關鍵，卻也最容易被忽視。人類的知識總量十分龐大，但這些知識並不全是對我們有用，功能和目的決定了哪些知識要被納入知識體系，哪些知識最關鍵，不同的知識板塊之間如何互相配合和共同作用，它們是統御知識體系的主腦。本書關於閱讀方法的知識體系，其功能和目的是「幫助讀者最大程度從閱讀獲益」，為此只要是對這個功能和目的有幫助的知識，都可以被納入知識體系。

功能和目的就像磁鐵一樣把相關內容吸進知識體系裡，它們是維持知識體系運轉的動力。一個正常的知識體系總會經歷從簡陋、不完整到複雜、精細、成熟的過程。有清晰的功能和目的的知識體系就像有機物一樣會長大，會為了實現更好的功能和目的貪婪地吸納一切新知，以完善自身；反之，沒有功能和目的的知識體系是缺乏內在驅動力的靜止物。

例如，一個人想要建立有關心理學的知識體系，但他沒有目的，於是逼迫自己複製和挪用現成的知識體系，如此他可能很快就會失去興趣和動力，這種「為了知識體系而知識體系」的嘗試多半都會以失敗告終。但如果一個人想在心理學裡找到如何才能活得幸福的答案，從這個目的出發吸納新知並建立知識體系，就會像種子般貪婪地吸收陽光、水和氧氣，最終長成參天大樹一樣。

讀到這裡，可能有讀者會想：「好複雜啊，算了吧，我為什麼非要有知識體系不可呢？」為此，以下就要說明「沒有知識體系會如何」的問題。很多讀者搞不懂這個問題，聽別人說有知識體系會更好，就想著自己也建立一個，但並未真正理解知識體系的意義，以致完全沒有迫切感。現在，就來看看缺少知識體系的短處吧！

一、沒有知識體系的人，在解決問題時總是「治標不治本」

我第一次深刻體會到這一點，是在我試圖提高個人效率的時候。在沒有建立起一個提高個人效率的知識體系之前，我得到一個建議就去嘗試一個建議，卻一直無法徹底解決問題。例如，我聽說要想提高效率，就要做好目標管理，於是我設定並分解目標，用年目標、週目標和日目標來管理生活。我的效率確實提高了一些，但總是無法長期堅持所計畫的事情。

後來我得知若要長期堅持某件事得養成習慣，而養成習慣需要有一套順應大腦偏好和工作原理的方法論。後來我確實養成了一些習慣，但還是經常做不完計畫好的事情。我又覺得自己的專注力差，開始嘗試各種可以提升專注力的方法，但我依然對自己的效率不滿意，總是感到疲累。於是我開始學習精力管理，但精力管理包括對體能、情緒和休息方式等方面的管理，如果我忽略了某個方面，還是會做不好。

這種「兵來將擋，水來土掩」的過程持續了數年之久。為什麼我一次次的嘗試都沒能徹底解決問題呢？道理很簡單，個人效率管理是個非常複雜的系統性工程，包括人生規劃、時間管理、精力管理、專注力管理、習慣管理和專案管理等，無法用單一、零散的知識解決複雜、系統的問題。也就是說，如果沒有知識體系，很容易「頭痛醫頭，腳痛醫腳」，其結果就是「治標不治本」。當個人效率管理的知識體系呈現在我眼前時，我猛然意識到，以前解決問題的方式，效率太低了。

此外，我更深刻體會到這一點是在我做讀書課程的時候。在我的讀書訓練營，學員會遇到各式各樣的閱讀問題，也零零散散地聽過許多閱讀方法，但始終沒有達到自己理想的閱讀狀態。這是因為閱讀效率低是由多種原因造成的，好比：如果只盯著閱讀速度而不注意理解吸收，容易浮光掠影、走馬看花；注意理解吸收卻不會深度思考，就不得其法；注意深度思考而不注意廣泛涉獵，容易狹隘淺薄；盯著單本書而不建立知識體系，認知升級就緩慢；廣泛涉獵而不注意學以致用，容易變成空有知識而無智慧的「兩腳書櫃」……。

我們在現實生活中遇到的問題，大都是系統化、複雜的，一件事的結果總是由若干要素共同決定。如果掛一漏萬，就無法真正找出問題、解決問題、拿到想要的結果。知識體系真正的意義是幫我們更好地成事。

二、缺乏知識體系容易看不清問題的本質，進而無法做出正確的選擇和行為

美國電影《教父》（*The Godfather*）中有一句經典臺詞：「花半秒鐘就看透事物

本質的人，和花一輩子都看不清事物本質的人，注定是截然不同的命運。」所謂「看清本質」，就是不僅能看清系統由多少要素構成，還能看清要素之間相互作用的規律。看清本質的人，能看到背後的結構，不會被表象、單一的事件所迷惑；能看到因果關係、動態趨勢和滯後效應，不會被一時的情形迷惑；能看到全局和整體，不會被自己的立場、視野、處境和核心利益蒙蔽，犯下主觀、片面的錯誤。反之，無法看清本質的人，看待問題就是比較主觀、片面、靜態和淺薄，容易人云亦云和反覆搖擺。

這種看清本質的能力不是與生俱來的，得靠清晰、縱橫交錯、深厚的知識體系來培養。看清問題的本質，不是為了炫耀深刻和聰明，而是為了讓自己有更好的選擇和行動。建立知識體系是為了獲得系統思考的能力，而之所以要獲得系統思考的能力，是為了具備分析和解決複雜問題，以及制定複雜決策的能力。

三、沒有知識體系的人，思考和表達十分混亂，行事沒有章法

這也是沒有知識體系的直接後果。當我們塞了很多碎片化的知識到腦袋，思考問題時就容易雜亂無章，表達混亂，行事沒有章法。以買房這件事為例，很多人買房容

易「踩雷」，因草率買房而後悔的人非常多；可能當時就是看房子蠻漂亮的、仲介介紹得很吸引人，或有其他親戚和朋友住在那裡就買了。如果有一套知識體系的支撐就不會如此。一旦建立了關於買房的知識體系，就會知道房子的價值是由城市、地段、交通、學區、生活機能和戶型等多個要素共同決定，同時知道這些要素不是孤立存在而是互相影響，並且知道該優先考慮哪些要素取決於當下和未來的生活目標，如此一來就會更審慎地做出決定。

四、沒有建立知識體系意識的人，學習沒有方向，愈學愈混亂和焦慮

一個有意識建立知識體系的人，每學一點東西都是在完善自己的知識體系，擴展自己的知識版圖，其可以把碎片化的知識整合到自己的知識體系裡，愈學愈有方向，愈學認知愈清晰。反之，沒有意識建立知識體系的人就像無頭蒼蠅一樣，不知道該學什麼，亦步亦趨，面對愈來愈龐雜的資訊，只會愈學愈混亂和焦慮。

建立知識體系的路線之爭

該如何建立知識體系呢？建立知識體系有多條路可走，為此，首先需要先解決路線問題。

「野生模式」和「高度規劃模式」

什麼是野生模式？什麼是高度規劃模式？我以逛超市來做比喻。我們去買東西有兩種模式：一種模式是不確定自己要買什麼，只是推著購物車閒逛，走走看看，慢慢才知道要買什麼，這是野生模式；另一種模式是非常清楚自己要買什麼，目的明確，列一張購物清單後到超市拿了東西就走，這是高度規劃模式。

高度規劃模式是以自己的目標和夢想來規劃書單並建立知識體系；野生模式則是跟

隨興趣規劃書單並建立知識體系。兩種模式各有優劣，野生模式散漫和相對被動，沒有固定的方向，也不為了任何特定的目的。我們慢慢閱讀也能建立一個知識體系，但缺點是效率低、進展慢。與此相對，高度規劃模式的優點是精準輸入、效率高，讀者讀得深，但缺點是目的性太強易導致讀者進入資訊繭房（information Cocoons），長期只看自己感興趣的東西，容易出現思維固化，甚至產生偏見。

我的**建議是把兩種模式結合起來**，平時可以去接觸各式各樣的東西（比如：電影、電視劇、文章和短影音等），從裡面挖掘書單，保持好奇心，用「閒逛偶遇＋順藤摸

01
野生模式
&
高度規劃模式
高度規劃模式是以自身目標和夢想來規劃書單並建立知識體系；野生模式則是跟隨興趣規劃書單並建立知識體系。
02
先廣
&
先深
先廣是指廣泛閱讀所有領域的書籍，目標是成爲通才；先深是指專注閱讀特定領域的書籍，目標是成爲專才。
03
以知識爲中心
&
以個人爲中心
把現成的知識體系挪到腦子裡，是以知識爲中心；反之，以個人爲中心則是以學習者的目標來選擇吸收什麼知識。

圖 5-1：建立知識體系的三種方式

瓜」的方式來選書、讀書。這樣做的好處是點會連成線，線會連成面，知識體系會慢慢長出來。接著，一旦在這個過程中發現了想要深入探究的方向，就馬上切換到高度規劃模式，有意識地去找目標中的的書來進行針對性的閱讀。

「先廣」和「先深」

胡適先生曾說，為學要如金字塔，要能廣大要能高。理想的知識體系是金字塔型，又廣又高；「廣」是指廣泛涉獵，「高」是指精通某個領域。所謂的「先廣」，是指廣泛閱讀所有領域的書籍，這種閱讀是水平型閱讀，最後會使我們變成通才；與此相對，所謂的「先深」，是指專注閱讀特定領域的書籍，這種閱讀是垂直型閱讀，最後會讓我們變成專才。

那麼到底應該「先廣」還是「先深」呢？這是建立知識體系時需要解決的一個非常重要的問題。我的觀點是：**應該盡快鎖定一個主題和領域，讓自己變得專業，自然就能觸類旁通。**胡適先生的建議也是：用專門學問做中心，從這個專門學問下手，再擴展到直接相關、間接相關、不很相關的各種學問。就我個人的經驗，剛開始讀書的人，最初都會經歷一個大量亂讀的時期，連魯迅先生都說：「無論是誰在生涯中，總有一個將書籍拚命亂讀的時期。但是我們不能永遠停留在那個時期」，魯迅先生接下來是這麼說的，「在初學者，亂讀之癖雖然頗有害，但既經修得一定專門的人，則關於那問題的亂讀，未必定是應加非議的事。因為他的思想，是有了系統的，所以即使漫讀著怎樣的書，那斷片的知識，便自然編入他的思想的系統裡，歸屬於有秩序的體系中。因為這樣的人，是隨地攝取著可以增加他知識的材料。」

很多人終生都停留在一個亂讀的時期，隨心所欲地讀書，既沒有章法又沒有體系，最終只能停留在一個比較低的閱讀水準。所以，我們一定要用建立知識體系的思維去選書和讀書，用建立知識體系的思維去制定閱讀計畫，甚至用建立知識體系的思維來整理自己的書架。

《高效能閱讀》（讀書 HACKS！）一書的作者原尻淳一，在大學時有很多想做的事，甚至不能確定研究的主題。老師就跟他說：「我知道你興趣廣泛，對許多事情都很在意，但是請下定決心鎖定一個主題。只要鼓起勇氣鎖定一個主題，就能形成思考的軸，有了這個軸，所有資訊都會隨之而來。許多學生都很心急，以為必須瞭解大量的知識才行，但實際上深入思考一件事的時候，是不得不同時思考其他很多事。這是因為人的生活本來就是綜合性的、整合性的。」這段話對我的影響非常深，並且在我的閱讀生涯裡不斷得到驗證。

大家在建立知識體系時，應該盡快在水平型閱讀中鎖定一個垂直方向，優先做該方向的垂直型閱讀，以建立自己的思考主場；靠垂直型閱讀的吸引效應，就能自然往水平方向擴展，擴張自己的知識地圖。

以我自己為例，「閱讀方法」看起來是一個極窄的方向，我最初以為我只需閱讀與「閱讀方法」有關的書即可研究透徹，於是我搜羅並閱讀了近百本相關書籍，可是我對找到的答案並不滿意，仍有許多閱讀困境像鞋裡的石子一樣卡著我。後來，我反而常常在表面上與「閱讀方法」毫不相關的書中，得到讓我恍然大悟的觀點。我發現我想要的答案是分散在各門各類的書籍，跨界閱讀和知識遷移是必要的。我在研究一個很窄的領域，可是它讓我有了一個思考的軸，這個軸就像一塊磁鐵，幫我把直接相關、間接相關、不很相關的東西通通吸引過來。無論是誰，有成為某個領域行家的野心，就會有建構知識體系的野心；有建構知識體系的野心，就會有閱讀的野心。

Google有一個七比二比一的投資基準比，是由Google前執行長艾立克・施密特（Eric Schmidt）所提出。Google將七十％的資金和時間用來維持現有服務，將二十％的資金和時間用來維持現有服務的周邊服務，將十％的資金和時間用來投資全新的未知領域。在分配垂直型閱讀和水平型閱讀的比例時，我們可以把七十％的時間、精力和金錢投入專業領域的書籍，把二十％的時間、精力和金錢投入與專業領域有關的周邊領域書籍，把十％的時間、精力和金錢投入未知領域的書籍。

「以知識為中心」和「以個人為中心」

建立知識體系還有一種常見的作法，就是透過學習，把現成的知識體系挪到自己的腦子裡，這叫「以知識為中心」。例如，每個學科（如心理學、社會學）都有一個自上而下和自下而上、層級分明的知識體系，我們可以直接把它們學過來。至於「以個人為中心」，則是以學習者的目標為中心，不拘泥是什麼樣的專業領域。

我的建議是：**如果不是為了考試而學習，一定要以個人為中心。**以個人為中心所建立的知識體系，可以解決兩個非常棘手的問題。

第一，是學海無涯而人生有涯的大矛盾。知識的總量那麼大，我們不可能掌握所有知識，面對浩如煙海的書籍，該從何讀起呢？最好的解決方法就是把個人的志向、理想和目標作為知識體系的核心——知識體系是為個人的志向、理想和目標服務。這相當於給我們畫了一個學習範圍，試想，一個想成為外交官的人，和一個想成為人工智慧技術專家的人，這兩人的知識體系怎麼可能是一樣的呢？這也是為什麼我們總是說讀書要先立志。第二，是讀書動機孱弱。如果一味挪用現成的知識框架，依樣畫葫蘆地建立知識體系，必然會學到一堆和自己無關的知識，如此就一定會失去學習興趣，後續學習動力也會不足。個人的志向、理想和目標就像發動機，從而讓我們的知識體系成為有機的系統，渴望吸納新知，讓我們產生強大的自主學習力。

當然，我並不完全否定以知識為中心的建立路線，當某個現成的知識體系是我們用得上，且其建立目標又和個人高度相關時，直接使用它的效率當然最高，但更多時候，如果完全沒有適合自己的現成知識體系，就需要客製化專屬於自己的知識體系。

建立知識體系的最快方式——主題式閱讀

如果一本書一本書慢慢讀，自然也可以弄出一個知識體系，但效率比較低。建立知識體系最高效的方式是主題式閱讀。前述的「高度規劃模式」、「先深」和「以個人為中心」的路線，主要就是透過主題式閱讀來達成。

「主題式閱讀」是一種高階閱讀技巧，概念來自莫提默．艾德勒和查理．范多倫合著的《如何閱讀一本書》。什麼是主題式閱讀？簡單來說，就是當我們對某個問題或某個領域感興趣時，藉由針對性地閱讀多本書來瞭解和學習。它的作法是：**選定一個主題，然後大量搜羅和閱讀各種類型的書，再將這些書中與主題相關的內容摘錄出來加以比照，有系統地閱讀和學習，最後進行資訊整合和綜合思考。**主題式閱讀是建立知識體系最快的方式，它可以幫助我們在短時間內精通單一領域。

為什麼要進行主題式閱讀呢？因為和一般閱讀相比，主題式閱讀有許多好處：

第一，每個人面對的問題都是具體、複雜、極其個人化的，很少有一本書能徹底解決我們的問題。我們需要的內容實際上分散在許多不同類型的書中，很多時候若沒有進行主題式閱讀，根本無法解決問題。不去做不同書籍、不同資訊源之間的串聯，輕信讀一本書、看一篇文章、上一門課就能徹底解決問題的人，要不大失所望，要不解決問題時「頭痛醫頭，腳痛醫腳」，分析問題時如盲人摸象，無法看清全局，以致最終變成愈學愈混亂和迷茫的低效學習者。

第二，一般閱讀是被動且低效的過程，很多人全憑運氣，拿到什麼讀什麼。反之，主題式閱讀是積極主動且高效的過程，我們動用最大的調查能力來網羅學習資料，從中篩選出最能幫助我們實現目標的資源。

第三，聚焦在一個主題進行閱讀，是全面且系統化的閱讀和學習，能夠形成真正的知識體系。很多人覺得在網路上得到的都是碎片化知識，而只要坐下來讀書就是系統化學習，但其實很多人坐下來讀書也僅僅是學幾個概念，找幾行金句，談一點感想，得到的也是碎片化知識。主題式閱讀則可以從根本上改變這種碎片化學習。

主題式閱讀雖然好，執行上卻有兩大困難點：第一，如何找到最能幫助自己的書籍和資源；第二，如何高效閱讀並吸收大量的書籍和資源。以下是我建議的主題式閱讀方法，該方法分為五步驟，可以幫助大家克服主題式閱讀的難點。

第一步：選定主題

「主題」就是我們感興趣的方向，每個我們感興趣的方向都可以延伸為一個閱讀主題，例如，從事商務談判的人，就可以讀一些與談判相關的書。讀一、兩本書可能無法建立知識體系，所以要聚焦在談判做主題式閱讀，以建構知識體系。有了這個知識體系做支撐，我們的成長速度會大幅快於那些沒有做主題式閱讀、只有一堆零散知識和經驗的人。

但很多時候我們無法一開始就確定某個「主題」，真正的主題可能藏在某個比較寬泛的主題中，隨著閱讀的深入才慢慢顯露出來。以精力管理為例，我剛開始並不知道什麼叫精力管理，只知道時間管理，但聚焦在時間管理做主題式閱讀的過程中，我發現自己真正的問題並非不知道怎麼安排時間，而是不知道怎麼管理自己的精力。隨著我對時間管理這個相對寬泛的主題的深入瞭解，真正的主題「精力管理」才顯露出來。

一、如何選定主題？

如果本身就有感興趣的主題，很好，但如果沒有特別感興趣的主題，該怎麼辦呢？這就回到一個常見的問題：我到底應該讀什麼書？面對這個問題，多數人的解決辦法是：向別人要書單，有的人還會出現強烈的慕強傾向，覺得讀優秀之人的書單後，就可以變得和他們一樣優秀。其實不然，這時最應該做的是回歸自己，瞭解自己要什麼，才能知道應該讀什麼書。其他人讀的書都是為了他們自己的人生目標，可以參考，卻不宜盲目追隨。為此在選定主題時，請自問以下幾個問題：

❶ 我想成為什麼樣的人？如果想成為一個非常自律、執行力非常強的人，不妨就以個人效率管理為主進行主題式閱讀；如果想成為一個非常擅長教育的家長，想培養出既優秀又健康快樂的孩子，則可以就這個目標進行主題式閱讀。

以想成為一個非常擅長教育的家長為例，這不表示隨便讀幾本育兒書就可以了。什麼是優秀？什麼是健康？如何才能真正快樂？這些都不是可以被簡單回答的問題。首先，我的主題書單裡有記錄大教育家孔子言行的《論語》，有對現代教育思想產生過重大影響的盧梭的《愛彌兒》、杜威的《民主主義與教育》（*Democracy and Education*），還有研究階層與教育之間關係的社會學經典《不平等的童年》（*Unequal Childhoods*）、《出身》（*Pedigree*）。我想知道我能給孩子什麼、不能給孩子什麼，資源的優勢和不足分別會給他帶來什麼影響。

其次，我的主題書單裡還會有《可汗學院的教育奇蹟》（*The One World Schoolhouse*）這種反思、批判並試圖顛覆學校教育的新思考和新探索，還有類似《減法的教育》這種資深的第一線教師的實踐經驗。我想知道學校教育的優勢和劣勢，想知道如何透過家庭教育補充學校教育，以充分保有孩子的求知欲和好奇心。其三，我的主題書單裡有類似李翔的《詳談：零零後》這樣的訪談書，藉由觀察大學畢業的大孩子來做一個以終為始的思考，以便啟發我當下的教育。最後，我也看有關未來發展趨勢的書，如人工智慧的發展，我關心現在的培養計畫所賦予孩子的能力，能否幫助他適應將來的世界。除此之外，心理學中關於原生家庭、性格養成、親子溝通和自信力培養等一系列的書籍，以及人生規劃、目標管理、時間管理、學習力和思考力等書籍，也和育兒目標有關。總之，**我們想成為什麼樣的人，就去讀能夠幫助我們成為這樣的人的書。**

❷ **我的人生目標是什麼？**這裡說的人生目標既是長期目標，也是短期目標。第一個自問是相對抽象的描述，而第二個自問則是具體的目標。例如，假設想成為知名影評人，就可以以電影藝術為題進行主題式閱讀。

我的人生目標之一是成為最會教別人讀書的讀書網紅，所以我長期聚焦在這個目標來做主題式閱讀並建立知識體系。從某種程度上說，我寫的這本書可以算作我的主題式閱讀的心得。制定目標不僅能幫助我們看清能力上限，引導我們關注行動和未來，還有資訊篩檢的作用，以免注意力被無關緊要的資訊占滿。**目標決定我們讀什麼書，不讀什麼書。**

❸ **目前我最需要的能力有哪些？**我剛開始接業配廣告時，心裡總是沒底，非常需要談判能力。於是我就以談判為題做了一個簡單的主題式閱讀，學習應該怎麼報價、學習別人討價還價時應該怎麼應對，才能既讓對方覺得自己贏了，又確保價格在自己可接受

的範圍內。

❹ 目前最困擾我的問題是什麼？其實很多時候，人沒有被逼到某種境地是不會做出改變的，所以有時被某件事情困擾，其實是件好事，這意味著改變的時機到了。有一段時間最困擾我的問題是：如何改掉做事情時總去玩手機的習慣？玩手機的時間占了工作和睡眠的時間，最糟糕的是，玩手機會打斷工作，每次被打斷後就很難重新進入工作狀態。

那時我的書架上剛好有一本《如何從習慣耍廢，到凡事事半功倍？》（新しい自分に生まれ変わる「やめる」習慣），我從書中學到了很多方法和原理。我以前想當然地覺得養成習慣只需要努力堅持，不需要學習什麼，但其實不然。如果不知道大腦工作和習慣養成的原理，就不太可能成功，所以我開始重視習慣養成，以習慣養成為題進行主題式閱讀來建立知識體系。慢慢地那些困擾我很久的問題，如玩手機、熬夜、無法花時間好好看書等毛病都獲得了解決。

孔子曰：「生而知之者，上也；學而知之者，次也；困而學之，又其次也；困而不學，民斯為下矣。」按照我的理解，「生而知之」是指因為天賦或成長環境而輕鬆擁有了一些優勢或能力，如天生對數字敏銳或擁有出色的社交能力；「學而知之」是指為了願景和目標主動學習；「困而學之」是指在實踐過程中被某個問題困住了，所以透過學習來克服阻礙、擺脫束縛。學習能讓我們避免陷入重蹈覆轍的惡性循環，我希望大家至少能做一個「困而學之者」。

總而言之，該選擇什麼主題來讀書，取決於自己的需求。要先瞭解自己，才能做出最好的選擇。接下來我要引入「閱讀的第一桶金」的概念，來幫助那些完全茫然的讀者。「閱讀的第一桶金」是指一個基礎的知識

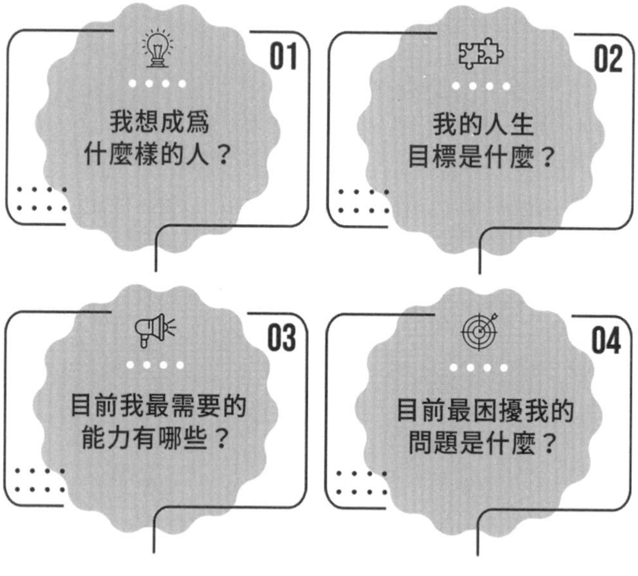
01
我想成爲
什麼樣的人？
02
我的人生
目標是什麼？
03
目前我最需要的
能力有哪些？
04
目前最困擾我的
問題是什麼？

圖 5-2：選定主題的四種切入點

體系，可能這個知識體系還比較簡陋、還不夠完善，但它能幫助我們建立更大的知識體系。

二、累積「閱讀的第一桶金」的五個入門方法

❶ 建立一個全學科的基礎知識框架：其實在國高中階段，我們差不多就有一個全學科的基礎知識框架了，可以以這個基礎知識框架為基礎，試著跳出教科書來閱讀。例如，可以讀文學書籍、歷史類書籍、地理類書籍等。一個非常好的辦法是逛圖書館，尤其是藏書非常豐富的圖書館。

我讀大學時的圖書館有十一層樓，每一層有一、兩個大分類，每個大分類裡又分了很多小分類。例如：歷史類閱覽室就把通史、中國歷史、外國歷史、國別史、不同時期的歷史和人物傳記等分得清清楚楚。我那時喜歡到處逛，這樣就有機會去接觸到不同學科和不同類別的書。四年下來，在找書和讀書的過程中，一個全學科的基礎知識框架就在我的腦海中形成了。

❷ 從大學專業出發，往其他學科延伸：我大學讀的是新聞系，第一份工作是在報社

當記者。做新聞，首先要瞭解社會，大學也有開設社會學的課程，我開始對社會學感興趣；做資訊傳播，要瞭解受眾的心理，於是我開始對心理學感興趣；做報導要寫作，我們也有文學課，我讀了很多中外名著；做採訪需要追問細節，需要批判性思維，所以我又開始接觸與批判性思維有關的書。

一個學科專業會有很多知識板塊，一個學科也肯定會和其他學科發生關聯，所以可以從自己的大學專業出發，向其他學科延伸。這個方法非常適合正在學習某項專業的學生和打算深耕某項專業的人。

❸ 從最感興趣的領域出發：我大學時有個朋友，她是主修漢語教學，但她對此興趣寥寥，卻對歷史十分感興趣。於是她從自己最感興趣的領域出發，累積「閱讀的第一桶金」，後來不滿足於基礎的知識體系，就跨

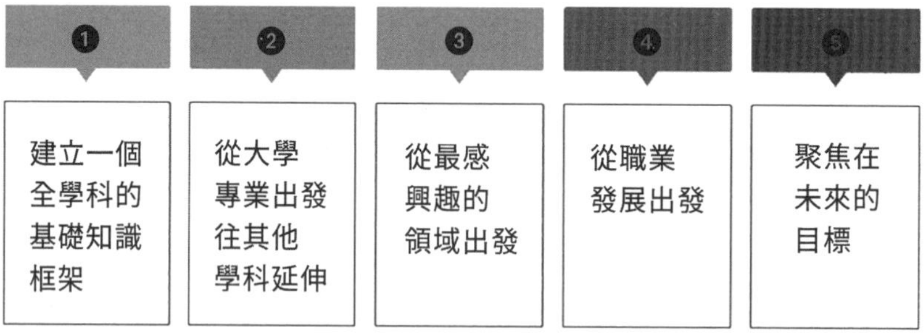

圖 5-3：累積「閱讀的第一桶金」的五個入門方法

領域考了歷史系的研究所，現在已經博士班畢業了。

從最感興趣的領域出發是最好的方式，因為興趣是最好的老師。這種興趣很私人、很難對人解釋，所以只要追隨自己的內心就行了。這個方法特別適合沒有什麼經濟壓力的人，畢竟有經濟壓力的人大都需要先把重心放在發展職業和增長財富。

❹ **從職業發展出發**：從職業發展出發累積「閱讀的第一桶金」，最重要的是累積能力，為此，首先要根據自己的職業，分析要成為優秀的人需要具備哪些能力。關於能力一般包括兩類：通用能力和專業能力。通用能力一般是指自我管理能力、溝通合作能力、學習能力、語言能力和思維能力等，也就是指各行各業都會用到的基礎能力。通用能力非常重要，但又特別容易被忽略。

大家可能覺得做自媒體最需要的是寫作能力，但其實一個自媒體要想做得久、做得好、走得遠，最需要的是自我管理能力。對自媒體來說，寫出一、兩篇好文章並不難，難的是持續且穩定輸出高品質的內容。要做到這一點，自媒體要做好目標管理、效率管理和精力管理。我曾經花了一整年的時間去提升自我效率，發現效率雖然是一個很基礎的概念，可是它非常重要，大多數時候我拚不過別人，不是因為寫作能力不如人，而是因為自我管理出了問題。例如，我無法長期穩定保持在一個好的狀態，我經常會失去動力，感到疲憊，熬夜玩手機，或者會在寫完一篇文章後花好幾天的時間來放鬆。不同行業所側重的通用能力不一樣，如果你是一名銷售人員，溝通合作能力就很重要；如果你是一名研究員，學習能力就很重要。

至於專業能力，可以根據工作流程和工作職責來梳理。以記者這個職業為例，工作流程包括選題、採訪和寫新聞稿。選題需要新聞敏銳度、判斷新聞價值的能力、搜尋新聞線索的能力和新聞策劃能力；採訪需要社交能力、溝通能力、批判性思考的能力和提問能力；寫新聞稿需要快速寫作的能力。大家要記住，每一種能力背後都有一個知識體系，而只要掌握這個知識體系就能把工作做得更好。

從職業發展出發所累積的「閱讀的第一桶金」，都是非常實用的知識，所以還要建立「學習—實踐—再學習—再實踐」的循環。

❺ **聚焦在未來的目標**：如果既不喜歡自己大學的科系，又不喜歡目前的工作，怎麼辦？那可以以自己的未來目標為主，累積「閱讀的第一桶金」。未來三到五年的目標是什麼？你最重要的生活目標是什麼？實現目標需要哪些知識和能力？什麼書可以幫助你

更快達成目標？

可能有人會說：「我不知道我的目標是什麼。」那麼，**找到自己的人生目標，不就是你的目標嗎？**你可以讀一些職業規劃、生活方式研究和傳記類的書，看看別人是如何找到人生目標。如果你什麼都不做，就期待某一刻突然找到人生目標，這種結果幾乎可說是微乎其微；就像你不去認識人，不去社交，就想找到理想伴侶的可能性也一樣小。想成為什麼樣的人，就去讀與之相關的書；如果你不知道要成為什麼樣的人，就去讀能幫你找到答案的書。

以上五個方向都是常見的累積「閱讀的第一桶金」的入門方向，我們可以根據自己的成長階段和當下的狀況彈性選擇。任何成長都可以被設計，有目的的閱讀歸根結底是有目的的生活。當我們找到自己的人生方向和想要探究的人生大問題時，也就等於找到自己的閱讀方向了。

第二步：海選書籍

主題式閱讀的第一個困難，是如何找到能最大程度幫助我們的書籍和資源。我的策略是先海選，得到一份實驗性的書單。在海選書籍這一步，目標是找到與主題相關的書，選書的唯一標準就是與主題相關。如何海選書籍？我推薦以下六種方式：

一、使用豆瓣讀書

豆瓣讀書有兩種搜尋方式，一種是書名搜尋，另一種是標籤搜尋。可以先用書名搜尋，輸入主題關鍵字，如「精力管理」，搜到的書通常和主題高度相關。但也有一種情況是，相關主題的書籍中其書名沒有主題關鍵字，比如只搜尋「精力管理」，可能搜不到《增強你的意志力》（*Willpower: Rediscovering the Greatest Human Strength*）這本書，但其實意志力的原理和使用技巧，是精力管理中非常重要的一部分。這時就可以用豆瓣讀書的標籤搜尋，路徑是「豆瓣讀書—所有熱門標籤—標籤直達」。標籤搜尋的好處是只要某本書的內容和主題相關，即使這本書的書名裡沒有主題關鍵字，也可以搜到它。

我們搜尋了相關標籤後，豆瓣讀書頁面的右側還會出現該主題最近受關注的書，這些書通常也是我們需要的。點開單書的主頁後，系統會以演算法推薦喜歡該書的人也喜歡什麼其他的書。這個推薦書單本身就是一個主題書單，可以直接拿來用。在使用「豆瓣讀書」海選書籍的過程中，我們可以把書名搜尋、標籤搜尋和推薦書單結合起來使用（編按：博客來、MOMO、誠品線上和讀冊等網路書店，都有上述搜尋功能，讀者可依照自行需求尋找合適的網站選書）。

二、使用網路書店

網路書店不僅包括京東、當當（編按：以上為中國網路書店）、亞馬遜，還包括多抓魚、孔夫子舊書網等二手書網站（編按：以上為中國網路書店，臺灣讀者建議可使用博客來、MOMO、誠品線上或讀冊等）。我們不僅可以使用新書網站的自動推薦功能海選書籍，還可以透過二手書網站搜尋一些絕版書。

三、使用圖書館

當閱讀主題（如歷史、哲學和法國文學）比較寬泛時，使用圖書館找書非常方便。圖書館的書都是被分門別類放好的，且一般都經過挑選，尤其是大學圖書館的書，本身就有一定的品質保證。另外，利用圖書館找書還可以直接翻閱，更方便我們挑書。

四、使用綜合電子書平臺

微信讀書這幾年已經成為我最重要的找書管道，它有四個無可取代的優點。第一，可以直接試讀，當一本書有多個翻譯版本時，可以透過試讀來進行對比；第二，它支援全文檢索搜尋，也就是說，就算主題關鍵字不出現在書名上，就算某本書只有一、兩個章節和主題有關，也可以搜到這本書；第三，它支援作者搜尋，當我們搜尋一個作者的名字，或點開一本書的作者名字，可以直接得到該作者的著作清單；第四，它支援書單搜尋，當我們搜尋一本書時，可以得到大量的包含這本書的書單。

但是，透過以上四種方式找到的書，經常數量龐大且良莠不齊。有沒有能更快找到相同主題且品質又好的方式呢？

五、以書找書

以書找書應該是大家都用過的方式，即找一本好書中引用的書或一個好作者引用的書，被好書或好作者引用的書一般都不會太差。那麼，如何有效地以書找書呢？

第一，先讀某個領域的歷史和概論，找到該領域的奠基人和奠基作品，再找出那些提供原創視角、真正為某個領域添磚加瓦、舉足輕重的作者和書籍。例如，讀中國復旦大學包剛升教授的《政治學通識》，就可以得到一份非常完整的政治學書單。

第二，可以留意一本書的參考文獻。參

❶先讀某個領域的歷史和概論，找到該領域的奠基人和奠基作品。
❷看書末的參考文獻。可以據此整理出一份主題式閱讀的書單。
❸透過一本好書找出相同主題的其他好書。
❹讀完一本覺得不錯的書之後，可以找該作者的其他著作來讀。

圖 5-4：如何以書找書？

考文獻包括作者寫書時所參考的書籍，可以據此整理出一份主題式閱讀的書單。

第三，可以透過一本好書找出相同主題的其他好書。當我們知道了某個主題下的一本好書時，就可以去豆瓣讀書，以及當當、京東、亞馬遜等網站搜尋這本書，藉由網站中「喜歡讀這本書的人，也喜歡……」或「買了這本書的人還買了……」等功能，或在這本書的評論區中找到相同主題的其他好書。

第四，可以從讀一本書到讀一個作者的全集。當我們讀完一本書覺得非常有收穫時，可以順藤摸瓜讀這本書的作者全集。尤其是在某個領域有建樹的作者，通常一生都關注在一個「大問題」進行研究。例如，正向心理學之父塞利格曼除了早期研究習得性無助，之後一直在研究如何才能活得更幸福，無論我們從他的哪一本書讀起，都可以順藤摸瓜地把《學習樂觀．樂觀學習》（*Learned Optimism*）、《改變》（*What You Can Change and What You Can't*）、《真實的快樂》（*Authentic HAppiness*）、《持續的幸福》、《一生受用的快樂技巧》（*The Optimistic Child*）、《塞利格曼自傳》（*The Hope Circuit*）一起讀了。

當我們讀通這個作者的全集之後，就可以對某個主題有相對深入的瞭解。在此我想補充一點，在某個領域有建樹的作者通常也是被高度引用的作者，我們可以透過微信讀書的全文檢索搜尋功能搜尋作者的名字，進而搜尋同主題的書。例如，《影響力》（*Influence*）的作者羅伯特·席爾迪尼（Robert B. Cialdini），在影響和說服別人這個小分類領域非常有建樹，同主題的書大都有引用他的結論，我就在微信讀書中透過搜尋他的名字找到了許多相同主題的書。

第五，可以從讀一本書到讀一套叢書。除了跟著作者讀，還可以跟著編輯讀，例如我在讀《愛彌兒》時，該書附錄有編輯特別收入的三十八本教育學名著書單。

六、找幾個「閱讀導遊」

能當「閱讀導遊」的是那些精於讀書、閱讀量大、閱讀面廣、理解能力強、擁有閱讀鑑賞力和挑選好書眼光的資深讀者。他們對我們來說有點像「採購」，替我們挑選好東西。「閱讀導遊」可以是我們的師長、朋友、喜歡的讀書網紅、欣賞的人、讀書社群的書友等。如果接觸不到「閱讀導遊」，也可以看「閱讀導遊書」。例如，羅振宇的《閱讀的方法》中穿插了一百六十多本書的細節和片段；池宇峰的《書的全景》中導讀了生理、心理、宗教、哲學、科學、技術、歷史文化、社會變遷、政治、戰爭、教育和經濟等十七個領域的經典著作，這兩本書都是典型的「閱讀導遊書」。在進行主題式閱讀時，可以把專精於該主題的人當作「閱讀導遊」；把專精於該主題的人所寫的書或所推薦的書當作「閱讀導遊書」。

這些找書方式，不僅適用於主題式閱讀，任何時候它們都可以從茫茫書海中幫我們找到最需要的書。我希望看過這本書的讀者，以後都不要再做跪求書單的「伸手黨」。每個人的人生目標、生活經歷、成長階段、當前處境、理解水準、興趣點和關注點都不同，所以閱讀方向和閱讀需求一定也是不同的。

現成的書單就像別人的鞋，大部分的時候都不合腳，被動等待別人賜給自己一份書單是行不通的。**所謂的讀書，從來都不只是讀書而已，找書和選書也是非常重要的一環。**

第三步：篩選書單

透過以上六種方式，找到三十至五十本的相關書籍並不難，接著可以列出一份實驗性的書單。但是這些書的品質良莠不齊，不值得全部都讀。這個部分，我的策略是把海選書單分為精讀書單、速讀書單和淘汰書單三類。

分類方法是「檢視閱讀」。所謂的「檢視閱讀」就是看書名、封面封底的簡介、序言和前言、目錄、作者簡介，選一個與主題最相關的章節試讀，這麼做的目的是審視一本書是否和主題高度相關，以及這本書寫得如何、值不值得讀。這個過程不用購買紙本書，可以透過網路書店的介紹、試讀等就可以完成了。

淘汰什麼書？

什麼書應該被淘汰呢？我認為是和主題無關、一看就覺得寫得不怎麼好的「爛書」。什麼書是爛書？對於論述類書籍，我會看三個方面，首先，看這本書是否有顯而易見的錯誤和局限性；其次，看這本書是否有創見，是否能給我新知，如果都是老生常談的內容，我就會覺得平庸；最後，看它是否有成熟和清晰的邏輯結構和體系，如果沒有體系且邏輯結構混亂，就表示作者在某個領域或許還不夠精通。只要這本書有個方面不符合我的期待，我就會判定它不值得花時間讀。對於虛構的文學類書籍，我主要看它能否給我一種比較真實的體驗，以及能否讓我領悟出有價值的生活隱喻。

至於什麼書是好書？第一，某個主題下認可度高的經典著作，這些書會被反覆引用、反覆修訂，經常出現在各類推薦書單。第二，經典教科書，這些書的論述嚴謹可靠、知識體系完整，它們也會被反覆修訂，不斷吸收新的學術成果。第三，豆瓣評分人數多且評分超過八分、微信讀書點評人數多且推薦值超過八十%的書，不過也要注意評分人數少可能導致分數虛高，評分人數過少時的評分參考價值不大（編按：如博客來等其他臺灣網路書店，也有星等、按讚數和書評等，讀者可依自身需求參照）。第四，進入權威暢銷書榜單如《紐約時報》暢銷書榜單、豆瓣年度讀書榜單等的書，獲得權威圖書獎項如諾貝爾文學獎、雨果獎和星雲獎的書。榜單和獲獎名單可以幫助我們網羅一些視野範圍之外的好書。讀獲獎作品也是快速提升閱讀品味的好方法。

但以上判斷標準只能作為參考，還是要靠自己多讀書才能判斷一本書是好是壞，也才能慢慢形成一種選書的「手感」，在這個過程中讀一些爛書是不可避免的。事實上，百分之百的好書並不多，大部分的書都介於好書和爛書之間的某個位置，所以，一本不能被稱為「經典好書」的書也未必就一無是處，它一樣可以在我們成長的過程中教會我們一些重要的事。

一般來說，我對書是比較寬容的，這也是為什麼我一直不願意把自己寫的閱讀心得稱為「書評」，因為我本人對評論一本書的好壞興趣寥寥，我的閱讀心得統統都是在歸納整理自身的收穫。比起評論某本書的好壞，我更關心自己能從這本書學到什麼，這才是有建設性的事情。

對於淘汰什麼書這個問題，我的基本原則是挑好書，剔除爛書；挑和主題高度相關的書，剔除和主題不很相關的書，這樣做能幫我們把書目簡化到一個合理的範圍內。

精選什麼書？

在剩下的書中，還需要確定一份包含三至五本的重點書精讀書單。對於同一個主題，通常八十％的精華都在二十％的書裡，有的書一本抵得過許多本，精讀書單應該是我們能找到的這個主題下最好的書。我們要把有限的時間和精力，分配給對我們幫助更大的書。主題式閱讀的優勢就是可以讓我們快速入門，快速成為一個領域的初級專家，但我們到底是進入核心地帶？還是連門把都摸不到？**選書是否得當是關鍵，**所以不能隨意挑選精讀書單，每一本書都要有獨特的作用，它們要能夠互相配合，要有一加一大於二的效果。以下，介紹三個方法來幫助大家精選書籍。

第一個方法，是來自史蒂芬．科特勒（Steven Kotler）的《不可能的任務》（*The Art of Impossible*）：如何在短時間內成為一個行業的入門專家？科特勒提出一個**透過五本書「擊穿」一個領域的讀書法。**第一本書，是我們能找到的在這個領域下最受歡迎的書，這本書的功能是幫我們找到樂趣；第二本書是同樣很受歡迎，但通常更專業、與主題相關性更強的書，這本書的功能是幫我們喚起興奮感；第三本書是半專業的書，仍然有趣且可讀性強，但可能略有難度，包含一些專業人士才能看懂的細節，這本書的功能是提供我們更廣闊的視野和更宏觀的視角的資訊；第四本書是真正深奧的專業書，關注該領域真正的專家正在思考的問題、該領域目標的最新進展及該領域有關人員正在研究的基本理念；第五本書的功能是幫我們瞭解該領域的未來，包括該領域的發展方向和節奏，提供我們最新的資訊。

以心理學為例，第一本書是類似《蛤蟆先生去看心理師》（*Counselling for Toads: A Psychological Adventure*）這樣既受歡迎又好讀的故事書；第二本書是類似《被討厭的勇氣》這樣雖然有很多的專業詞彙，但依然有趣且易懂的大眾讀本；第三本書是類似《就這樣讀懂心理學》的心理學通識讀本，它既涵蓋心理學的基本主題，提供完整的知識框架，有大量的專業詞彙，也透過活潑的語言和插圖、連結日常生活等方式來降低理解門檻；第四本書是類似《自卑與超越》（*What Life Should Mean to You*）這樣由心理學家寫的專著；第五本書是類似葉浩生主編的《心理學通史》這樣關注心理學新發展的書。這種思路是由淺入深、由有趣到枯燥、由業餘到專業、由現有成果到未來趨勢，是個循序漸進的過程。

第二個方法，是來自李源的《給大忙人的高效閱讀課》，他認為想要快速進入一個新的知識領域，**不要選書，而是要選作者，**且只讀三種人的書即可，這三種人**分別是開宗立派的「開創者」，打破界限的「分歧者」，總結歸納、集大成的「綜合者」。**

這個方法從不同的觀點出發，讓主題式閱讀有了更豐富的思考角度，以及更充分的認知複雜度。例如，我們以「什麼是正義」為主題來閱讀，讀完約翰．羅爾斯（John Rawls）的《作為公平的正義》（*Justice as Fairness: a restatement*），如果不讀羅爾斯的反對者、提出一種不同的正義理論的諾齊克（Robert Nozick）的《無政府、國家與烏托邦》（*Anarchy, State, and Utopia*），我們的書單就不完整。而對於總結歸納、集大成的「綜合者」的書，可以找相關領域的通識、概論和經典教材。

第三個方法是我自己常用、**從多視角精選圖書的思路**。我第一次做主題式閱讀是在十年前，當時我發現自己對日本這個國家極不瞭解，所以決定以「瞭解日本」為題進行主題式閱讀。我選了戴季陶的《日本論》、白岩松的《岩松看日本》，又選了《菊與刀》（*The Chrysanthemun and The Sword*），瞭解西方人眼中的日本；在歷史方面搭配紀錄片選了《日本簡史》，瞭解日本的起源和皇室幕府更迭。在文學方面選了日本有名的古典名著《源氏物語》，還選了一些能瞭解日本人日常所思所想、民間文化的散文。

在這個以「瞭解日本」為題的主題式閱讀中，我的書單涵蓋了社會學、歷史和文學等不同類別的書。雖然這是一次不太成熟的嘗試，但多視角看待問題之於我增加思考深度和認知複雜度，都有極大的幫助。

第四步：分別進行精讀和速讀

確定精讀書單之後，只需速讀剩下的書，而剩下的書可以組成速讀書單，對精讀書單進行補充。

如果速讀時發現需要精讀某本書，也可以把該書升級到精讀書單。一般來說，需要三至五本精讀書籍，五至十本速讀書籍，但這個數量不是固定不變的，取決於主題的範圍和想要研究的深度，所以從三、五本到幾十本、數百本都有可能。其實，也未必一下子就能找到這些書並一口氣讀完，好比以人生「大問題」和「大目標」為題的主題式閱讀往往要花上許多年，甚至持續終生，過程中書目也會不斷得到補充和完善。有時，甚至需要對某主題有一定的瞭解後，才能更精準地找到最能幫助我們的那些書，換言之，走點彎路是不可避免的。

在之前的章節裡已經詳細介紹過精讀和速讀的方法了，在這裡它們終於要發揮出最大的威力了。**對於主題式閱讀，我推薦的閱讀順序是先精讀後速讀，**因為精讀過三至五本這個主題之下能找到的最好的書，就對這個主題有了一個總體的把握，而以此為基礎，即可透過速讀更快掌握其他書。

第五步：做讀書筆記

進行主題式閱讀時，也需要做三種層次讀書筆記。分別如下：

第一層：做單本書的筆記。做單書筆記時，就是直接用第一章所講的九合一萬能讀書筆記、心智圖筆記和閱讀心得。

第二層：用目錄矩陣表做橫向串聯和比較。如果我們一本書一本書地讀，一本書一本書地做筆記，筆記就是各自為政。當主題式閱讀的書目達到十幾本、幾十本之後，要想做書與書之間的串聯和橫向比較就困難多了。那麼，如何才能把一堆書當成一個整體來讀呢？如何在多本書之間穿梭自如呢？如何不被某一本書束縛，達成一次大量吸收呢？

我在《自學大全》（独学大全）裡找到一種非常好用的方法：目錄矩陣表。我們可以透過目錄矩陣表來進行速讀。具體作法是：把主題書單中每一本書的目錄和內文標題，按照章節順序填寫到圖5-5中。只看目錄和內文標題可能無法得知其中的內容，所以還可以摘錄關鍵字和章節概要，此外，通常我還會記錄每本書的亮點、特色內容和新知。有了這張表，我們一下子就能看清楚哪些內容是相同主題書籍共有的、哪些內容是某本書獨有的；如果遇到不明白的知識點，還能看看另一本書的講解是否更簡單；當不同的作者有不同的觀點時，也更容易進行整理比較，從而形成自己的思考；當一本書的論述不完整時，也可以找其他書做補充。

以「如何做主題式閱讀」為例，《如何閱讀一本書》是「主題式閱讀」這個概念的開創者，它幫助我理解主題式閱讀這個高階閱讀技巧，但書中所介紹的步驟有點抽象，讀者不好理解，沒辦法直接操作；《給大忙人的高效閱讀課》講到要瞭解一個領域，讀者可以分別讀開創者、分歧者和綜合者的書，這個方法讓我耳目一新，但這個方法需要比較深厚的學養，並不適合零基礎的讀者建立知識體系，於是我將其吸

書目	第一章	第二章	第三章	第四章	第五章
第一本書	●●●●	●●●●●●	●●●●●●●●	●●●●	●●●●●
第二本書					
第三本書					

圖 5-5：目錄矩陣表

收為一種選書的思路；《自學大全》對主題式閱讀的步驟講得不夠清楚，但可以完美解決如何串聯大量書籍，如何做橫向閱讀的問題……。我看過十幾個版本的有關「如何做主題式閱讀」的闡述，又透過歸納整理閱讀收穫、進行讀書實驗、收集學員的回饋和深度思考，最終才得出大家看到的步驟。目錄矩陣表是幫助我們高效進行橫向閱讀的「神器」。

第三層：輸出書或課程。我們進行大量和精準的輸入，不是為了囤積知識，而是為了創造自己的知識體系和認知框架。如果我們做主題式閱讀時只是一本書一本書地讀，沒有進行整體的吸收，同樣無法形成知識體系，這種主題式閱讀是空有其表的。

如何建立自己的知識體系和認知框架呢？其實很簡單，就是整理問題和答案。說穿了，所謂的「主題式閱讀」就是根據自己的閱讀目的，梳理出有關這個主題的一系列核心問題，然後找一堆優秀的智囊團（也就是各路作者及他們寫的書）來徵求高品質的見解和解決方案。根據他們提供的答案，結合自己的實踐和思考，得出一套系統的答案，最終達成我們的目的。經過這種內化後，知識就不僅是知識，還是我們的思考模式、行為準則和做事方法，變成了我們的一部分。

主題式閱讀第三種層次的讀書筆記，就是書或課程。當我們把問題和答案整理清楚了，面對有類似問題的人，可以用幫助過自己的東西去幫助別人。這時可能會有人說：「我又沒有能力出書，我又沒有能力開發課程。」無論大家能不能成功出書或開發課程，我都建議大家努力把讀書筆記產品化，「假裝」你正準備出版一本書或開發一門課程，如此可以大幅提升主題式閱讀的內化程度。

和走馬觀花的主題式閱讀相比，把讀書筆記產品化，輸出書或課程，這種知識體系的扎實性、認知深度和解決問題的能力是不可同日而語的。

建立知識體系非一日之功

建立知識體系，非一朝一夕之功、非一年兩年之功，而是日積月累之功。最後我對主題式閱讀還有一個建議，我建議大家在每年年末，定下隔年的關鍵字，即第二年最想要解決的問題，然後第二年就以這個關鍵字為題進行主題式閱讀。如果每年能把一個主題讀透，不要貪多，其實就夠了。聚焦才更容易突破，當然，這不表示這一年我們就不讀這個主題以外的書了，而是把這個主題作為年度閱讀的主線。

我之前說過，我們要把閱讀和人生、生活、目標結合起來，把主題式閱讀和年度目標結合起來就是一種很好的落實方式。

寫到這一章時，我有一種百川歸海的痛快感，因為前面四章所介紹的能力，都可以運用在本章。

Chapter 6

讓讀書有用的能力

掃描QR code
看本章重點心智圖
快速掌握閱讀要領

為什麼要讀這一章？

讀書變現不是讀書的唯一功用

在社會中，時不時會聽到「讀書無用論」的聲音。關於讀書無用論，我一直覺得不該問「讀書有沒有用」——這不是一個有建設性的問題，而是應該問「怎麼讀書，才能使其有用」、「怎麼讀書，才能從中獲得最大的好處」，這才是有建設性的問題。

我一直強調，所謂的閱讀能力不只有記憶和理解能力，而是需要本書介紹的七大能力，其中非常重要的就是讓讀書有用的能力。這是我在本章想要傳達的重要觀點：讓讀書有用是一種能力。這種能力愈強的人，其閱讀的投入—產出比愈高，同時這種能力最強的人，每讀完一本書，就會上一個臺階，甚至開啟人生的新階段，與原來的自己判若兩人。

本章主要會談兩個主題：（一）如何讓讀書這件事情發揮最大作用；以及（二）讀書變現金字塔。關於這一章，主要是寫給有以下困擾的讀者：一直在讀書，閱讀量也不小，卻感覺不到進步和成長；一直愛讀書，閱讀能力不弱，但對讀書變現感興趣卻不得其門而入。

我們為什麼要讀書？

在回答如何讓讀書發揮出最大作用之前，必須先思考一個問題：「我們為什麼要讀書？」而這個問題經常會以另外一種表述出現：「讀書有什麼意義？」

這是一個大哉問，無法一次就回答清楚，而是一個值得我們反覆思考和反覆回答的好問題。我們可以把它帶上人生的道路，隨著生活深度、閱讀深度和認知深度不斷加深，對於這個問題的答案也會不斷豐富。當然，每個人的答案也不盡相同，對我來說，之所以要讀書，是因為讀書有以下五大幫助。

一、幫助我們跨越現實和夢想的鴻溝

誠如在上一章提到的，我認為讀書是為了達成人生的目標和夢想。現實與夢想之間，肯定有巨大的鴻溝；如果兩者距離很近，很有可能是因為目標太小，還不能被稱為夢想。讀書的意義，就是幫我們跨越現實和夢想的鴻溝。書籍是最容易取得、最便宜、最豐富的成長資源，只要善用它，其助力沒有上限。書籍中沉澱了古今中外全人類的智慧，而閱讀讓我們可以使用這個智慧庫，吸收養分，將其轉化為現實世界的競爭力，把自己養得強大，讓自己不斷接近目標。

我的夢想是成為小說家。雖然我已經全職寫作九年了，但在寫小說方面我還是個新手，我不知道從何開始。這個時候我讀了兩本書，而這兩本書讓我有勇氣下筆，也讓我知道應該怎麼著手。第一本書是《如何寫砸一本小說》（*How Not to Write a Novel*），本書有兩位作者，一位作者是長期接受小說投稿的編輯，另一位作者則是既寫小說也教小說創作的教授；這本書的副書名是：「用他人的錯誤為你的創作鋪路，手把手教你避開兩百種創作誤區」。

關於這本書，我的閱讀動機是：（一）全面系統性的瞭解一下如何寫砸小說；（二）「小說夢」永不熄滅，不寫無法坦然面對死亡。讀完這本書我最大的收穫就是，全面瞭解了寫一本小說需要同時考慮哪些要素，比如：如何組合角色數量和事件數量、如何處理對話、如何處理故事背景、如何選擇敘事立場等。我好像獲得了一個小型、關於小說創作的知識體系，至少我知道自己需要朝哪個方向努力了。

第二本書是《小說的骨架》（*Outlining Your Novel*），在讀這本書之前，我不知道作者是如何把一個想法變成一本幾十萬、幾百萬字的小說；我不知道他們如何構思角色、安排情節、推動故事，而讀完這本書之後讓我看到了小說的整個創作流程，原來它有一套可實際操作、可上手的方法。

當然，這兩本書無法賦予我實現夢想的所有能力，我還需要像村上春樹在《身為職業小說家》（職業としての小說家）中說的那樣：「尤其是青年時期，應該盡可能地多讀書。優秀的小說也罷，不怎麼優秀的小說也罷，甚至是極爛的小說也罷，都（絲毫）不成問題，總之多多益善，要一本本地讀下去。讓身體穿過更多的故事，邂逅大量的好文章，偶然也邂逅一些不太好的文章，這才是至關重要的」，但這兩本書讓我離那個現在看起來還挺遙遠的夢想，又靠近了一小步。我非常喜歡郝明義說過的一句話：「閱讀，存在各種理由和意義，其中最動人，意義也最大的，還是閱讀和理想或夢想結合的時候。」有時候是因為無意中讀了一本書，讓我們看到未來的一種迷人的可能性，開啟了我們對一個夢想的接觸、認知，從此對人生有了不同的想像、期待及規劃；有時候是因為我們對人生有了新的夢想或理想，為了往那個目標前行，從此我們對閱讀有了不同的想像、期待和規劃。**我們透過閱讀來積蓄力量，獲得知識、能力和勇氣，去做我們之前做不到的事。**

二、提升對世界、人生、他人和自我的理解

《不平等的童年》是一本非常有名的社會學著作，它藉由比較中產階層、工人階層和貧困階層對孩子的教育方式，來研究什麼樣家庭的孩子會表現出不安的「局促感」，什麼樣家庭的孩子會呈現出從容不迫的「自在感」，以及家庭教育如何塑造出這兩種氣質。我們能想到的，之所以表現出局促不安的最淺層原因是貧窮，貧窮會帶來局促和自卑感，但其實金錢只是其中一個影響因素。這本書的篇幅很長，講了許多因素，我只挑兩個因素來介紹。

第一個因素，是家長和孩子的溝通方式。中產階層的父母會把孩子放在平等的位置

進行交流，鼓勵他們自我表達、參與討論、提出疑問，在這個過程中有意識地培養孩子的表達能力和思考能力。即便家長發出指令，哪怕是很小的事情，也會給孩子大量充足的解釋。中產階層的孩子在這種溝通環境中成長，會更加自信和從容，他們覺得自己有資格捍衛自己的某種偏好，覺得自己的想法是重要且有價值的，所以如果遭遇了不公正的對待，他們就會為自己挺身而出。反之，貧困階層和工人階層的家長習慣居高臨下，發出簡短清晰的指令，很少解釋，只希望孩子可以快速且尊敬地順從他們。

第二個因素，是中產階層的家庭非常重視給孩子提供學校教育之外的補充教育。中產階層的父母會規劃課外活動，尤其重視運動和藝術方面的培養，讓孩子們有機會接觸大量陌生的成年人，如此，會讓孩子覺得自己是個特別的人，是被認真關注和真誠對待。更由於這些大人通常不是普通的大人，而是某個領域的專業人士或權威人士，和大量這樣的成年人接觸，中產階層的孩子能慢慢學會如何和專業人士、權威人士得體、自在地相處。

反之，工人階層和貧困階層的孩子，或因家庭無法負擔補充教育的費用，或因父母不重視補充教育，或因父母無法花費大量時間和精力陪伴，孩子在學校外能夠交流的成年人主要是家人和親戚，以致他們從小被要求恭順又缺少向上交往的學習機會，所以長大之後在待人接物方面總是表現得過於恭敬和小心翼翼。

我從《不平等的童年》這本書中理解了「自如感」和「局促感」是怎麼回事，這加深了我對世界、人生、他人和自我的理解。我開始和自己的局促和解，不再討厭和嫌棄自己的局促，不再因為那種不自控的局促而覺得自己很差勁，因為這種局促是由成長環境造成，不是我的錯，我能做的是以後富養自己內心的小孩，讓自己慢慢變得舒展和自如。同時作為媽媽，我也知道了應該如何更好地養育自己的小孩。

這是讀書的第二個作用，當我們能夠更深刻地理解世界、人生、他人和自我時，這種理解能幫助我們做出更好的選擇和行動，更從容地應對這個世界。

三、擴展視野和眼界

我們看風景的視野由什麼決定？答案是我們所在的位置。分別站在山腳、山腰、山頂的視野是不一樣的，站在泰山上和站在學校後山上的視野也不一樣。我們的年齡、閱歷、地位決定了我們的視野和眼界。每個人的視野和眼界有限，閱讀可以讓我們跳出局限，借助別人的眼睛來看世界。

我讀《凝視死亡：一位外科醫師對衰老與死亡的思索》（*Being Mortal: Medicine and What Matters in the End*）時，可以藉由醫生葛文德（Atul Gawande）的眼睛知道衰老、瀕死到底是一種怎樣的處境，對垂死的人來說什麼才是最好的告別；我讀《向生命說Yes：弗蘭克從集中營歷劫到意義治療的誕生》（*Man's Search for Meaning*）時，可以藉由作者維克多．弗蘭克（Viktor E. Frankl）的眼睛進入二戰時的場景，看盡人在絕境中的種種選擇和表現，明白為什麼人們一直擁有選擇態度和行為方式的自由，哪怕處在絕境；我讀獲得諾貝爾文學獎的《第二次世界大戰回憶錄》（*The Second World War*）時，又可以藉由親歷這場戰爭的前英國首相溫斯頓．邱吉爾（Winston Churchill）的眼睛來看待戰爭，看他如何思考和決策；我讀《我的前半生》時，還可以藉由愛新覺羅．溥儀的眼睛，看當一個末代皇帝到底是一種什麼樣的體驗……。

這就是讀書的第三個作用：擴展視野和眼界，藉由作者的眼睛，我們可以看到自己目前所處的地位、年齡和閱歷看不到的東西。

四、療癒自己的內在小孩，也療癒我們關心的人

對我影響很深的一本書是《悲傷練習》（*Grief Works*），作者 朱莉亞．山繆（Julia Samuel）是專注於喪親領域的心理諮商師，她在序言裡問「你住在哪裡，你做什麼工作，發生了什麼事讓你來閱讀我的書」。我之所以翻開這本書，是因為我的好朋友當時正經歷喪親的痛苦。面對朋友巨浪般的痛苦，我感到手足無措，我害怕太簡單、潦草的安慰反而會傷害到她。這本書教了我很多東西，我終於知道作為一個忠實的朋友應該如何接住她的情緒，最終我陪她度過了那段黑暗的時光。

因為這段經歷，我和她也產生了非常深的羈絆。但其實現在回過頭來看，我本來抱著幫助她的念頭翻開了這本書，但最後更多的是幫助我自己，因為我也有過喪親的經歷。我的媽媽在我小學六年級的時候因病去世了，我花了十一年的時間才能勉強做到和朋友提及這件事時不哽咽，又花了六年，才能做到寫文章公開討論這件事。這本書對我的療癒太大了，它讓我重新理解了悲傷。**悲傷並不會消失，很多人以為悲傷會消失，其實它永遠不會，它只是埋伏在某個街角，隨時準備伏擊我們。**但我現在卻喜歡我的悲傷，因為換個角度來看，悲傷是我和媽媽之間永遠不會中斷的連結，是她留在這個世界

上的證據，無論這種悲傷是淡淡的，還是猛烈的，都是我和她遊絲般的聯繫。

沒想到，這本書回應了我小時候無法言說的隱密情緒。一個人喪親之後，她的痛苦其實不只有失去親人的痛苦。我記得小時候，在媽媽去世後，作為小孩的我會感到一種壓力，好像大人們正在用放大鏡般的眼睛觀察和審視我，好像在他們眼中，誰哭得最大聲、誰的眼淚最多，誰才是真的懂事和愛母親。可是實際上悲傷有很多種面目，每個人度過悲傷的節奏是不一樣的，有的人會哭泣頹廢，有的人會躲進工作裡，有的人喜歡傾訴和討論，有的人喜歡保持沉默。小孩的悲傷和大人的悲傷也不一樣，成年人度過悲傷就像涉水過河，每一步都很艱難；小孩度過悲傷就像在水坑裡跳進跳出，悲傷的時候跳進水坑，受到孩子天性的影響又會跳出水坑，愉快地玩耍，他們的反應沒有錯，無論是因為想念媽媽而悲傷哭泣還是玩耍時感到愉快。

這些隱密複雜、不為人所知也不足為外人道的情緒，在我心裡藏得太久了，時隔多年，在這本書裡，我終於感覺被認可和被理解了，我似乎看到多年前那個作為小孩的我被擁抱了，我感受到一股巨大的療癒力量。

五、想清楚想要成為一個什麼樣的人並形塑自我

這裡所說的「成為一個什麼樣的人」並不是指要取得什麼成就，而是指一個人要按照什麼原則來行事。我第一次有意識地要重塑自己的品性，是在十九歲讀了威爾．鮑溫（Will Bowen）的《不抱怨的世界》（*A Complaint Free World*）後，下定決心要開始戒掉抱怨這件事。這本書戳破了抱怨的五大底層心理動機：追求關注、推卸責任、自誇、操縱他人、為欠佳的表現找藉口。當我帶著這五大底層心理動機去聽別人的抱怨時，我開始聽到了潛臺詞，第一次體會到「當別人在聽一個人說什麼的時候，我已經開始想他為什麼要這麼說」的境界，我終於意識到抱怨大都是一種偽裝。

抱怨式的傾訴並不會讓我們更好受，只會讓負面情緒加倍累積。為了戒掉無意識的抱怨，我甚至效仿「西門豹之性急，故佩韋以自緩；董安于之心緩，故佩弦以自急」的精神，在手上套了一條小橡皮筋，一旦發現自己抱怨了就用橡皮筋彈自己一下。戒掉抱怨後，我擁有了掌控者思維，無論遇到什麼問題，我的第一反應都是想辦法解決而不是抱怨。這套有規劃地把自己討厭的缺點羅列出來並戒除的方法，我又是從《富蘭克林自傳》（*The Autobiography of Benjamin Franklin*）中學到的。

透過讀書，我們會遇到許多作者、小說角色和歷史人物，我們可以從形形色色的人物言行裡「見賢思齊焉，見不賢而內自省也」，這是讀書的一個很重要的作用。我刻意用了「形塑自我」這個詞，是因為理想的人格是慢慢成形的。成長環境帶給我們的性格品行、思維模式和行為模式只是等待繼續被打磨的半成品而已，只要你不同意，沒有人可以決定你最終的模樣。

以上就是我理解的讀書最重要的五大幫助。當然，讀書的幫助不只有

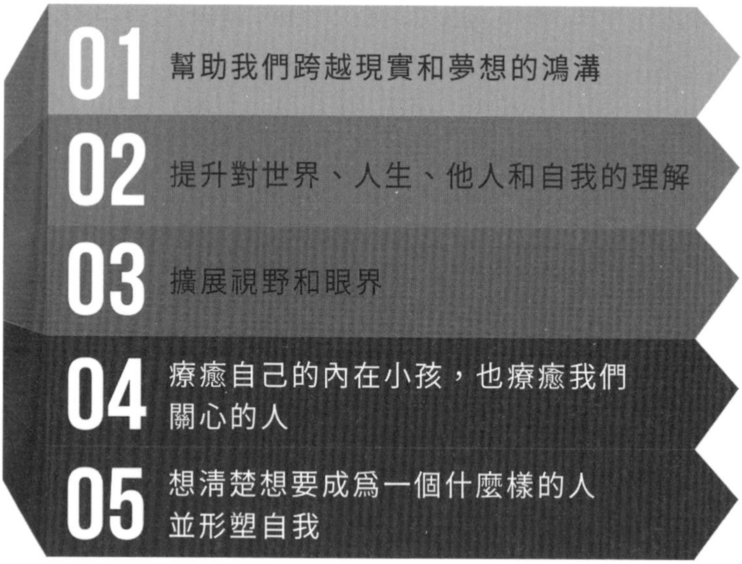
01
幫助我們跨越現實和夢想的鴻溝
02
提升對世界、人生、他人和自我的理解
03
擴展視野和眼界
04
療癒自己的內在小孩，也療癒我們關心的人
05
想清楚想要成爲一個什麼樣的人並形塑自我

圖 6-1：讀書的五大幫助

這些，它還可以在我們情緒低落時給予我們重新出發的勇氣和力量；可以在我們頭腦混亂時帶領我們進入更深層次的思考和更清晰的表達；可以在我們的感受力被瑣碎重複的日常磋磨得麻木時，重新喚醒我們的想像力和好奇心……。

閱讀從來不是目的本身，而是工具和手段。沒想清楚到底希望讀書有什麼作用的人，就像坐進一輛計程車，司機問你去哪裡，卻說不出自己的目的地，司機只能帶著你漫無目的地兜圈子。無論我們讀什麼書，都要先想清楚希望這本書發揮什麼作用。我知道，閱讀的作用和意義沒有標準答案，我所希望的也不是給大家一個標準答案，而是希望每一個讀者都可以把「我們為什麼要讀書？」當作值得被反覆回答的問題，慢慢得出自己的答案，然後用這個答案來引導自己的閱讀方向。

讓讀書發揮出最大作用的五大方法

一、精準輸入：需要什麼學什麼

在學生時期，讀書是以知識為導向，學校安排學什麼，我們就學什麼；老師教什麼，我們就學什麼；考試考什麼，我們就學什麼，沒有人問我們的需求和學習目標是什麼，之所以如此，可能當時大家的共同目標就是考高分。考試把我們集中到一個標準化的賽道上，讓大家朝同一個目標前進，但這段旅程結束後，人生就像一片曠野，每個人開始需要分頭探路，而有些路只能一個人走。這時，我們不能再沿襲「先學著，等將來再用」的學生時期的思考方式，而是應該精準輸入，依照需求學習。

我們可以從目標和夢想、自我期待和生活願景、內在心理需求和外部環境要求、遇到的困境和挑戰、需要突破的能力短處等方面出發，以「需要什麼學什麼」的原則，倒推自己所需要學習的內容，倒推自己的閱讀方向和書目範圍。

二、追求成長：獲取最大的成長養分

這裡的成長可以指任何形式的成長。為了幫助大家追求成長，建議可以使用在第二章介紹過的「前後對比」的方法。因為這種極其務實的閱讀觀念，有時就算我讀到一本不太好的書（這是每個人在閱讀生涯中不可避免的事），只要它沒有讓我想即刻棄讀，我也會本著「爛船也有三斤釘」的原則，問問自己有沒有獲得一些新的東西。

只要能為我提供成長養分的書，我從不「以出身論英雄」，如此，方能讓每一本書都為我們所用。

三、關聯到我：放到自己身上思考

在讀書時，最應該關注的不是別人說了什麼，而是別人說的東西對我們來說有什麼用。無論什麼書，在讀書前、讀書中和讀書後，都應該要回答一個問題：這本書和我有什麼關係？

無論是讀什麼樣的書，都必須關聯到自身，並把所有的道理都放到自己身上思考一番。為了讓這個原則落實，我在九合一萬能讀書筆記中增加了「聯想發散」，也在第二章教大家如何鍛鍊和提升自己的聯想能力，各位可以回頭複習這兩部分的內容。

四、行動導向：做點什麼或創造點什麼

很多年前有個讀者說，讀了我推薦的《如何閱讀一本書》後，閱讀能力並沒有提高，他覺得自己的問題是沒有完全理解這本書，應該多讀幾遍。我就問他：「你有沒有把學到的方法應用到閱讀中？」他回答，從沒想過這個問題。我當時非常吃驚，也突然意識到，這種顯而易見的事，並沒有想像中的那麼顯而易見，所以我才會在九合一萬能讀書筆記中加了一個「行動靈感」。大家在讀書時，一定要豎起一根天線：如何把新知轉化為具體、可落實的行動，進而對人生產生真正的影響？

行動導向是指一種習慣和意識，一種用學到的東西來引領生活，並把這種引領轉化為具體行動的習慣和意識。簡單來說，行動導向就是指學習之後，做點什麼或創造點什麼。美國物理學家理查・費曼（Richard Feynman）說過一句話：「凡是我不能創造的，我就還不理解。」

「行動導向」的本質是一種輸出，它的核心是「創造」。很多人對輸出的理解很狹隘，認為只有「寫文章」，為此，我們需要重新理解何謂輸入和輸出。輸入不只是讀書，輸入包括一切形式的資訊吸收和學習，無論是讀書、上課、看電影，還是人與人面對面的交流、實地考察等都是輸入。**輸出也不只是寫文章，還包括輸出某種行動、某種表達、某件作品等。**輸入和輸出的關係並不是簡單的複製或模仿，更準確的描述應該是「牛吃的是草，但擠出來的是奶」，最深度的化為己用是創造，只會照著淺顯的行動建議做而不會創造的人是「書呆子」。

我讀精力管理的書籍時，讀到一種稱為「努力上癮症」的概念，它是指休息會讓一個人感到愧疚。有些人需要不停工作和不停學習才能肯定自我的價值，否則就會焦慮不安。我就是那種一休息就感到特別愧疚、覺得自己在浪費時間的人。那我可以怎麼做呢？書中並沒有直接的建議，於是我每週給自己設置一個強制休息日，這一天唯一的任務就是休息。我還給自己規定了強制停止工作的時間，當工作和生活的邊界突然清晰時，我就有了無愧疚的休息時間，效率反而提高了。

行動導向最難的部分是：有些書只有理論或抽象的概念，需要將這些理論或概念轉化為行動；有些具體的建議也不是為我們量身訂製的，需要進行個人化的創造；我們還需要做遷移，舉一反三，把原本用在A領域的東西用到B領域。對此，大家可以用「5W1H」來輔助思考。

- Why：我為什麼要用它？
- When：它適合什麼時候用？
- Who：誰適合用它？
- Where：我可以把它用在哪裡？我能不能把它挪用到別的地方？
- What：它可以轉化成什麼產品和專案？
- How：我該如何把它轉化為具體、可落實的行動？

五、躬身入局：做到真正的知行合一

雖然我一直是這樣做，但我第一次清楚歸納出這個原則，是因為看到一篇《成為女性主義者，有什麼用？》的文章。作者劉亦瓦是性別研究的博士，這篇文章是她在真實人生中實踐女性主義的紀錄。

透過她的文字，我們可以看到她是如何艱難又堅定地一步步往前探索。我突然意識到，如果真心認可某種觀念，就需要用行動、人生來踐行這個觀念，需要用人生入局，哪怕有代價，而不能只是說說而已。

躬身入局
做到眞正的
知行合一
5
關聯到我
放到自己
身上思考
3
精準輸入
需要什麼
學什麼
1
行動導向
做點什麼或
創造點什麼
4
追求成長
獲取最大的
成長養分
2

圖 6-2：讓讀書發揮出最大作用的五種方法

知道不等於馬上能做到

有一句話非常流行：「我們知道了很多道理，卻依然過不好這一生。」很多人對這句話都相當有共鳴，為什麼呢？因為太多人把「知道」和「做到」畫上等號了。

我曾經在我的讀書訓練營裡告訴學員：「我能幫大家的最多只能到『知道』而已，我最多只能把大家送到『知道』，但知道不等於做到，知道和做到之間還有一條很長的路，這條路只能靠大家自己走。**知道和做到之間，隔著很多次的刻意練習。**」

任何學習都是如此，知道了理念和方法、技巧和策略，不等於馬上就能完美實踐，但是知道了理念和方法、技巧和策略，意味著我們可以走最短的路線來跨越知道和做到的距離。知與行相輔相成，知需要在行當中強化，行也需要知去推進。

關於這一點，美國教育心理學博士簡·尼爾森（Jane Nelsen）的《溫和且堅定的正向教養》（*Positive Discipline*）一書令我印象深刻。在我女兒剛學說話的時候，我就讀了這本書。正向教養的意思是溫和且堅定，以既不懲罰也不驕縱的方式管教孩子。話雖如此，我一度覺得這很難做到，我理性地知道自己應該保持情緒穩定，不能把憤怒當作工具來操縱孩子，但有時面對孩子沒完沒了的哭鬧，我總是想趕快制止她，所以本能的反應就是先好聲好氣地勸兩句，如果沒有用就發脾氣，用成年人碾壓式的威懾力來換取孩子快速的屈服。直到發生了一件事，我才真正明白溫和且堅定究竟是怎麼回事。

「知道」只是起點，透過刻意練習才能慢慢接近「做到」

我給女兒訂的一條規則，是飯前不能吃零食，但這天她很想在午餐前吃零食，並想了很多辦法來談判，包括大哭，但我的回答都是：「對不起，飯前不能吃零食，這是一個壞習慣。」我不斷重複這項規則，但我沒有生氣，也沒有大聲喊叫。我理解她想吃卻不能吃的情緒，於是我幫她擦眼淚，抱著她並輕拍她的後背。大概過了二十分鐘，孩子對我說：「媽媽，那你把這個零食放到高高的櫃子上吧。」她想出了延遲滿足的方法，是把零食放到眼睛看不到的地方。然後她就坐下來吃午飯了，從此以後再也沒有在飯前哭喊著要吃零食。

溫和且堅定的魔力在哪裡呢？在媽媽的眼裡，孩子需要反覆練習來習得規矩，違反規矩的行為是不可接受的，但情緒沒有對錯，孩子的情緒是正常、是可以接受的，那媽媽就要做好一個溫柔的情緒容器。孩子在習得規矩的過程中，沒有被貶低和斥責，也沒有被懲罰和恫嚇。當規矩是獨立存在的規矩，孩子不用害怕因不遵守規矩而導致媽媽不愛自己，媽媽也不用因為粗暴地對待孩子而自責和內疚，立規矩這件事就會變得出乎意料的容易。這就是安全的環境，這就是溫和的力量。

知道不等於馬上能做到，有時我們知道了一個道理，但要過了幾年才能真正理解和做到，這是很正常的一件事，無論是大人還是小孩，都需要透過反覆練習才能真正學會某件事。請大家繼續練習，用成長型思維來對待學習這件事。首先，相信無論什麼能力都是可以習得的；其次，從一開始就意識到「知道」只是起點，接下來要透過刻意練習才能慢慢接近「做到」。練習需要時間，也要做好「前進三步，又後退兩步」的心理準備，這是學以致用的必經過程。

讀書變現金字塔

接下來，我們要介紹讀書變現的內容，我將和大家分享一個讀書變現金字塔，如次頁圖所示。

第一級：寫手級變現

讀書變現金字塔的第一層級是寫手級變現，即透過寫稿賺錢。一般來說，寫手級變現，還可以細分成四種方式：

第一種方式是寫說書稿。說書稿的稿費是最高的，而知名的刊登平臺有「得到」和「帆書」（原樊登讀書）（編按：此為中國知名的說書平臺）。一篇八千到一萬多字的文章需要講透一本書，要做到即使讀者不讀原書也知道主要內容的效果。我先後和這兩個平臺簽約過，一篇稿子的稿費基本上是一般上班族半個月或一個月的薪資。當然，這兩個平臺的品質控管更嚴格，要求也更高，一篇稿子來回改三、四次是常見的事。稿費大約是人民幣四千至一萬五千元（約新臺幣一萬八至七萬元），不同作者的標準不一樣，不同平臺的稿費支付能力也不同。

第二種方式是寫領讀稿，像「十點讀書」、「有書這樣」的平臺會把一本書拆成五到十篇文章，用轉述和簡寫的方式向讀者介紹。領讀，就是帶領著大家讀的意思。領讀稿的難度低，稿費也不高，一般單篇稿子的稿費是人民幣一百至三百元（約新臺幣四百至一千三百元），一本書的稿費在人民

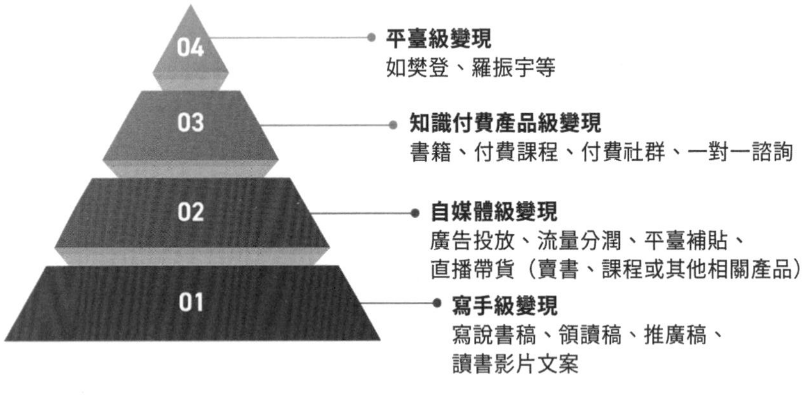
04
平臺級變現
如樊登、羅振宇等
03
知識付費產品級變現
書籍、付費課程、付費社群、一對一諮詢
02
自媒體級變現
廣告投放、流量分潤、平臺補貼、
直播帶貨（賣書、課程或其他相關產品）
01
寫手級變現
寫說書稿、領讀稿、推廣稿、
讀書影片文案

圖 6-3：讀書變現金字塔

幣一千元（約新臺幣四千五百元）以內。寫稿人一般被稱為領讀人。

第三種方式是寫推廣稿，目的是推廣書籍。出版社或作者都會來邀稿，我的稿費報價一般是一篇人民幣三千至四千元（約新臺幣一萬三至一萬八左右）。但和有酬勞的稿費相比，大部分出版社的編輯更傾向於透過贈書來換稿。**第四種方式是寫讀書影片文案，**我之前和鳳凰讀書在嗶哩嗶哩的一個帳號合作過一段時間。

「寫手級變現」在我看來是按件計酬，沒有複利和槓桿，屬於比較低效的變現模式，所以一直以來我將其視作變現的輔助手段。

第二級：自媒體級變現

自媒體級別的變現是影響力變現，其過程都是持續產出優質內容，吸引受眾，然後隨著受眾規模擴大，獲得影響力和流量，再把流量賣給廣告主，讓廣告主來投放廣告。自媒體級變現也有四種方式。

第一種方式是廣告投放。這是最典型的變現方式，當有可靠的客戶找你投放廣告時，你的自媒體帳號才算真正做起來了。自媒體行業的特點就是變化非常快，現在公眾號已是「前浪」，抖音、小紅書等平臺的發展非常迅速。幾乎所有的內容平臺如公眾號、頭條號、嗶哩嗶哩、抖音、視頻號、小紅書等都適合做讀書自媒體。新手更適合在新興的平臺做讀書自媒體。（編按：臺灣常見的自媒體平臺有臉書、IG、YouTube 和 Thread 等。）

我認為，做讀書自媒體有四個非常大的好處：（一）永遠不用為選題發愁，因為讀完一本書就可以輸出這本書的內容。市面上的書非常多，且書裡有很多現成的優質內容，這會大幅降低原創的難度；（二）可以透過輸出倒逼輸入，在做讀書自媒體的過程中，你的閱讀速度和品質都會有所提升，就算沒有賺到錢，你也透過一本又一本的書不斷精進了；（三）相容性很強。高品質的輸入永遠是高品質輸出的基礎。讀書輸出的相容性很強，你未必要像我一樣只做讀書部落格作者，如果你想成為一個關注職場、感情或電影等的部落格作者，讀書都可以為你提供養分輸出；（四）一旦走通了這條路，回報是巨大的，你將跳出拿固定薪資的命運，這是一條可以一直走下去的路，你永遠都可以繼續挑戰自己。

第二種方式是流量分潤，公眾號的流量主、嗶哩嗶哩的懸賞計畫、頭條號的廣告流量分潤等都屬於流量分潤。它們的本質也是廣告，但具體操作是我們提供內容，平臺接廣告，而平臺根據我們提供的內容的曝光量，給予廣告收益分潤，如果內容的閱讀量高，收入也會非常可觀（編按：臺灣也有許多平臺分潤，如方格子 vocus 等）。

第三種方式是平臺補貼，目的是獎勵創作者持續創作優質的內容。最典型的是頭條號曾推出的「青雲計畫」，一旦入選「青雲計畫」，每個月的第一篇文章就有人民幣一千元（約新臺幣四千五百元）的補貼，從第二篇文章起，每篇文章有人民幣三百元（約新臺幣一千三百元）的補貼，優質帳號還有人民幣五千元（約新臺幣兩萬二千元左右）的補貼。現在的優質作者都有專門的小編負責維護，定期給予流量和商業合作協助。嗶哩嗶哩也有「bilibili 創作獎勵計畫」，平臺對投稿進行評估後會給予相應的補貼。一些內容優質、受歡迎的讀書部落格作者還能賺到平臺簽約費。嗶哩嗶哩就有讀書部落格作者拿過平臺簽約費，這是平臺留住優質創作者的手段。

第四種方式是直播帶貨，如賣書、賣課和賣其他產品等。賺稿費和做自媒體並不矛盾。我們把自媒體做起來後，肯定會收到寫稿邀請，而當我們被更多的人知道和認可後，工作機會自然就來了，同時也更有議價空間，所以大家真的不要急著賺錢。我為什麼優先做自媒體呢？因為替別人寫稿是一次性的買賣，就像打工一樣，得按照人家的要求寫稿子，只有有限的話語權。但是做自媒體是建立自己的個人品牌，是創業的概念。大家要把眼光放長遠一點，當我們有了個人品牌，品牌的影響力會愈來愈大，如此賺錢效率也會愈來愈高。有了個人品牌之後，就可以開啟下一層級的變現了。

第三級：知識付費產品級變現

當我們能產出非常優質的內容，又具有一定影響力時，就可以進入第三層級的變現了。關於知識付費產品級變現，有四種主要的產品形式。

第一種產品形式是書籍。除了文學創作，很多論述類書籍的本質就是讀書筆記；很多書本質上就是一本主題式閱讀的心得。大家關注在單一領域讀了五十至一百本書後，在這個基礎上進行知行合一的實踐，從實踐中取得結果，再結合自己的經驗進行深度思考，形成自己的見解；有自己獨特的創造，就可以嘗試寫一本書。

第二種產品形式是付費課程。這本書就脫胎於我的讀書付費課程，接下來我還會開設寫作課、讀書會等來豐富我的產品類型。我們可以透過兩種方式吸引學員：一是透過不斷輸出優質內容建立專家人設；二是展示自己取得的成果。我正是透過一篇又一篇的讀書文章吸引了大量學員，我的大部分學員是我的老讀者，他們從我的文章中認可了我的閱讀能力。我證明了光靠寫讀書文章是可以活得很好的，我接到了廣告、開發了課程、寫了書、替大平臺寫稿，我的實踐有了成果，所以大家願意跟我學習。

第三種產品形式是付費社群。讀書付費社群就是由領讀人帶著大家精讀書籍，樊登讀書會就是靠付費讀書社群的會員起家的。一般在付費讀書社群中，除了組織者，每個成員也會產出內容，付費讀書社群有大量的互動和陪伴。

第四種產品形式是一對一諮詢。當大家有了影響力、成了某個領域的專家，就可以進行一對一的諮詢服務了，這在業界是個相當普遍的業務，不同人的收費標準是不一樣的。我們進一步延伸這個業務，可以把它變成一對一的私人課程，即根據不同學員的情況為他們訂製個人化的課程，不同導師的收費標準也不一樣，半年的學費從人民幣幾千元到幾萬元不等。

第四級：平臺級變現

第四層級的變現是平臺級變現。平臺級變現的要求比較高，像帆書（原樊登讀書）和得到就是平臺級變現的代表。樊登和羅振宇開始做自媒體後建立了個人品牌，接著推出了自己的知識付費產品，最後為其他知識型 IP 提供平臺。

如果大家想透過讀書來變現、想成為一個職業讀書人，一定要明白這個讀書變現金字塔及其底層邏輯。大家可以做一個長遠的職業規劃。當然，上述的所有變現方式都是建立在大家能讀好書、讀透書，能真正從書中受益的基礎上；**先透過讀書讓自己受益，再用幫助過自己的東西幫助別人，這才是讀書變現的本質。**

讀書變現不需要有多麼驚人的才華，只要肯腳踏實地下工夫，其成長速度是很快的。我介紹以上四個層級的變現都有很好的前景，當然，等我們打造出個人品牌，有了影響力之後，一般還可以同時採用多種變現方式。總之，讀書變現的可能性無限。

Chapter 7

長期持續穩定閱讀的能力

掃描QR code
看本章重點心智圖
快速掌握閱讀要領

為什麼要讀這一章？

日日不斷之功，比偶爾爆發更有力量

為什麼持續性和穩定性非常重要呢？先跟大家說個故事。在一九一一年十二月以前，從來沒有人到達過南極，所以這是很多探險者最想做到的事。最後的競爭在兩個團隊之間展開，一個是來自挪威的阿蒙森（Roald E. G. Amundsen）團隊，另一個是來自英國的史考特（Robert F. Scott）團隊。兩個團隊的出發時間差不多，都在一九一一年十月於南極圈附近做好最後的衝刺準備。最後阿蒙森團隊在兩個月後，也就是一九一一年十二月十四日，率先到達南極點，在南極點插上了挪威國旗。而史考特團隊卻整整晚了一個多月。這意味著什麼呢？意味著成功和失敗的區別。阿蒙森團隊作為人類歷史上第一個到達南極點的團隊會永載史冊，獲得一切榮譽；而史考特團隊雖然歷經相同的艱難過程，但晚了一個多月才到，沒有人會記住第二名，大家只記得第一名。但故事到這裡並沒有結束。因為這些人不僅要到達南極點，還要活著回去。阿蒙森團隊率先到達南極點後，又順利地返回原來的基地。史考特團隊不僅晚到，更糟糕的是，因為回程路上天氣非常差，不斷有人脫隊，最終這個團隊無一生還。兩個團隊經歷相似的環境，最後卻有截然不同的結局，這一點非常值得研究。

經過研究後人們發現，阿蒙森團隊的成功經驗可以被總結為一句話：不管天氣好壞，每天堅持前進大概三十公里。相反，從史考特團隊留下的日誌來看，當天氣好的時候，團隊成員就走得很快，每天前進四、五十公里，甚至六十公里；但當天氣不好的時候，團隊成員就睡在帳篷裡，一邊吃東西，一邊詛咒惡劣的天氣。

我第一次聽到這個故事時非常震驚，因為我發現閱讀也是如此。我剛開始讀書時，就採取史考特團隊的策略，當狀態好、時間多、很有動力的時候就看得非常快，一天能看完一本書。最巔峰的時候，我一天能看一本書，一個星期能看七本書，而且這些書都是有影響力的好書。當我狀態不好、比較忙碌、沒有動力的時候就乾脆不看，但到年終總結時我驚訝地發現，我一年才讀了不到十本書。剛開始我不願意相信這個結果，因為在我的印象中，我雖然是斷斷續續地看書，但一直都有在看，而且閱讀速度絕對不慢，怎麼可能平均一個月還讀不完一本書呢？總是期待著突飛猛進式的進展，結果卻連及格線都達不到，這件事太令我吃驚了。

於是，後來我採取了阿蒙森團隊的策略，不論自己狀態好不好、有沒有時間和動力，堅持每天同時看兩本書，每本書讀五十頁，不多讀，也不少讀。如此，以每本書三百頁來計算，我每個月可以持續穩定地讀完八到九本書，每年可以穩定地讀一百本書。採取這個策略之前，我每年從來沒有讀過這麼多的書。

日日不斷之功，比偶爾爆發更有力量；保持長期持續穩定的閱讀，才是閱讀高手的策略。我看過很多談閱讀方法和技巧的書，但很少有人把這一點視為閱讀能力的一部分來談，但在我看來，保持長期持續穩定的閱讀，是非常重要的閱讀能力之一，所以應該極其重視並刻意培養這種能力。它乍看不起眼，是七大能力裡最沒有門檻、最不需要才華的能力，但它就像「1」，其他六個能力是後面的「0」，有了「1」，後面的「0」愈多，我們的閱讀能力就愈強，但沒有這個「1」，後面的「0」再多，也無法擁有真正的力量。這時有人會說：「不是我不想，而是我真的做不到啊！我沒有那種堅毅的性格，我天生就是『三分鐘熱度』。」不，**「堅持」不是一種性格，而是一種可以被訓練出來的能力。**

和上一章一樣，我們換個思考角度就是換一片天地，我認為「讓讀書有用」是一種能力，我專門用一章來談它：如何讓讀書發揮出最大的作用，以及，讀書變現金字塔。在我的讀書訓練營，有位同學上完課後寫道：「哦，原來讓讀書有用是一種能力，我一直以為是一種觀點。那我們可以透過訓練來獲得並加強這種能力，這還蠻振奮人心的。」同理，很多人把堅持當作一種性格，認為自己要不能堅持，要不無法堅持，如此一來就掉進了固定型思維的陷阱。與此相對，如果我們把「長期持續穩定閱讀」正確理解為一種能力，就可以聚焦於如何獲得這種能力，把自己放進成長型思維的上升螺旋中。

本章獻給困在「想要改變→制定行動計畫→堅持一小段時間→因某種原因中斷→主動或被動放棄→被挫敗感包圍」的惡性循環中的人，我將介紹一套不需要完全仰賴意志力、更聰明更省力的方法，來幫助大家獲得長期持續穩定閱讀的能力。

大腦養成習慣的原理

要保持長期持續穩定的閱讀，就必須養成閱讀習慣。我建議大家透過養成習慣來實現改變。這並不是純粹的經驗之談，而是有扎實的神經生物學的研究成果所支持。

培養習慣，其實就是在改造大腦；每養成一個習慣，就會在大腦建立一條神經迴路。神經迴路就是習慣在身體裡的「長相」。它的工作原理是這樣的：一旦某個習慣指定的神經迴路被某個想法或外部訊號所觸發，腦中就會有一個神經元沿著這條迴路放電，然後我們就會有一股想推進這項習慣行為的強烈欲望。例如：每天早上起床要刷牙，大腦裡就會有一條神經迴路和這個習慣有關，我們一起床，這個「刷牙神經元」就會放電，然後我們就會像傀儡一樣走進廁所刷牙，根本不需要思考。**習慣愈根深蒂固，與之關聯的神經迴路就會變得愈粗、愈牢固。**

那麼如何建立並強化特定的神經迴路呢？答案就是不斷重複，重複至足夠多次。

《驚人習慣力：做一下就好！微不足道的小習慣創造大奇蹟》的作者，對此有個非常精妙的比喻，建立習慣就好像騎自行車上陡坡：上坡、到頂、下坡。剛開始，必須用雙腿的力量蹬自行車，一直重複地蹬，直到頂部，接著就可以依靠慣性的力量輕鬆下坡。建立神經迴路就像上坡，一旦建立好這個神經迴路後，我們就可以像下坡一樣輕鬆了，行為會被自動、無意識、不費勁地重複執行。

大腦與習慣養成的關係

大腦中與習慣改變有關的部位有兩個：一個叫前額葉皮質（prefrontal cortex），另一個叫基底核（basal ganglia）。建立神經迴路時，控制習慣的是前額葉皮質，它是個聰明的管理者，不僅可以理解長期利益和結果，還負責處理短期思維和決策，就是它決定我們要養成跑步、早起和讀書等這些好習慣，因為它知道這些習慣對我們有好處。在我們懈怠時，它還會為我們打氣並監督我們。建立好神經迴路後，負責控制習慣的是基底核，它是愚蠢的重複者，它不思考，也沒有情緒，但可以無意識、自動、機械地執行我們的習慣行為。一旦它開始控制習慣，就可以不費勁地重複。為了節省能量和注意力的資源，只要有可能，大腦都會把一些任務交給無意識去自動執行。**建立習慣的目標，就是讓基底核從前額葉皮質的手中接手控制權。**

根據研究，在我們每天的行動中，有四十％至五十％的行動出自於習慣，我們的目標，就是把讀書變成這四十％至五十％的行動之一。我決定寫這麼多篇幅來講述習慣養成的原理，是因為我之前很長一段時間都沒有真正意識到習慣之於行為有多麼強的控制作用，一直小看了它，甚至在每次聽別人說「養成好習慣」時，都會對此產生一種說教般的厭煩感。我打從心底不相信所謂習慣的好處，拒絕任何與習慣養成有關的概念及其背後的原理與方法論。然而，這導致我長期無法妥善掌控自己的行為，對我而言，理解習慣養成的原理，是我進行自我管理的重要分水嶺。

說穿了所謂的習慣，就是重複了足夠多的次數，而後變得自動化的行為，所以養成習慣的關鍵是重複，然而，養成習慣過程中最難的，也就是重複。

養成習慣的四大定律

究竟如何將閱讀變成一個真正持久的習慣呢？接下來，我會提供一套非常有系統的閱讀習慣養成方案，但在介紹這個方案之前，我想先說明一下原理。整個方案是建立在詹姆斯．克利爾（James Clear）的《原子習慣》（*Atomic Habits*）一書的理論基礎上。這本書認為重複行為（習慣）的產生有四個階段：得到提示、產生渴求、做出回應和獲得獎勵。

舉個例子來幫助大家理解。肚子餓得咕咕叫，這是得到提示，提示是觸發行為的信號，因為有提示，才會啟動行為；你想填飽肚子，這是產生渴求，當目前的狀況與期待的狀況有差別時，就會產生渴求，渴求的本質是渴望內在狀態的改變；你點了外送，這是做出回應，這個回應是可以滿足渴求的行為；你吃飽了，打了個飽嗝，感到很滿足，這是獲得獎勵，獎勵是行為的結果，如果你做出的行動沒有得到有獎賞價值的結果，這個行為就不會重複。那麼，該如何透過重複行為的產生原理，把閱讀變成一個真正持久的習慣呢？

第一，在「得到提示」階段：要讓提示我們閱讀的信號顯而易見。

第二，在「產生渴求」階段：要把閱讀這件事與內在渴求深度捆綁在一起，讓閱讀這件事變得有吸引力。

第三，在「做出回應」階段：要讓閱讀這件事變得輕而易舉。

第四，在「獲得獎勵」階段：要保證閱讀後可以獲得愉悅和滿足感。

總之，要順應內心的需求、順應思維習慣，來重新設計我們的閱讀行為。

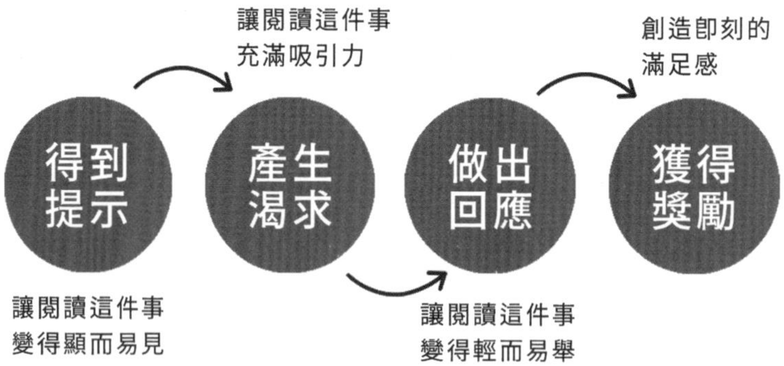

圖 7-1：養成習慣四階段

得到提示：讓閱讀這件事顯而易見

若想培養一個好習慣，就要設置多個簡單且明顯的提示，向大腦發送觸發這個行為的信號；同理，若想戒掉一個壞習慣，就要有意識地減少觸發這個行為的暗示。我建議，讓閱讀這件事顯而易見的提示有以下四種。

一、時間提示

時間提示是指選擇固定時段作為專門的讀書時間，時間一到就去讀書。我的公眾號「李小墨的日記」已經不間斷地持續更新四年多了，我向粉絲承諾只要我一天不更新，就發人民幣五百元紅包作為懲罰。每晚十點就是我寫日記的時間，這個時間對我來說就是一種強烈的提示；每天安排工作時，我都會把一天的最後兩小時空出來。每天晚上時間一接近十點，就知道自己應該準備去寫日記了；如果覺得累，我會提前休息一下，恢復一點體力和精神。

所以我的第一個建議是：**回顧每天的日程，從中選擇一個對你來說合適的時段用來**

讀書，從此以後這段時間就是你的專屬讀書時間。在這段時間裡，讀書是第一優先順位，無論發生什麼事，你都要雷打不動。要確保雷打不動，還需要做一件事，就是提前預想可能遇到的阻力和困難，並提前排除。例如，如果今天心情不好、事情比較多，或有朋友找你，要事先想好面對各種狀況時該怎麼處理：你今天還讀不讀書？要不要少讀一會兒？要不要選擇輕鬆的讀物？如此，才能避免讀書的優先順位被往後移。如果想把讀書變成真正持久的習慣，最好更有原則，就

❶時間提示
選擇固定時段作爲專門的讀書時間，時間一到就去讀書。
❷緊跟著的動作
完成某件每日例行公事之後，立刻就去讀書。
❸地點和工具設備提示
一旦把讀書這件事和某個地點、某個設備牢牢地綁定在一起，就幾乎不需要動用意志力來讀書了。
❹視覺提示
讓自己被書包圍，在書架、書桌、床頭、客廳和包包裡都放一些書。

圖 7-2：提醒自己該讀書的四種方法

是：不要輕易因為其他事情而動搖。

什麼時間比較適合閱讀？所選的時段依每個人生活作息而有所不同，但按照常規的上班時間，我比較推薦早晨和晚上。很多人選擇在早晨讀書，迪士尼首席執行長羅伯特・艾格（Robert Iger）幾十年如一日堅持每天四點十五分起床，就是為了能在白天開始工作之前騰出時間思考、閱讀和鍛鍊。在早晨讀書既可以避免與白天的職責衝突，還可以坐享一天當中精力最旺盛的時段。

但並不是所有人都能早起，所以另一個時段是晚上，即從吃完晚餐到睡覺的這段時間，通常是晚上八點到晚上十二點。選擇晚上讀書的人，我建議讀書前先用第三章提到的「全身掃描睡眠法」快速恢復一些精力，因為往往忙完一天之後會非常疲憊。我強烈建議大家別在筋疲力盡的時候，靠意志力強撐著讀書，這樣做的後果只是閱讀速度慢、閱讀品質差。長此以往，就會把讀書和痛苦的感覺捆綁在一起，會讓讀書這件事變得愈來愈沒有吸引力。

我希望時間提示可以達到的效果是：時間一到就去讀書，不用猶豫，不用做任何心理建設，也不用說任何話來說服自己去讀書。

二、緊跟著的動作

也有很多人做不到準時在某個時段讀書，那怎麼辦呢？第二種非常有效的提示是「緊跟著的動作」，亦即：把讀書和已有的舊習慣、固定日程綁在一起，這種提示就像「搭便車」，與從零開始養成一個新習慣相比，成功率要高出許多。

我靠這種提示養成了很多習慣。我的女兒小房子四歲時，我們開始每天學習一個視覺單字。但在剛開始的一、兩個月，我們總是三天打魚，兩天曬網，我忙起來顧不上她是常有的事，後來我開始把這件事和她放學的固定時間綁在一起，她每天放學一到家，我們就開始學視覺單字，結果就養成了這個習慣。背詩也是如此，我想讓她養成每週背一首詩的習慣，但過程也不順利，後來我就把背詩和她上學這個固定時間綁在一起，把誦讀音檔放進播放機，讓她一路聽著音檔上學，結果她就養成了背詩的習慣。

常見還可以綁在一起的時間，還有：起床就讀書、睡前洗漱後讀書、午餐後讀書、午睡起來就讀書、跑步後讀書等。這麼做的好處是，能更自然地把讀書融入生活，讓讀書成為每日的例行公事，且讀書的時間也會更加靈活。大多數人難以養成讀書習慣的常見原因就在於，在何時何地讀書對他們而言是懸而未決的。他們喜歡說，有時間就讀書，但其實什麼時候都能讀等於什麼時候都讀不了，如果大家抱著有時間才讀的心態，那麼讀書時間一定會被其他事情給霸占了。

三、地點和工具設備提示

在一項研究中，科學家告訴失眠症患者，只有當他們感到疲憊不堪的時候才能上床睡覺，假如他們無法入睡，就先去別的房間坐著，直到昏昏欲睡再回臥室。久而久之，這些失眠症患者開始將床和睡覺的行為聯繫在一起，當他們爬上床，就能很容易入睡。因為他們的大腦意識到，臥室不是玩手機、看電視的地方，僅僅是睡覺的地方——**這就是人類大腦的工作方式，會把習慣分配給產生習慣的地點。**

那麼該怎麼透過大腦的這種工作方式，幫助自己養成讀書習慣呢？我們需要安排一個專門用來讀書的地點。如果條件許可，建議準備一間書房；如果沒有辦法，可以準備一個專門用來看書的書桌、舒服的單人沙發、讀書的角落，或到書店、圖書館、咖啡館等安靜的場所讀書。至於習慣電子閱讀的人，最好有個專門用來讀書的電子設備。

切勿把讀書的地點、環境和設備，和做其他事的地點、環境和設備混在一起。因為如果沒有清楚的功能分區，一旦開始把不同的習慣混在一起，那些比較簡單的習慣就會占上風。例如，坐在書桌前既可以玩手機又可以讀書，玩手機不需要專注力，也不需要費腦力，但讀書需要專注力，也需要費腦力，那玩手機自然就占了上風。如果我們既用手機打遊戲，又用手機讀書，打遊戲也很容易占上風。如此一來，讀書環境就變成了一個充滿誘惑的環境，而拒絕誘惑、抵抗干擾本身是件非常消耗意志力的事。

我非常認同《原子習慣》作者詹姆斯．克利爾的一個觀點：如果想要穩定和可預測的行為，就需要一個穩定和可預測的環境。一旦把讀書這件事和某個地點、某個設備牢牢綁定在一起，就幾乎不需要動用意志力了。

四、視覺提示

我們總是容易高估意志力和內在驅動力的作用，低估了環境的作用，其實有時環境更重要。視覺提示包括物理環境的視覺提示和資訊環境的視覺提示。

《原子習慣》中有個案例對我有很大的啟發。有一名保健醫生成功改善了幾千名醫院員工和來訪者的飲食習慣，讓他們吃得更健康，但她根本沒有去勸說這些人，那她是怎麼做到的呢？答案就是改造環境。例如，她想讓大家喝礦泉水，而不是汽水，她就在每個點餐區旁邊都放上礦泉水。接下來的三個月，汽水的銷量顯著下降，礦泉水的銷量顯著上升。

想像一下，如果家裡沒有幾本書，我們要多久才會想起讀書這件事呢？所以我的建議是：如果家裡的書很少，請列出一張書單，列出最想看的書或一些經典書，然後去買書。先買一百本書，如果覺得貴可以買二手書，這絕對是一筆划算的投資。讓自己被書包圍，在書架、書桌、床頭、客廳和包包裡都放一些書，書就變成了生活的一部分，如此一來對我們而言，這些書本身就是巨大的視覺提示。此外，也可以張貼一些能激發讀書動力的格言，這些格言也是一種視覺提示。除了注意物理環境的視覺提示，還要注意資訊環境的視覺提示。例如，換一個提示讀書的手機桌布、把常用的社群媒體暱稱改成讀書目標、關注不同的讀書網紅等，這樣就能不斷收到讀書的視覺提示。

總的來說，我分享了四種讓閱讀這件事顯而易見的提示，包括：選擇固定的時段來讀書，讓固定的時間來提示；把讀書習慣與舊習慣、固定時間綁在一起，讓舊習慣或固定時間來提示；安排固定的讀書地點和工具設備，讓地點和工具設備來提示；在家裡各處放滿書，在資訊環境中增加與讀書有關的內容，用視覺觸發來提示。大家也可以想更多、更適合自己的提示，這個階段的目的是：讓閱讀這件事變得顯而易見。

產生渴求：讓閱讀這件事充滿吸引力

讓閱讀這件事顯而易見只是剛開始，到了第二個階段，還要想辦法讓閱讀這件事充滿吸引力，否則就算它在生活中隨處可見，我們也會視而不見，因為我們對它不感興趣。那麼該如何讓閱讀這件事充滿吸引力呢？

把閱讀變成一件愉快、好玩、有趣的事

許多人難以養成閱讀習慣，就是因為設定了太多規矩和框架，把閱讀變成了一件毫無樂趣的苦差事。為此，第一，我們要自由地閱讀，做一個任性、自由的讀者。可以參考法國當代作家丹尼爾・貝納（Daniel Pennac）其著作《閱讀的十個幸福》（*Comme un roman*）中的「關於閱讀的十大權利」。

第一條：我們有權不讀書。

第二條：我們有權跳頁閱讀。

第三條：我們有權不讀完整本書。

第四條：我們有權一讀再讀。

第五條：我們有權什麼書都讀。

第六條：我們有權進行包法利主義（指容易被小說感染、不切實際）的閱讀。

第七條：我們有權在任何場所閱讀。

第八條：我們有權隨手抓本書的閱讀。

第九條：我們有權大聲朗讀。

第十條：我們有權保持沉默的閱讀。

其實沒有任何一本書非讀不可。我們會遇到話不投機的人，自然也會遇到話不投機的書，就算它的名聲很響亮，我們也可以不讀。書不只有逐字逐句讀完這一種讀法，我們可以跳讀。遇到不符合期待的書，也可以半路棄讀。如果我們欣賞一本書，也可以重讀。我們可以讀任何書，不要被別人的評價標準給束縛，書不一定非得是經典。我們也可以在任何地點讀書，不必非得正襟危坐、擺開架式，古人甚至在馬上讀書。我們也不必要求自己把每本書都讀懂，那些我們讀不懂、讀不完、讀得一知半解的書也有意義，正是因為我們跳出了閱讀舒適區，才會遇到這樣的書。

第二，要讀自己真正想讀的

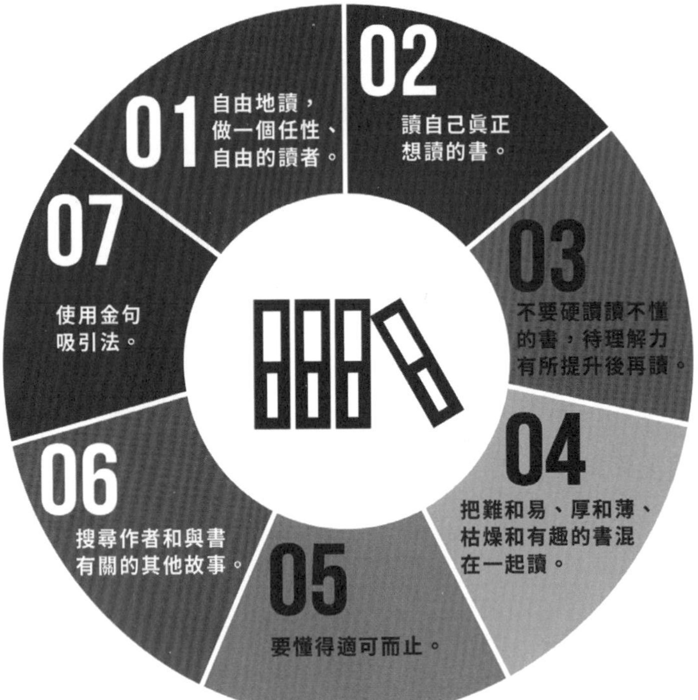
01
自由地讀，
做一個任性、
自由的讀者。
02
讀自己真正
想讀的書。
03
不要硬讀讀不懂
的書，待理解力
有所提升後再讀。
04
把難和易、厚和薄、
枯燥和有趣的書混
在一起讀。
05
要懂得適可而止。
06
搜尋作者和與書
有關的其他故事。
07
使用金句
吸引法。

圖 7-3：如何讓閱讀變成一件有趣的事情？

書。我們要追隨真實的閱讀動機，不要隨波逐流，不要因為虛榮心、迷信權威等，逼迫自己讀不想讀的書，即便它是公認的經典好書。

第三，如果書超出了我們的理解力範圍太多，就不要硬讀，可以待理解力有所提升後再讀。也不要立刻給這本書「判死刑」，也許現在覺得它枯燥乏味，但等之後閱歷變豐富、理解力提升了，它可能就會變得充滿吸引力。當然，也可以找一些輔助書，幫自己跨越過高的理解力門檻。

第四，可以把難和易、厚和薄、枯燥和有趣的書混在一起讀。如果我們一直在攻堅克難，一直是好久都看不完一本書的狀態，自然就容易氣餒，這時可以安排一定比例的好讀的書，感受一下閱讀進展，以便建立信心和培養興趣。但請注意，除非是被判定為不值得多花時間的書，否則不要輕易半途而廢，也不要同時一次讀太多書，三至五本為佳，否則很容易變成「把籃子裡的所有蘋果都咬一口，然後都不要了」的讀法。

第五，要懂得適可而止。《老人與海》的作者海明威（Ernest M. Hemingway）有個著名的寫作建議：「最佳作法是一定要在你感覺還好的時候，及時收手。」這個建議也適用於讀書。除了少部分拿起來就放不下的書之外，多數時候，讀書都會隨著精力的消耗而經歷從興致盎然到厭煩疲倦的過程。為此，我的祕訣是見好就少，如果我看得差不多了，就會在興致還不錯、依然很想往下讀時適時停止，這樣可以保證我下次依然有興趣讀。

第六，可以搜尋作者和與書有關的其他故事。我在第四章和大家分享過我之所以對盧梭的《愛彌兒》產生興趣，是因為聽了一則故事——終生過著像鐘錶一樣規律的生活的康德收到《愛彌兒》的書稿後欣喜若狂，一生中唯一一次忘了去散步。像這樣的故事就可以提升我們的閱讀興趣。

第七，可以使用金句吸引法。有時候，一本書裡的金句和段落，常常像鉤子一樣把我們勾住，點燃我們的閱讀熱情，因此，建議可以使用金句和段落來增強自己的閱讀興趣。我們可以在內容平臺上搜尋閱讀心得，從他人的引用中發現精彩的金句和段落，也可以用微信讀書的「熱門畫線」功能提前瀏覽。總之，目標是想盡辦法把閱讀變成一件樂事，而不是一件苦差事。

把閱讀和迷茫感、焦慮感、無力感綁在一起

渴求的本質是尋求內在狀態的改變。雪碧的廣告就是把渴的感覺與雪碧綁在一起，讓顧客只要一覺得渴，就想喝雪碧。那該如何讓自己對閱讀這件事產生渴求呢？我的祕訣就是：把閱讀和迷茫感、焦慮感、無力感綁在一起。中國作家王小波有一句話，「所有的痛苦都是對自己無能的憤怒。」痛苦的本質都是無能感和掌控感低，而閱讀是自我提升的重要管道，也是成本最低的管道，所以每當我感到迷茫、焦慮，產生無力感的時候，就會去閱讀，密集地閱讀，大量地閱讀。每次我陷入低谷，總是閱讀把我打撈出來。一旦把閱讀和迷茫感、焦慮感、無力感綁在一起，閱讀之於我們的意義就變了，它變成緩解和消除迷茫與焦慮，提升人生掌控感的方法。

把閱讀和最重要的生活目標綁在一起

然而，把閱讀和迷茫感、焦慮感、無力感綁在一起，容易出現一個問題：為了讀書而讀書，用讀書來逃避生活，所以我們還要把閱讀和最重要的生活目標綁在一起。例如，如果不知道如何規劃職業生涯，就可以看規劃職業生涯方面的書；如果不知道如何理財，就可以看理財方面的書；如果我們不知道如何談戀愛，也可以看相關的書。

我畢業後的第一份工作是報社記者，在實習期間，我對新聞採寫的信心不足，當時最重要的目標就是盡快度過實習期，成為獨當一面的記者。梅爾文．門徹（Melvin Mencher）的《新聞報道與寫作》（*Melvin Mencher's News Reporting and Writing*）講述了各種不同情境的具體報導方法。我當時如獲至寶，把這本書讀了兩、三遍，順利度過了惶恐的實習期。

把閱讀和最重要的生活目標綁在一起，閱讀就變成一件必須做的事。請相信：無論遇到了什麼困難，一定有很多人也遇過類似的問題，且也一定有聰明的過來人想到了解決辦法，並把自己的思考和辦法整理出來，寫成書，畢竟人類的智慧就是這樣代代傳承下來的。我們不用重新發明輪子，而要站在前人的肩膀上靠近目標。多年下來，我彷彿形成了一種肌肉記憶，每次有新的目標或遇到困難時，我的第一反應都是：有沒有哪本書可以幫我？這種思維讓我永遠用一種積極的心態面對人生，而不是逃避和擺爛。

利用他人對我們的影響

誠如前述，渴求的本質是尋求內在狀態的改變，而很多時候我們渴求改變，是因為受到他人的影響。人類早期的習慣養成不是選擇的產物，而是模仿的產物，其中，尤其注重模仿三個群體：親近的人、群體中的多數人、欣賞和仰慕的人。如何讓親近的人幫助我們養成閱讀習慣呢？如果想讓孩子養成閱讀習慣，最好的辦法就是父母自己養成閱讀習慣，所以我們可以選擇結交一些愛讀書的朋友，朋友之間的互相影響非常有助於我們鞏固閱讀習慣。

如何讓群體中的大多數人幫助我們養成閱讀習慣呢？答案是加入自己喜歡的讀書社群。最糟糕的情況是閱讀在我們所屬的群體裡，是一種格格不入的行為。如果周圍的人一看到我們讀書，就陰陽怪氣或大驚小怪，這會讓我們羞於公開讀書或羞於公開承認自己喜歡讀書。我們都有融入群體的需要，群體氛圍的影響是非常微妙的，如果在一個群體裡，不讀書才是正常的，久而久之，就會漸漸放下閱讀習慣。反之，如果在一個群體裡，閱讀就是一種生活方式，那麼加入這個群體後，閱讀也就更容易變成我們的生活方式，沒有什麼比群體歸屬感更能維持一個人做事的動力了。

如何讓我們欣賞和仰慕的人幫助我們養成閱讀習慣呢？答案是替自己找一個讀書榜樣。我的讀書榜樣是大學時聽了一位校友的演講，我已經不記得他的模樣了，但是他對我產生了深刻的影響。他可以輕鬆引用知識發表觀點，他充滿魅力的模樣讓我爆發出閱讀的野心、爆發出用閱讀建立一個龐大複雜的知識體系的野心。我想成為像他那樣的人，在當時的年紀，我因為這個念頭而對閱讀有了狂熱。我希望大家都能找到自己的讀書榜樣，都能找到一個欣賞、仰慕、想成為的人。這個人可以是工作中的偶像，可以是歷史上某個偉大人物，也可以是我們喜歡的作者，只要他能激發我們的閱讀熱情，就可以成為我們的讀書榜樣。

做出回應：讓閱讀這件事變得輕而易舉

如果我們想養成一個好習慣，就要讓它變得簡便易行、輕而易舉，反之，如果想戒掉一個壞習慣，就要為這件事設置重重障礙。人總是貪圖安逸，有一種非常強大的行為傾向：怎麼省事怎麼做。假設面前有兩個選擇，大腦會本能地傾向於只需要更小工作量、更不費力的那個選擇，所以一定要想辦法讓閱讀這件事變得輕而易舉。

訣竅❶避免高阻力、高誘惑的環境

想像一下，在一個日常的晚上，你有兩小時的可支配時間和兩個選擇。一個選擇是讀書，需要專注力，需要去思考和理解；另一個選擇是玩手機，不用動腦子，只要躺在沙發上消費別人的內容就行了。你會選哪個？很少有人能抵抗手機的誘惑，就算抵抗住了，抗拒誘惑的過程也非常消耗能量。

壞習慣通常是滿足我們的短期利益，能讓我們獲得即刻滿足感，它和欲望掛鉤；而好習慣要求我們延遲滿足，去追求長期的利益。我們能馬上

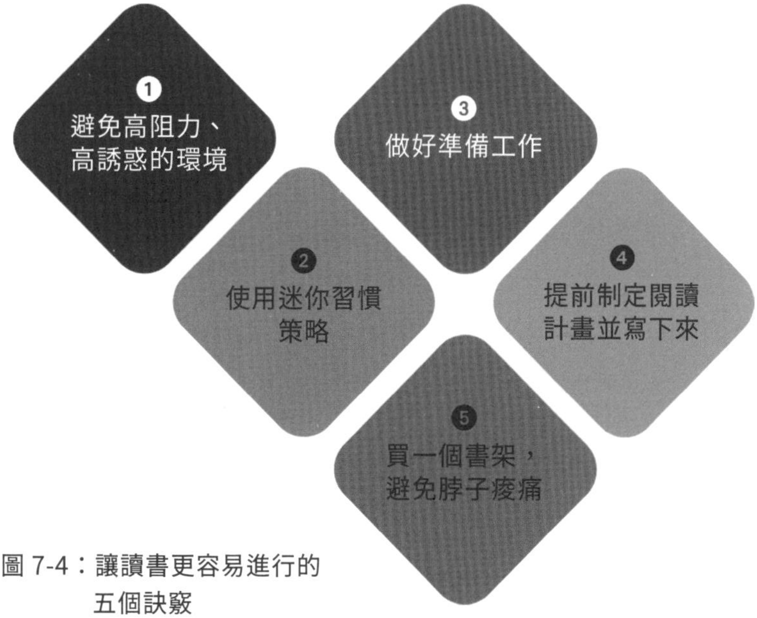

1
避免高阻力、
高誘惑的環境
3
做好準備工作
2
使用迷你習慣
策略
4
提前制定閱讀
計畫並寫下來
5
買一個書架，
避免脖子痠痛

圖 7-4：讓讀書更容易進行的五個訣竅

體會到玩手機的快感，卻需要日積月累的堅持才能品嘗到讀書的好處。

為什麼欲望總是很容易戰勝理性呢？為什麼我們總是為了獲得眼前的快感，不顧更重要的長期利益呢？這也不能完全歸咎於我們的意志不堅定，而是有個生物性的原因——我們需要瞭解多巴胺的影響。大腦在獲得快感時，會分泌一種名為多巴胺的荷爾蒙，多巴胺只想馬上獲得快感，它會粉碎理性和意志，支配我們的行為，所以要想改掉壞習慣，很重要的一件事就是：減少會刺激多巴胺大量分泌的誘惑性契機。

簡單來說，不要把手機放在面前，而是關機、放到另外一個房間，甚至把它鎖進抽屜裡；一旦想拿手機，就要站起來，走到另一個房間，開鎖，開機，整個過程有重重的阻力，在這個過程中我們的理性會回歸。大家不要總覺得意志力可以戰勝誘惑，應對多巴胺的策略就是「我惹不起，但躲得掉」，遠離會讓多巴胺分泌的誘惑吧！

訣竅❷ 使用迷你習慣策略

在第四章曾提到，迷你習慣策略包括設定微小目標和自由增加。我們可以設定一個和能力上限比起來小到不費吹灰之力就能完成、小到沒有任何心理負擔、小到任何意外情形都不會影響我們完成它、小到沒有任何理由可以拒絕完成它的微小目標，例如：每天讀一頁書。如果一頁書還讓我們產生抗拒，可以改成每天讀一行字或每天翻開一本書。

微小目標規定了我們的行為下限，但它沒有上限，所以完成微小目標後還可以自由增加。假設每天讀一行字，讀完就不想讀了，這也算是完成目標，不過如果連續讀了好幾頁書，甚至一口氣讀了半本書當然也沒問題。

訣竅❸ 做好準備工作

我有個習慣，就是每天晚上用完書桌都會收拾好，再擺上我的閱讀架，攤開明天早上要看的書，放好要用的筆和便條紙。這些動作非常簡單，只需要一、兩分鐘，但是大幅降低了我堅持閱讀的難度。因為當我把一切都準備好時，到了特定時間，我只要坐到書桌旁就可以開始閱讀了。反之最糟糕的是，當我們要閱讀時，還要先收拾亂七八糟的桌子、要到處找筆，就很可能因此放棄閱讀。

訣竅❹ 提前制定閱讀計畫並寫下來

要養成長期持續穩定閱讀的習慣，得一本書接著一本書地讀，對吧？所以我建議大家至少要提前計畫好並買好未來一週要讀的書，避免因為猶豫要看哪本書或因為沒有買書而出現空窗期。

我自己每週六都會回顧並制定下週的計畫，其中就包括閱讀計畫，我一定會確定好下週要讀什麼書，以及讀多少本書，然後把週目標分配到每天的例行事項裡。提前制定閱讀計畫並寫下來，同時提前買好要讀的書，會讓閱讀這件事變得輕而易舉。

訣竅❺ 買一個書架，避免脖子痠痛

閱讀時的姿勢，也是堅持閱讀的阻礙。因為書是平攤在桌面上，以致很難不彎腰駝背、低頭看書，就算我們挺直了背，也堅持不了多久。長時間彎腰駝背、低頭看書會導致肩頸痠痛，時間久了，就會把閱讀這件事和不舒服的感受綁在一起。所以我建議大家買個書架，讓自己平視也能讀書。我自己買了書架後，就再也沒有因為肩頸痠痛而不舒服了。

獲得獎勵：創造即刻的滿足感

只有當某個行為結果有獎賞價值，我們才會一直重複這個行為；反之，如果某個行為帶來懲罰和損失，我們就不會重複這個行為了。人類的行為邏輯其實非常簡單：**重複有回報的行為，避免受懲罰的動作。**回報有兩種：延遲回報和即時回報；懲罰也有兩種：延遲懲罰和即時懲罰。

人類的祖先原本是遊蕩在非洲大草原上的猿人，他們的大多數行為都會立竿見影，比如吃什麼、去哪裡找水源、如何躲開捕食者，換言之，他們只關心當下或不久的將來。這樣的環境被科學家稱為「即時回報的環境」，所做行為會立即產生清楚無誤的結果。與此相對，在現代社會，今天所做出的許多選擇並不會讓我們立即受益，例如，工作做得好，年底才會拿到獎金；今天開始鍛鍊身體，明年才能瘦下來；

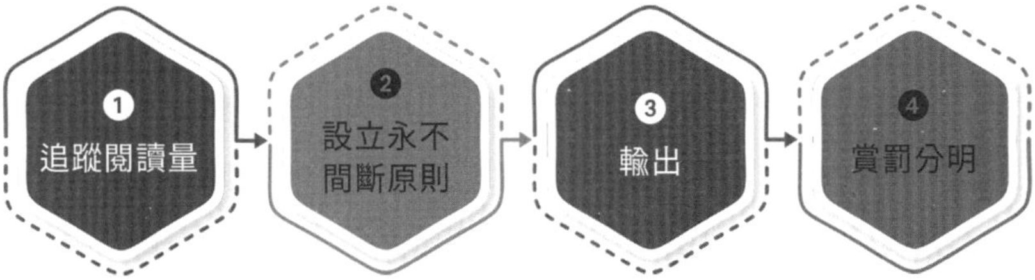

圖 7-5：創造讀書即時回饋的四種方法

今天開始讀書，可能三、五年後才會有顯而易見的變化。這樣的環境被科學家稱為「延遲回報的環境」，需要比較長的時間，才能看到預期的回報。可是我們的大腦並沒有在延遲回報的環境中進化，現代人的大腦和幾萬年前的晚期智人一樣，依舊偏愛即時回報，而不是延遲回報，也害怕即時懲罰，而不是延遲懲罰。

想要把閱讀變成真正持久的習慣，就要讓自己願意不斷重複這個行為，那就得學會把閱讀變成不僅有延遲回報，還有即時回報和即時懲罰的事。換言之，試著為閱讀創造出即時回報和即刻滿足感，以及不給閱讀創造出即時懲罰。那麼具體來說該怎麼做呢？

追蹤閱讀量，創造即刻的成就感

在說明這部分之前，我想先講一個故事。曾經有一位二十三歲的股票經理人，他的日常工作就是打推銷電話，因為他所在的銀行位置偏僻，他又是一個新人，所以沒有任何人對他抱有期待。但結果出人意料，他進步神速且業績驚人。他和其他人唯一的不同點是一個簡單到不行的日常習慣：他在辦公桌上放了兩個罐子，一個罐子裝滿一百二十個迴紋針，另一個罐子是空的。每天一到辦公室，他就開始打推銷電話，每撥通一次電話，他就從裝滿迴紋針的罐子裡拿出一個迴紋針放到空罐子裡，並反覆進行。

為什麼這個簡單的日常習慣可以提高他的業績呢？因為他透過迴紋針追蹤自己的撥出電話量，他把自己的每一點進展都視覺化了，他可以清楚看到自己的進展，每轉移一個迴紋針，他都可以體會到成就感。各位不要輕視這些小小的成就感，它們能量驚人，而這個技巧叫「迴紋針策略」。那麼該如何把迴紋針策略應用到閱讀中呢？

❶ 正字追蹤法：對於正字追蹤法，我已經堅持了七年。這是我剛開始準備大量閱讀時想出來的方法。我原本的目的只是想確實統計自己的閱讀量和閱讀速度，因為我不清楚自己到底讀了多少本書，以及多久能讀完一本書。具體的作法是：買一張和電視差不多大的紙，把它貼在牆上，而且要貼在每天都能看到且很容易觸摸到的地方，每看完一本書就寫「正」字的一個筆畫，用麥克筆寫，然後在「正」字的旁邊用細筆寫上書名和讀完這本書的日期。

牆上不斷增加的「正」字，本身就是一種獎勵形式。透過追蹤提供了努力的視覺化證據，並畫出了成長軌跡，如此可以清楚看到自己的閱讀進展。每次我看完一本書、寫一個筆畫，都非常有成就感。「正」字創造了即刻成就感，紙上的空白會激勵我讀更多的書，因為我會非常想要把它填滿。

❷年曆追蹤法：可以在網上買到一種年曆，它只有一張紙，一個月占一行，一共有十二行，一個空格代表一天，每一行的最後還有加總統計的地方。我在某天看完某本書時，就會在對應日期的空格裡寫上書名。年曆更美觀，但不足之處是第二年就要換一張紙，而正字追蹤法可以追蹤很多年的閱讀量。

❸社群媒體追蹤法：喜歡發布社群動態的人，還可以使用社群媒體追蹤記錄自己的閱讀進展。例如，大家可以在社群上「打卡」，每看完一本書就發一則動態記錄一下，還可以加上數量的追蹤，如「二〇二三年第十五本打卡」。大家還可以修改暱稱，在暱稱後面寫上讀書的數量，如「李小墨（二〇二三年已讀完四十九本書）」。

設立永不間斷的原則

前段時間，有個粉絲找我聊天，說覺得自己很失敗，她的原意是：「我感覺自己長到這麼大，好像都沒有一件一直堅持、讓自己特別驕傲的事。」一直堅持一件事會帶來非常強勁的自信心，因為我們會對自己的行為感到自豪，對自己的人生有掌控感。所以我的建議是：設立一個永不間斷的原則。美國喜劇演員傑瑞·史菲德（Jerry Seinfeld）就用這種方式保持寫笑話的習慣，他為自己設定的目標僅僅是：「永不間斷」，堅持每天都寫笑話。他關注的不是某個笑話的好壞，也不是自己有沒有靈感，而是堅持。我第一次體會到永不間斷的好處，是在公眾號寫日記的時候，我發現「永不間斷」本身就會帶來源源不絕的成就感。

讀書也是如此，我們可以設立每天不間斷讀書的規矩。那有什麼注意事項呢？要客觀評估自己的閱讀速度，不要設立一個不切實際的目標。我們可不可以偷懶呢？答案是可以的。如果某天你的狀態非常差，請記住一句話：**糟糕的堅持也好過放棄**。即使我們做不到每天都保持最佳狀態，但長期堅持的結果依然會非常驚人。

輸出

第三種創造即刻滿足感的方式是輸出。我們可以輸出文章，得到評論、按讚等各種回饋；也可以透過直播等方式做線上和線下的分享，影響他人並得到他人的回饋；或者立即把所學的東西運用到生活中，這也是一種輸出；還可以開付費社群、開發課程、寫書等。自從我成為一個全職的讀書部落格作者，並把讀書發展成一份事業後，讀書習慣簡直就像是烙印在我身上一樣，密不可分。

賞罰分明

我們可以設定讀書獎賞，比如讀完一百本書後，獎勵自己出國旅遊一次，寫完五十篇閱讀心得送自己一臺一直想要的 iPad 等。至於懲罰方式，要帶來真正的損失感，所以需要引入公開的監督。我規定自己二〇二〇年要寫完一百篇閱讀心得並公開發表在社群上，讓所有粉絲監督我，否則就罰款人民幣一萬元。那一年我真的做到了，在此之前，我每年只能寫四十幾篇閱讀心得。

目標分為進取型目標和防禦型目標。進取型目標是指嘗試獲得更多，防禦型目標則是竭力避免損失，這是兩種截然不同的思考方式，兩者關注的焦點也完全不同。關注焦點的不同會影響目標實現的過程。心理學家發現，當我們努力實現一個進取型目標時，所持有的動力就像一種渴望，這種渴望會因為取得進展、受到鼓勵、獲得好處等正面回饋而進一步加強，如此就愈可能成功，就愈有動力。但是如果我們的進展不順利，覺得自己可能會失敗時，這種渴望會被削弱，進而喪失動力，也會特別容易放棄。與此相對，當我們追求一個防禦型目標時，所持有的動力更像一種警覺和避開危險的願望，因此會出現一個神奇的現象：我們的進展愈不順利，得到的回饋愈負面，我們的警覺程度愈高，動力反而愈足，因為沒有什麼比察覺到失敗和危險的可能性，更能讓人進入戒備狀態了。

「一年寫一百篇閱讀心得」對我來說是個非常有挑戰的目標，如果我沒有把它設定為防禦型目標，當我進展不順利的時候，大概就放棄了。這就是懲罰的妙處，它把我們帶入了另一種思考模式中。

別相信「二十一天習慣養成論」

在習慣養成這個領域，有個流傳很廣且很多人信服的說法：養成一個習慣，只需要二十一天。但實際上這個說法並沒有確切、可靠的出處。《工作AQ：知識經濟職場守則》（*Adversity Quotient @ Work*）的作者保羅．史托茲（Paul Stoltz），向加州大學洛杉磯分校醫學中心神經生理學的負責人馬克．努維爾（Marc Nuwer）請教這一點時，對方沒有說任何複雜的理論，只問他：

「你學了多久才知道不要去碰熱爐子？」

「大概一秒鐘。」保羅回答。

「其實，是一百毫秒。」

這就很能說明問題了，「二十一天習慣養成論」是錯的，其實用常識稍微判斷一下就知道了，有些習慣的養成根本用不了二十一天，比如不用濕的手觸摸插座。不同習慣的養成，其難度是不一樣的——是每天吃一個雞蛋難，還是每天寫一篇三千字的文章難？另外，不同的人想要養成同樣習慣的難度也不一樣，因為**很多時候所謂的習慣養成其實是一種能力培養。**一個寫作十幾年的人，和一個剛開始學寫作的人相比，這兩人養成每天寫日記習慣的難度顯然不一樣。**習慣的養成，和動機的強弱也有很大的關係。**一個面臨死亡威脅的人，和一個身體健康的人相比，這兩人養成不抽菸習慣的難度也不一樣。「二十一天習慣養成論」顯然是個謊言。那為什麼還有這麼多人深信不疑呢？

第一，因為「二十一天習慣養成論」是一種欺騙式的承諾。如果我們相信只要堅持二十一天就可以養成一個習慣，一旦二十一天之後沒有成功養成某個習慣，我們是毫不介意地繼續努力？還是感到沮喪、自我懷疑和自我放棄呢？當然是後者。我們不僅會對自己失去信心，還會對習慣養成這件事失去信心。這種把習慣養成簡單化的承諾，易導致我們對習慣養成過程中的瓶頸和困難缺乏全面的預判，反而降低了習慣養成的成功機率。

第二，「二十一天習慣養成論」把習慣培養變成了目標達成。如果我們被告知只要堅持二十一天就可以、二十一天之後就不用費力了，我們會怎麼樣？答案是會鬆懈，失去動力。就像有人給自己設置了「三個月瘦五公斤」的目標，然後透過各種方法拚命努力，可是在減掉五公斤體重的那個瞬間，動機就消失了，也就會開始鬆懈，體重當然也會逐漸反彈。

習慣培養和目標達成不是相同的概念，如果只盯著目標，一旦達成了目標，就會失去那種咬牙堅持的動力，這反而不利於習慣養成。持續穩定地行動，形成自然的節奏，才是習慣；鼓足勁咬牙堅持二十一天，是目標達成而非習慣培養。

切勿掉進「全有或全無」的思維中

那該怎麼辦呢？**不要去看堅持了多少天，而是要去觀察習慣養成的指標。**《驚人習慣力：做一下就好！微不足道的小習慣創造大奇蹟》這本書，介紹了五個代表行為已經變成習慣的指標。

第一，情緒和心理不會產生排斥。我們做這件事很容易，不做反而更難受，甚至會有一種「一直要做下去」的強烈傾向，好比養成讀書習慣後，反而會因為某一天沒有讀書而感到非常不舒服。

第二，有身分認同。我們可以信心十足地說自己經常讀書。

第三，行動時無需決策。我們不需要決定今天讀不讀書，也不需要找理由和動力來說服自己去讀書，就只是很自然地去做。

第四，不再擔心。剛開始，也許會擔心自己會不會放棄，當行為變成習慣之後，我們知道自己會一直做這件事，除非出現緊急狀況。

第五，常態化。習慣是非情緒化的。一旦某個行為變成習慣，我們不會因為「真的在做這件事」而激動不已，反而心態會很平靜。

如果堅持不下去該怎麼辦呢？我們要對習慣養成過程中的瓶頸和困難，有個全面的預判，並針對性地解決問題。古川武士在《如何從習慣耍廢，到凡事事半功倍？》中，把養成習慣分為禁欲期、無力期、穩定期和倦怠期四個階段，每個階段都會有一個搗亂的「小魔鬼」，但我們可以預判困難，並給出針對性的解決方法。

- 禁欲期的小魔鬼是欲望。我們要避免高誘惑的環境，在閱讀時把手機關機或放到眼睛看不到的地方，設置一個迷你習慣的下限，比如每天至少讀一頁書或讀兩分鐘的書。

- 無力期的小魔鬼是缺乏動力。當我們想停止或放棄時，請自問自答：養成閱讀習慣到底有什麼意義？動力缺乏期有幾個動力開關：收集激發動力的讀書格言；描述願景，比如我能建立知識體系並成為一個非常專業的人；引入獎勵和懲罰；進行回顧與反思；加入讀書社群；公開宣布行動或目標，讓他人監督自己。
- 穩定期的小魔鬼是以為自己已經養成了習慣，就放鬆警惕。只要沒有發展到不讀書就像不刷牙那般不舒服的地步，就不算成功養成閱讀習慣。在穩定期，我們可以提高要求，增加挑戰，比如每天至少讀十頁書（在禁欲期，每天至少讀一頁書）。
- 倦怠期的小魔鬼是因為不斷重複同樣的事情，而產生原地踏步的感覺。這種感覺通常會在半年或一年後出現，因為人都有尋求變化和刺激的需要。這時該怎麼辦呢？答案是引入變化和刺激。例如，可以讀一些不熟悉的作家或領域的書。

那麼從禁欲期到倦怠期需要多久的時間呢？我從瑞・達利歐（Ray Dalio）的《原

則：生活和工作》（*Principles: Life and Work*）裡看到的是十八個月，即一年半，這個資訊對我來說比較有說服力，如果我們堅持十八個月，就會產生一種把一件事永遠做下去的衝動。

除此之外，我還要提醒大家兩件事。第一，最好一次只養成一個習慣。如果大家正在培養讀書習慣，就不要在健身、寫作和學英語等其他習慣上花費精力了。欲養成一個習慣，剛開始是件非常消耗意志力的事，如果負荷太重，反而什麼都做不好。

第二，不要陷入「全無或全有」的謬誤。即便沒有堅持下去，也不要輕易認定為失敗，而應該去檢討，比如調整過高的目標。另外，習慣養成的關鍵並不在於天數，而是在於重複的次數。每一次重複都不會白費，每一次重複都會體現在我們的神經迴路裡，就算這次中斷了，之前的努力並沒有歸零，我們的這一波努力會讓下一波努力更容易成功。

後記　知行合一，是本書唯一正確的讀法

寫完這本書之後，我的心情相當複雜。這是我一直想寫的書，很多年前我就確定了總有一天我要寫一本關於閱讀的書，而當它終於完成時，我有一種完成了一件人生大事的如釋重負感。在寫作過程中，我努力拿出自己的最高水準，所以寫完後還有一種把自己熱愛和擅長的事做到極致的痛快淋漓感。但同時也有點焦慮，我知道這本書一定會有很多不足之處，我甚至在想，待我認知更成熟一點，再寫這本書會不會更好呢？

我在看中國現代思想家梁漱溟的《印度哲學概論》時，他在序言裡寫道「於前稿已有悔」、「十年則於所作知悔者益多」，我非常有共鳴。無論是像他那樣的大學者，還是我這樣的一般作者，認知都是動態變化的，現在的認知可能是臨時的，它會不斷被修正，甚至被顛覆，為此，出版著作就意味著把對某個主題的認知印成文字固定下來，這些內容在相當長的一段時間都無法被修改，而這總讓我覺得自己還沒有完全準備好。

所以我在後記裡最想感謝的人，是從我的讀書訓練營畢業的十屆學員，謝謝你們信任我，願意和我學習，謝謝你們讓我看到這套方法在你們身上發揮的作用，謝謝你們用自己的正向改變讓我肯定了自己的價值，使我終於有勇氣寫這本書，並深信我對閱讀方法的探索成果是被很多人需要，是真的能幫助很多人。

我還要特別感謝這本書的企劃編輯，如果不是你推我一把，我也許又會拖延很多年。感謝人民郵電出版社及所有參與出版這本書的工作人員，謝謝你們讓這套閱讀方法論的傳播，超出我個人微小的影響力範圍去幫助到更多的人。感謝所有給予我養分的書籍，是它們鋪了一條長長的路，把我送到這裡。感謝我的家人，在我寫書的這段時間給予我的所有支持。最後感謝翻開這本書的大家，如果我的書能帶給大家一些成長養分，讓大家的閱讀生活變得有些不一樣、讓大家對閱讀的熱愛多一些，對我來說就是人間至樂。最後，我還有幾句臨別贈言想送給讀完這本書的大家。

首先，這本書屬於實用類書籍，實用類書籍唯一正確的讀法是行動。改變不會在書裡發生、不會在腦海裡發生，只會在行動裡發生。如果大家覺得很有收穫，一定不要止步於「覺得有收穫」，請把學到的東西用起來，用新的方法（至少是優化過的讀書流程和方法）來讀書。一旦學習新東西的獲得感和興奮感消退之後，又回到老路上，那就是無效學習。用新的方法、新的理念和新的工具，才會得到新的結果；用舊的方法、舊的理念和舊的工具，只能得到老的結果。

其次，知道不等於馬上能做到，知道和做到之間，隔著很多次的刻意練習。七大能力幾乎都是不能速成的，我自己也是花了好幾年才進入佳境，但我最多只能把大家送到「知道」這裡，我的價值是讓大家知道好的理念、方法、技巧和策略，以最短路徑從「知道」走到「做到」。希望大家明白，「知道」只是起點，還需要透過刻意練習才能慢慢接近「做到」的狀態。

其三，希望大家在困難和容易之間，選擇困難的。我非常喜歡黎巴嫩裔美國詩人紀伯倫（Kahlil Gibrany）的一首詩《我曾七次鄙視自己的靈魂》（Seven times have I despised my soul）中的一句話：「第三次，是在讓它選擇難易，而它選了易的時候。」囫圇吞棗、蜻蜓點水地讀書是容易的，做三種層次讀書筆記是困難的；思考時忽略腦海裡零碎的想法是容易的，逼著自己理清思路和想法，追求成長、洞見和新知是困難的；只讀自己喜歡的、簡單的、舒適區以內的書是容易的，讀挑戰理解力、陌生知識領域、主題更深且更廣的書是困難的；只輸入、不輸出是容易的，堅持言之有物的輸出是困難的。無論如何，希望大家都能堅持做困難且正確的事。

希望大家透過閱讀變得愈來愈強大，透過閱讀找到認真生活的勇氣和力量，透過閱讀獲得面對人生和世界的清晰頭腦，透過閱讀不斷遇見更好的自己或漸漸接納自己原本的模樣，透過閱讀療癒自己的內在小孩。在人生的荒年，大家可以透過閱讀積蓄力量，走出低谷；在人生的豐年，大家可以透過閱讀學會更幸福的智慧和方法。書中有關於人生和世界的大多數答案，只要大家知道自己要什麼，它們永遠不會讓我們失望。我希望大家都能因為閱讀而變得勇敢、從容、平和與豐盛。

高效海綿閱讀法：自媒體時代必備！一次掌握 INPUT & OUTPUT 的全方位知識變現學習法 / 李小墨著 . -- 初版 . -- 臺北市：晴好出版事業有限公司出版；新北市：遠足文化事業股份有限公司發行，2024.08
384 面；17x23 公分
ISBN 978-626-7396-99-5(平裝)

1.CST: 讀書法 2.CST: 閱讀指導

019.1　　　　113009448

Business 003

高效海綿閱讀法

自媒體時代必備！一次掌握 INPUT & OUTPUT 的全方位知識變現學習法

作　　者｜李小墨
封面設計｜木木 Lin
內文排版｜周書宇
圖表繪製｜周書宇
特約編輯｜周書宇
校　　對｜呂佳真
責任編輯｜黃文慧

出　　版｜晴好出版事業有限公司
總 編 輯｜黃文慧
副總編輯｜鍾宜君
編　　輯｜胡雯琳
行銷企畫｜吳孟蓉
地　　址｜104027 台北市中山區中山北路三段 36 巷 10 號 4 樓
網　　址｜https://www.facebook.com/QinghaoBook
電子信箱｜Qinghaobook@gmail.com
電　　話｜(02) 2516-6892
傳　　真｜(02) 2516-6891

發　　行｜遠足文化事業股份有限公司（讀書共和國出版集團）
地　　址｜231023 新北市新店區民權路 108-2 號 9F
電　　話｜(02) 2218-1417
傳　　真｜(02) 2218-1142
電子信箱｜service@bookrep.com.tw
郵政帳號｜19504465（戶名：遠足文化事業股份有限公司）
客服電話｜0800-221-029
團體訂購｜02-22181717 分機 1124
網　　址｜www.bookrep.com.tw
法律顧問｜華洋法律事務所／蘇文生律師
印　　製｜通南印刷

初版一刷｜2024 年 08 月
初版三刷｜2025 年 07 月
定　　價｜420 元

ISBN ｜ 978-626-7396-99-5
EISBN (PDF) ｜ 9786267396964
EISBN (EPUB) ｜ 9786267396971

版權所有，翻印必究
特別聲明：有關本書中的言論內容，不代表本公司／及出版集團之立場及意見，文責由作者自行承擔。

中文繁體版通過成都天鳶文化傳播有限公司代理，由人民郵電出版社有限公司授予晴好出版事業有限公司獨家出版發行，非經書面同意，不得以任何形式複製轉載。